*Landschaft im nördlichen China,
Provinz Hopeh.
China ist bis heute noch ein Agrarland.
Etwa 80 % der Bevölkerung
sind in der Landwirtschaft beschäftigt;
sie ist die hauptsächliche Erwerbsquelle,
der Rückhalt der chinesischen Wirtschaft,
und bestimmt das soziale und wirtschaftliche
Gesicht Chinas.*

Sim Siok Mei

Die echte chinesische Küche

Die besten Rezepte der Regionalküchen:
Peking, Schanghai, Szetschuan und Kanton

Mosaik Verlag

Copyright an den Illustrationen:
Quarto Publishing Ltd.
Erstmals veröffentlicht von Macdonald Educational Ltd., London

Redaktion: Heidrun Schaaf

© 1980 Mosaik Verlag GmbH, München / 54321
Satz: Johann Gaßner GmbH, München
Alle Rechte vorbehalten · Printed in Singapur
ISBN 3-570-08277-6

Haifischflossen-Suppe, der Mittelpunkt jedes großen chinesischen Banketts

Inhalt

Vorwort	6
Die Regionen der chinesischen Küche	14
Das Wesen der chinesischen Küche	16
Zubereitungstechnik und Küchengeräte	20
Das Schneiden	20
Die Garmethoden	24
Die Küchengeräte	26
Das chinesische Menü	30
Menüvorschläge	30
Die Peking-Küche	32
Alkoholische Getränke	96
Die Schanghai-Küche	98
Gerichte aus Fukien und Kiangsi	136
Chinesischer Tee	149
Die Szetschuan-Küche	153
Die Kanton-Küche	184
Verzeichnis der Zutaten	219
Rezeptregister	223

Vorwort

»Keine andere Küche der Welt schenkt uns aus dem fast nichts solche Glückseligkeit«, ließ Marco Polo seinen Zellengenossen Rusticiano über die chinesische Küche niederschreiben. Er hatte erkannt, daß die Chinesen mit wenigen Mitteln kulinarische Kunststücke vollbringen, mit einfachen Zutaten und mit einer auf ein Minimum reduzierten Ausrüstung.

China ist fast so groß wie ganz Europa, aber nur etwa 10 Prozent an anbaufähigem Land stehen für die Ernährung der vielen Millionen zur Verfügung, in Europa sind es über 80 Prozent.

Diese ungünstigen Verhältnisse, diese über Jahrtausende dauernde Konfrontation der Bevölkerung mit dem Hunger, die permanente lebensbedrohende Abhängigkeit von gutem Wetter und damit guten Ernten, nicht zuletzt auch die kriegerischen Ereignisse haben zwangsläufig die besondere Einstellung des Chinesen zu den Lebensmitteln geprägt. Aus dieser Not hat das chinesische Volk wie kein anderes eine Tugend gemacht, jene erstaunliche Verbindung von phantasievoller Erfindungsgabe, perfekter natürlicher Geschmacksabstimmung, Wirtschaftlichkeit, die ans Totale grenzt, und künstlerischer Harmonie in der Aufmachung.

Die Vorliebe für gute Nahrung in illustrer Gesellschaft entwickelte sich, seit der Mensch erkannt hat, daß Essen nicht nur eine Notwendigkeit ist, sondern vielmehr genießerische Freude und Vergnügen bereiten kann. Die Bankette der Ägypter und Griechen, die Freßorgien der Römer sind Geschichte. Die Entwicklung der chinesischen Küche mit ihrem hohen kultivierten Niveau hat bis heute ohne Unterbrechung angehalten, ein stetiger Prozeß der Verbesserungen und Verfeinerungen bis hin zur Raffinesse. Die Tradition blieb aber immer Richtschnur dieser Entwicklung, schon allein deshalb, weil nicht im geringsten die Notwendigkeit bestand, Althergebrachtes über Bord zu werfen. Die chinesische Küche ist in ihren Grundlagen und Grundsätzen zeitlos und daher

Rechts: *Reisterrassen im Tal des »Gelben Flusses« und Reisfelder in der Ebene. Reis ist die am meisten angebaute Getreideart.*
Folgende Seite: *Im Westen überwiegt das Weideland der Grassteppen.*

VORWORT

VORWORT

immer modern; ernährungswissenschaftliche Erkenntnisse der neueren Zeit sind für den chinesischen Koch kein Novum, diese Gedankenarbeit haben ihm schon seine Urväter abgenommen.

Die Einstellung des Chinesen zu Nahrung läßt Kochen und Essen nicht allein Mittel zum Zweck sein. Essen ist für ihn ein Ereignis, ein Fest für Gaumen, Nase und Auge, etwas, das weit über die lebens- und gesundheitserhaltende Notwendigkeit hinausgeht. Es ist für ihn Freude und Glück zugleich, ein gutes Essen genießen zu können. „Der Himmel liebt den Mann, der gut ißt", sagt ein chinesisches Sprichwort.

Daß dieses Verhältnis zum Essen, das überdies noch von einer Ehrfurcht vor den Geschenken der Natur begleitet ist, niemals zu dekadenten Schlemmereien führt, ergibt sich wie selbstverständlich. Große Philosophen, Dichter und Gelehrte haben nicht nur die Kunst des Kochens gepriesen, sie haben sich teilweise auch selbst eingehend damit befaßt. Konfuzius schrieb über die Zutaten, die Vor- und Zubereitung des Essens sehr ausführlich. Die Taoisten ließen ihr Prinzip des Aufbaus unseres Universums, das »YIN« und das »YANG« als gegensätzliche, jedoch komplementäre positive und negative Kräfte, auch in der chinesischen Küche Eingang finden. Auch hier soll Gleichgewicht herrschen. Dieses Prinzip wird ganz besonders bei der Zusammenstellung eines Menüs mit mehreren Gängen beachtet. Eine kontrastreiche Speisenfolge soll letzten Endes wie das Weltall im Gleichgewicht sein. Kochmethode, Geruch, Geschmack und Farbe der einzelnen Ge-

VORWORT

richte sollen kontrastieren und trotzdem harmonisch aufeinander abgestimmt sein. In diese Harmonie werden auch die Getränke einbezogen, die, wenn auch spärlich, ein Essen begleiten.

Welche Bedeutung der Chinese dem Essen beimißt, zeigt sich in vielen Dingen des täglichen Lebens und Umgangs. Bei der Begrüßung pflegt man die Frage zu stellen: »Hast du schon deinen Reis gehabt?« Auch Geister und Dämonen wissen ein gutes Mahl zu schätzen. Bei entsprechenden Anlässen stellt man ihnen Speisen und Getränke hin, so zum Beispiel beim Fest der »Hungrigen Geister«, bei dem kleine Tische mit Gerichten am Straßenrand aufgestellt werden, um die vorüberziehenden Geister mit den Köstlichkeiten zu erfreuen, natürlich mit der Erwartung verknüpft, daß sie den Spender vor Unheil bewahren. Die chinesische Küche ist weder kompliziert noch geheimnisvoll, sie folgt in der Zubereitung logischen, physikalischen Gesetzen. Die Kunst, sie zu beherrschen, besteht in der Hauptsache darin, sich die natürlichen Eigenschaften der Zutaten zunutze zu machen und sie harmonisch aufeinander abzustimmen. Dabei wird Ihnen das Buch sicherlich helfen.

Links: *Chinas vielfältige Landschaften sind teilweise von berückender Schönheit. Stille, fischreiche Seen, wie im Bild der Kunming-See in Yünnan.*
Oben: *Die kegelförmigen Kalkriesen von Kweilin, eine Landschaft, die mit zu den schönsten und faszinierendsten auf dieser Erde zählt.*
Folgende Seite: *Die bizarren Berge des Huang Schan im Osten Chinas.*

Die Regionen der chinesischen Küche

Oben: *Typische Gerichte aus den vier Regionen der chinesischen Küche.*

Die chinesische Küche kann man in vier große Gruppen einteilen, deren Charakteristik natürlich in den Randgebieten ineinander übergehen. Die Besonderheiten, die sich im Laufe der Jahrhunderte entwickelt haben, wurden nicht nur durch klimatische und geographische Gegebenheiten beeinflußt, sondern auch durch fremde Völkerstämme, wie zum Beispiel die Mongolen, die zumindest in der Küche des Nordens ihre Spuren hinterlassen haben.

Im Norden des Landes haben wir die Peking-Küche, im Osten die von Schanghai, im Westen die Szetschuan-Küche und im Süden die Kanton-Küche.

Die Peking-Küche

Peking (die neue Schreibweise ist Beijing) ist seit Ende des 13. Jahrhunderts Hauptstadt des Reiches. In der Stadt und im Kaiserpalast waren Köche aus allen Teilen des Landes tätig, eine Elite, die ihre, von zu Hause mitgebrachten Spezialitäten verfeinerten und kultivierten. Die Peking-Küche ist sehr vielseitig, die Speisen gut abgewogen gewürzt. Typisch ist die Verwendung von Zwiebelgewächsen, vor allem Knoblauch. Teigwaren gehören zur täglichen Mahlzeit, wenn sie auch nicht ganz den Reis ersetzen, der in den andern Gebieten dominiert.

Die Schanghai-Küche

Die Küche wird geprägt durch den Wasserreichtum dieser Region. Einige Provinzen grenzen ans Meer, daneben gibt es zahlreiche Binnenseen, der Yangtzekiang durchfließt die Region und hat

DIE REGIONEN DER CHINESISCHEN KÜCHE

dort sein Mündungsgebiet. Zahlreiche Gerichte aus frischem Fisch, Schalen- und Krustentieren sind die Spezialitäten dieser Küche. Der Reis tritt hier an die Stelle des Weizens im Norden. Auffallend ist die Verwendung von Zucker; die Provinz Fukien ist berühmt für seine gute Sojasoße.

Die Szetschuan-Küche

Das bisher etwas isolierte, von Gebirgen umgebene Szetschuanbecken hat feuchtheißes Klima. Das Problem der Nahrungsmittelkonservierung hat vermutlich dazu geführt, daß man dort die Speisen scharf würzt. Szetschuan und Hunan sind die Reisprovinzen Chinas, und so dominiert auch hier der Reis. Frischen Fisch gibt es wenig, man begnügt sich mit gesalzenem und getrocknetem Meeresgetier. Zu Zwiebel und Knoblauch gesellen sich Chili und Szetschuanpfeffer, um den Speisen den charakteristischen Anstrich zu geben.

Die Kanton-Küche

Sie ist außerhalb Chinas wohl die bekannteste. Hier sorgt die Natur für eine Vielfalt von Gerichten: Fisch, Geflügel, Schweinefleisch, viel Gemüse, Reis und tropische Früchte. Der Kantonese liebt seine Gerichte nur knapp gegart, zerkochtes Gemüse ist ihm ein Greuel, Gewürze werden nur sparsam verwendet, um den natürlichen Geschmack der Zutaten zu erhalten.

Die phonetische Schreibweise der chinesischen Worte mit Hilfe des Alphabets abendländischer Sprache ist sehr problematisch und kann nur annähernd die Aussprache treffen. Ich habe hier die deutsche Schreibweise gewählt.

Das Wesen der chinesischen Küche

Die Theorie über die Entstehung des Universums, die von den chinesischen Denkern und Philosophen, insbesondere den Taoisten, vertreten wird, ist das Prinzip des Dualismus, dessen Parallelen man bei Plato antrifft, bei den Ägyptern, bei Brahma, dem Hindugott mit seiner Unterteilung in männliche und weibliche Elemente, bei dem Ormuz und Ahriman der Perser.

Bei den Chinesen sind diese beiden Pole, das YIN und das YANG, Ausgang und Basis des Universums. Symbolisch werden die beiden Elemente durch das Diagramm des Eies – ein Kreis, der fischblasenförmig zweigeteilt ist in Eigelb und Eiweiß – dargestellt.

Das Yang, der positive Pol, ist das männliche Element, die Sonne, der Himmel, das Licht, und wird assoziiert mit der Farbe blau und den ungeraden Zahlen. Das Yin, der negative Pol, ist das weibliche Element, die Erde, der Mond, die Finsternis, und wird assoziiert mit der Farbe orange und den geraden Zahlen.

Oben: *Konfuzius und Laotze, die bedeutendsten chinesischen Philosophen, die nicht unwesentlich die chinesische Kochkunst beeinflußten.*
Rechts: *Ein Beispiel der Harmonie in Farbe, Geschmack und Struktur.*

DAS WESEN DER CHINESISCHEN KÜCHE

Diese beiden Elemente oder Pole des Universums, das Zusammenwirken von Himmel und Erde, müssen im Gleichgewicht sein, um die natürliche und harmonische Ordnung nicht zu stören. Der Mensch, der in dieser Ordnung des Gleichgewichts lebt, hat seinerseits in seinem Lebensbereich für den geregelten, harmonischen Ablauf der Dinge zu sorgen. Im »Yi-King«, dem »Buch der Wandlungen«, heißt es:
»Indem der Weise den geheimnisvollen Zusammenhang der Dinge erkennt, hilft er der Gottheit im Weltregiment.«
Da nach chinesicher Auffassung beim Menschen selbst das Yin und das Yang die Basis seines Organismus sind, muß auch er bei sich selbst für Gleichgewicht und Harmonie sorgen. Alle Krankheiten sind auf eine Störung des Gleichgewichts von Yin und Yang zurückzuführen und dies wird wiederum verursacht durch das, was der Mensch durch seine fünf Sinne, auch materiell, in sich aufnimmt, wozu natürlich auch das Essen gehört.

Tatsächlich ist Essen für den Chinesen nicht nur Nahrungsaufnahme, um die physische Funktion des Körpers aufrecht zu erhalten. Ein chinesisches Menü ist in seiner Komposition ganz auf das harmonische Empfinden aller Sinne abgestimmt. Geruch und Geschmack, Sehen und Fühlen, ja sogar das Gehör sollen beim Essen stimuliert werden. Essen ist in China ein Erlebnis, fast ein Ritual, dem man sich mit allen Sinnen hingibt. Die im Westen allgemein verbreitete Anschauung vom chinesischen Kuli, der sich anspruchslos mit einer Hand voll Reis zufrieden gibt, bedarf einer Korrektur; in seiner Schale Reis befinden sich zumindest ein paar Blätter Gemüse, an deren Farbe und Geschmack sich seine Sinne in Bescheidenheit erfreuen. Bei der Wichtigkeit, die der Chinese dem Essen zur Erhaltung des physischen und psychischen Gleichgewichts zumißt, ist es nicht verwunderlich, daß sich in der Vergangenheit Dichter, Denker und Philosophen eingehend mit diesem Thema befaßt haben. Kochbücher haben in China bis heute in der Literatur einen ganz anderen Stellenwert, als dies im Abendland der Fall ist, wo es scheinbar nur noch darauf ankommt, etwas Akzeptables mit möglichst wenig Kalorien auf den Tisch zu bekommen.

In der chinesischen Kosmologie werden alle Dinge, die von den menschlichen Sinnen aufgenommen werden, dem Yin oder Yang zugeordnet: Geruch, Geschmack, Farbe, Struktur und Laute. Diese Empfindungen zu harmonisieren, durch Kontraste ins Gleichgewicht zu bringen, ist Aufgabe beim Konzipieren von Menüs. Darin besteht die eigentliche Kochkunst, denn die Zubereitung selbst kann erlernt und durch Erfahrung perfektioniert werden. Was dabei zu beachten ist, soll nun kurz umrissen werden:

GESCHMACK
Man unterscheidet zwischen süß, sauer, salzig, bitter und scharf. Diese Geschmacksrichtungen können sowohl einander gegenübergestellt, als auch teilweise in einem Gericht kombiniert werden. Die Gewürze sind hierfür wichtige Hilfsmittel.

GERUCH
Das Aroma der Speisen wirkt appetitanregend. Es muß bei der beabsichtigten kontrastierenden Wirkung auf die Geschmacksrichtungen genau abgestimmt werden, da beide sehr eng miteinander verbunden sind.

FARBE
Es gibt in China fünf Grundfarben, die harmonisieren müssen: Rot, Gelb, Blau mit Grün, Schwarz und Weiß. Farbe und Duft der Speisen lassen uns vor dem Verzehren das »Wasser im Munde zusammenlaufen«. Durch das passende Geschirr und eine phantasievolle Garnierung wird die Wirkung zusätzlich unterstrichen.

STRUKTUR
Zart und knackig, weich und knusprig, trocken und saftig sollen sich bei der Speisenfolge abwechseln und den Genuß abrunden. Erreicht wird die »Struktur« durch die Wahl der Zutaten und die Art des Garens.
Und das GEHÖR? Sie werden kaum eine alte Darstellung chinesischer Bankette sehen, auf der nicht Sänger und Musikanten die Tafelrunde mit ihrer Musik erfreuen.

Gemüse und Gewürze sind wichtige Elemente bei der Gestaltung eines chinesischen Menüs. Das satte bis helle Grün der Zwiebelgewächse und Bohnen, die leuchtenden Farben und die Schärfe der Chilis und Pepperoni, das außergewöhnliche Violett der Auberginen, der unentbehrliche Knoblauch und der eigenartige Geschmack des frischen Ingwers (oben rechts).

DAS WESEN DER CHINESISCHEN KÜCHE

Chinesische schwarze Pilze und gesalzene schwarze Bohnen setzen nicht nur Farbtupfer, sondern geben den Gerichten die so wichtige spezifische Geschmacksergänzung.
Die Grundsätze der Zusammensetzung chinesischer Gerichte führt oft zu Kompositionen, die bislang von Nichtchinesen mit skeptischer Distanz betrachtet wurden, da sie ja den Prinzipien alter Gewohnheiten mißachtend entgegenstehen. Aber gerade dieses Ungewöhnliche ist der Reiz der chinesischen Küche und sollte die Neugier aufgeschlossener Gourmets erwecken.

Zubereitungstechnik und Küchengeräte

Das Schneiden

Das Vorbereiten der Gerichte erfordert bei der chinesischen Küche meist mehr Zeitaufwand als das Garen. Da in China mit Stäbchen gegessen wird, müssen die Zutaten so zerkleinert werden, daß diese Art der Nahrungsaufnahme auch möglich ist.

Das Messer wurde im ganzen Orient schon immer vorwiegend als Waffe betrachtet und daher von einer friedlichen Tafelrunde verbannt. Ob dies allerdings der primäre Grund war, der zu dieser Tafelsitte führte, erscheint mir zweifelhaft.

Die Chinesen erkannten bereits im frühen Altertum, wie aus alten Schriften hervorgeht, daß die Gewebezellen von Fleisch und Gemüse die hauptsächlichen Geschmacks- und Aromaträger sind. Durch das richtige Anschneiden der Zellen wird die volle Entfaltung des Geschmacks und Geruchs erreicht.

Wie wichtig das richtige Schneiden in der chinesischen Küche ist, geht z. B. daraus hervor, daß ein Berufskoch mindestens 2 Jahre seiner Lehre damit beschäftigt wird, das richtige Schneiden und Zerlegen zu lernen. Es geht also keineswegs allein darum, die Zutaten in mundgerechte Stücke zu schneiden. Neben der schon erwähnten Geschmacks- und Aromaentfaltung, die durch das fachgerechte Schneiden erreicht werden soll, muß auch darauf geachtet werden, daß Größe und Struktur der Zutaten ein gleichmäßiges Garen ermöglichen. Und nicht zuletzt soll das Augenmerk auch auf die ästhetische Wirkung gerichtet werden. Zerhackte und zerschnitzelte Zutaten findet der Chinese fast beleidigend. Eine umfassende Materialkenntnis ist demzufolge unerläßlich.

Wie sehr die Art des Zerkleinerns Geschmack und Aroma beeinflussen, merken Sie am besten, wenn Sie auf chinesische Weise gehacktes oder das hier übliche durch den Wolf gedrehte Fleisch zubereiten.

Der Fleischwolf ist übrigens ein in der guten chinesischen Küche unbekanntes Gerät.

Für die verschiedenen Zutatengruppen haben sich bestimmte Schneidetechniken entwickelt, deren wichtigste im folgenden beschrieben und abgebildet sind.

In Scheiben schneiden

Fleisch wird immer quer zur Faser in Scheiben geschnitten. Sie sollten möglichst dünn sein; scharfe Schneidewerkzeuge sind daher unerläßlich. Am feinsten können Sie die Scheiben schneiden, wenn Sie das Fleisch vorher leicht anfrieren.

Blattgemüse wird im allgemeinen quer geschnitten. Kleinere Blätter läßt man häufig ganz, wie zum Beispiel Spinat, Mangold und ähnliches. Gemüse sollte grundsätzlich vor dem Schneiden gewaschen werden. Wäscht man es erst in geschnittenem Zustand, geht der Saft an den Schnittstellen und dadurch ein Teil der Vitamine und Mineralstoffe verloren. Auch die Intensität des Geschmacks würde sehr darunter leiden, wodurch das Gemüse fade schmeckt.

In feine Streifen schneiden

Erst werden quer zur Faser dünne Scheiben geschnitten und diese dann in feine Streifen.

Bambussprossen können Sie in Scheiben oder feine Streifen schneiden. Der untere Teil der Stücke ist meist härter und holziger als die zarten Spitzen, besonders bei den Sommer-Bambussprossen. Schneidet man sie in Scheiben, sollte man den unteren Teil quer zur Faser schneiden, während der obere Teil auch längs geschnitten werden kann.

Ich verwende die beiden verschieden harten Teile getrennt: den unteren Teil schneide ich quer in Scheiben und dann in feine Streifen, den oberen Teil nur in Scheiben. Die Spitzen der Winter-Bambussprossen sind so zart, daß sie, zu fein geschnitten, leicht zerkochen.

ZUBEREITUNGSTECHNIK UND KÜCHENGERÄTE

Zerlegen von Geflügel in mundgerechte Stücke

Die Flügel wegschneiden

Beine und Schenkel abschneiden

Die Brust abtrennen

Brust längs halbieren

Brusthälften quer schneiden

Flügel in 3, Schenkel in 5 Stücke schneiden. Das Rückenstück wie die Brust zerlegen und wie abgebildet anrichten.

In Würfel schneiden
Die fingerdicken Scheiben werden erst längs in Streifen und diese dann quer in Würfel geschnitten.

Zerlegt man Geflügel oder Fleisch, das vorher am Stück gegart wurde, kommt es nicht so sehr darauf an, genau gleiche Stücke zu schneiden. Wichtiger ist hier die dekorative Anordnung auf der Platte. Anders verhält es sich, wenn Fleisch vor dem Garen geschnitten wird. Alle Stücke sollten dann die gleiche Größe haben und nach dem gleichen System geschnitten sein (Fleischwürfel sollten nicht zu klein geschnitten werden).
Nur so erreicht man einen gleichmäßigen Garzustand. Dies ist besonders dann wichtig, wenn die Zutaten ohnehin eine kurze Garzeit erfordern oder nicht überkocht sein dürfen.

ZUBEREITUNGSTECHNIK UND KÜCHENGERÄTE

Hacken

Das Fleisch wird zunächst quer zur Faser in möglichst dünne Scheiben geschnitten.

1. Scheiben in Streifen schneiden

2. Streifen quer fein schneiden

3. Nötigenfalls noch feiner hacken

Diagonal schneiden und Rollschneiden

Wurzel- und Stengelgemüse (wie Karotten und Spargel) werden auf eine für hier nicht sehr gebräuchliche Art zerkleinert. Man schneidet immer in derselben Richtung, gibt den Stangen aber nach jedem Schnitt eine halbe Drehung. Dadurch wird eine große Oberfläche angeschnitten, ohne daß die Stücke zu dünn sind und auslaugen. Dicke Stangen werden zusätzlich noch längs halbiert. Man nennt diese Art des Zerkleinerns »rollschneiden«. Die Stengel von Zwiebelgemüsen werden diagonal geschnitten, ohne der Drehung nach dem Schnitt. Pepperoni schneidet man quer in Diagonalringe, oder wie Paprikaschoten erst in Streifen, dann diagonal in Dreiecke oder Rauten.

Schneiden von Brustrippchen

Brustrippchen werden in großen Stücken gegrillt und dann geteilt; zum Braten werden sie vorher zerkleinert.

1. Oberen Knochen abschneiden

2. Rippenstück teilen

3. Rippen quer in Stücke schneiden

ZUBEREITUNGSTECHNIK UND KÜCHENGERÄTE

Vorbereitung von Shrimps

Shrimps, Scampi und sonstige Kleinhummerarten lassen sich leicht aus den Schalen lösen: Durch einen kleinen Längsschnitt in den Rücken läßt sich der Darm entfernen. Wegen ihrer leichten Verderblichkeit bekommt man im Binnenland Krustentiere nur selten frisch, sondern meist nur tiefgekühlt, vorgekocht oder konserviert. Beachten Sie bitte folgendes: Auf keinen Fall tote Hummerarten verwenden; das Fleisch – auch das gekochte – verdirbt rasch. Die Schwänze der Langustenarten müssen vor und nach dem Kochen gekrümmt sein. Ist dies nicht der Fall, sind sie verdorben und ungenießbar. Große Krustentiere werden getötet, indem man sie mit dem Kopf voraus oder ganz in kochendes Wasser hält.

Kreuzweise einschneiden

Nieren, Kutteln, Tintenfische, auch Leber, werden oft kreuzweise eingeschnitten, um die Marinadenwirkung zu intensivieren und dabei unerwünschten Beigeschmack zu beseitigen. Die so vorbehandelten Stücke werden dann noch vollends vor oder nach dem Garen auf mundgerechte Größe durchgeschnitten.

Schneiden und formen

In der chinesischen Küche wird sehr großer Wert auf das dekorative Garnieren der angerichteten Speisen gelegt. Das Schneiden der hierfür geeigneten Zutaten und das Formen zu Blüten, Tieren und sonstigen Gebilden erfordert viel Geschick und Phantasie.

Dekor aus Gurken und fein abgeschnitteten Tomatenschalen.

Das Marinieren

Der überwiegende Teil der chinesischen Speisen wird vor dem Kochen mariniert. Zum einen dient dies zum Umhüllen der geschnittenen Zutaten, um die Poren zu schließen und damit ein Auslaugen zu verhindern. Hierzu verwendet man vor allem Eiweiß und Stärke. Zum anderen dient das Marinieren auch der Geschmacksverbesserung und -nuancierung, dem Überdecken oder Beseitigen unerwünschten Beigeschmacks. In diesem Fall nimmt man Soßen und Gewürze. Sehr häufig wird auch beides kombiniert verwendet.

Marinieren mit Sojasoße

Marinieren mit Stärke und Eiweiß

ZUBEREITUNGSTECHNIK UND KÜCHENGERÄTE

Die Garmethoden

Die meisten Garmethoden in der chinesischen Küche unterscheiden sich kaum von den hier bekannten und gebräuchlichen. Backen, braten, schmoren, fritieren, kochen, grillen und dämpfen sind Begriffe, die allgemein geläufig sind. Es sollen daher nur die für die chinesische Küche typischen Garmethoden näher erläutert werden. Auf Abweichungen von der Norm ist in den Rezepten hingewiesen.

PFANNENBRATEN (CHAO)

Diese Art des Garens wird nur bei Gerichten angewandt, deren Zutaten vorher mindestens auf die Größe mundgerechter Stücke zerkleinert wurden. Es ist die kürzeste Methode, die man in der chinesischen Küche kennt, manchmal sind es nur Sekunden. In der Wok oder Pfanne wird Öl erhitzt, bis es anfängt leicht zu rauchen. Dann wird das Kochgut, das vorher meist mariniert wurde, hineingegeben und unter ständigem Rühren, Drehen und Wenden gebraten. Die Stücke, besonders die gehackten oder in feine Streifen geschnittenen, sind in kürzester Zeit gar. Durch das vorherige Marinieren und die schockartige Wirkung des heißen Öls schließen sich sofort die Poren; Saft und Aroma bleiben weitgehend erhalten, insbesondere aber die Nährstoffe, die bei längerem Garen verlorengehen. Beim Pfannenbraten muß man sehr auf die Zeiteinhaltung achten. Jedes Zuviel schadet dem Gericht, es ist »zerkocht«. Pfannengebratene Gerichte müssen sofort serviert werden, also nie warmhalten oder gar aufwärmen.

Beim Pfannenbraten (Foto rechts oben) sollte man besonders darauf achten, nicht zu große Mengen der Zutaten in die Pfanne zu geben. Der beabsichtigte Effekt, nämlich das schockartige Schließen der Poren, geht sonst bei der oberen Schicht verloren. Da der Garvorgang sehr kurz ist, empfehle ich, in zwei Etappen zu braten. (In den Rezepten ist »Pfannenbraten« mit »braten« bezeichnet.)

ROTKOCHEN (HUNG SHU)

Darunter versteht man das Kochen in einer Brühe oder Soße, die in der Hauptsache aus Sojasoße mit Gewürzbeigaben besteht. Sie gehört unter dem Namen »Meistersoße« zum ständigen Vorrat der gepflegten chinesischen Küche und kann immer wieder unter Erneuerung der Gewürze verwendet werden. In Schanghai gab es ein Restaurant, das sich rühmte, eine Meistersoße, die vor über 150 Jahren angesetzt wurde, zu verwenden.

Der Vorgang des Rotkochens ist wie folgt:

Der Sud wird zum Kochen gebracht und das zu kochende Stück hineingegeben. Nach erneutem Aufkochen läßt man das Gargut bei kleinster Flamme 1–3 Stunden ziehen. Je nach Fleischart kann man es auch 10–15 Minuten kochen und dann zugedeckt ohne Flamme bis etwa 1 Stunde ruhen lassen.

Während des langsamen Abkühlens gart das Kochgut nach. Dies wird hauptsächlich bei Fisch und bei zartem Geflügel angewendet.

Rotgekochte Gerichte kann man vorkochen und aufwärmen, ohne daß sie wesentlich an Geschmack verlieren. Dies ist vorteilhaft bei der Planung und Zubereitung eines Essens mit mehreren Gängen, wobei man häufig in Zeitnot gerät. Ein rotgekochtes Gericht, das schon servierbereit wartet, hilft hier aus der Verlegenheit.

WEISSKOCHEN (ZHU)

Es ist im Prinzip der gleiche Vorgang wie beim Rotkochen. Der einzige Unterschied besteht darin, daß zur Brühe keine Sojasoße verwendet wird.

DÄMPFEN (ZHENG)

Ergänzend zu dieser hier gebräuchlichen Garmethode will ich noch folgendes erläutern. Er gibt zwei grundsätzlich verschiedene Arten: das »Trockendämpfen« und das »Naßdämpfen«. Bei der ersten kommt das Kochgut in einen Siebeinsatz oder Bambusdämpfer, damit sich kein Kondensat oder Saft sammeln kann. Bei der zweiten legt man das Kochgut in einen Einsatz mit geschlossenem Boden. Der austretende Saft des Kochguts kann sich so im Einsatz sammeln. Bei dieser Art kann man sich auch folgendermaßen behelfen: Legen Sie das Kochgut in einen Teller oder eine Schüssel. In einen genügend großen Topf mit Deckel legen Sie nun umgekehrt ein Schüsselchen und füllen bis zu dessen Oberfläche mit Wasser auf. Zum Dämpfen stellen Sie nun das Gefäß mit dem Kochgut darauf.

Rechts: *Eine chinesische Hausfrau in ihrer Küche.*

ZUBEREITUNGSTECHNIK UND KÜCHENGERÄTE

ZUBEREITUNGSTECHNIK UND KÜCHENGERÄTE

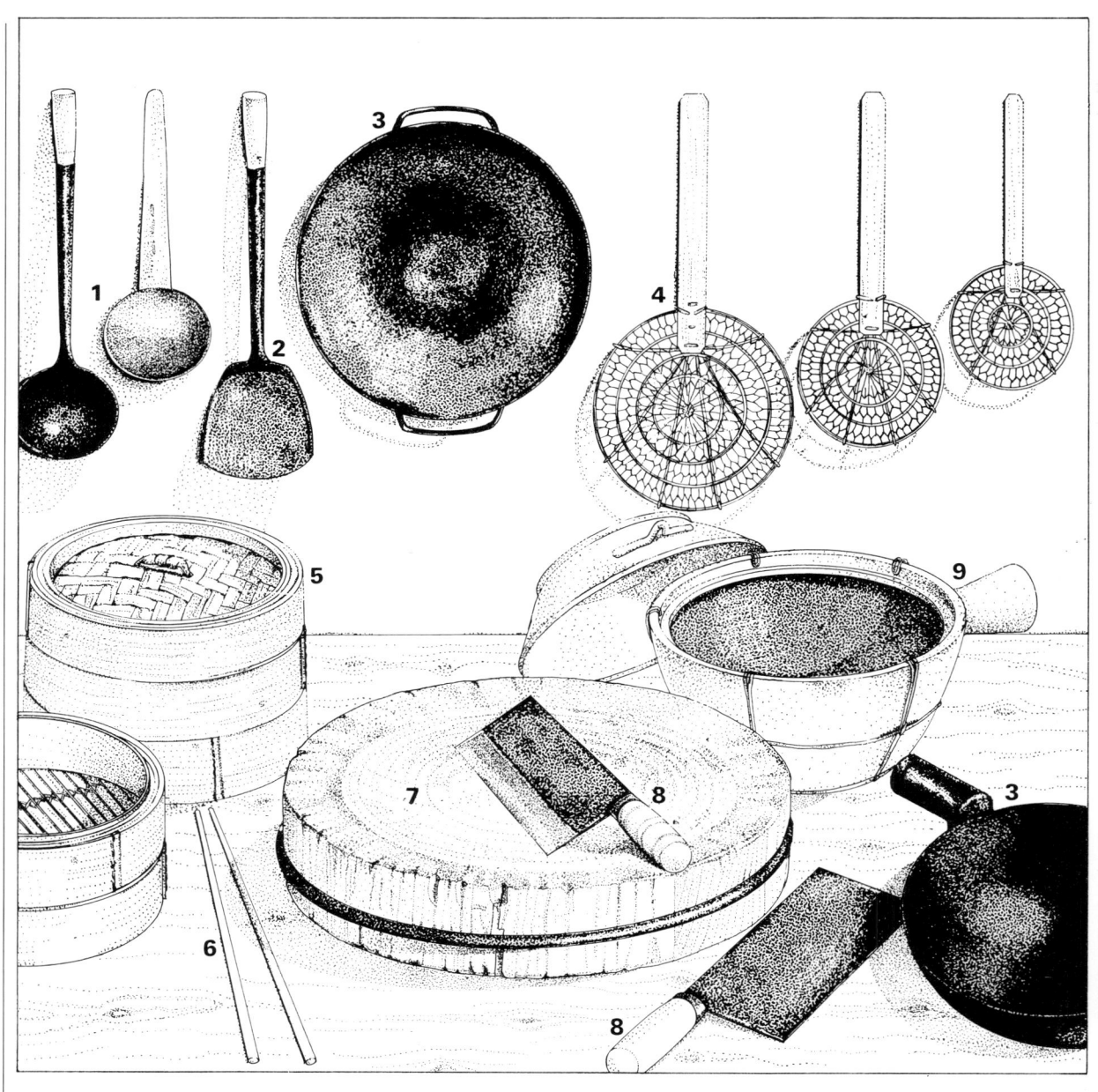

Die Küchengeräte

Die Ausrüstung einer chinesischen Küche ist für hiesige Begriffe mehr als bescheiden. Die wenigen Geräte sind jedoch vielseitig verwendbar.

Schöpflöffel (1): Sie entsprechen den auch hier gebräuchlichen.

Bratenschaufel (2): Sie hat eine abgerundete Vorderkante und ist damit der Wok angepaßt.

Wok (3): Die kegelförmige, unten abgerundete Pfanne gibt es mit einem Stiel oder zwei Henkeln. Sie ist dem alten chinesischen Küchenherd angepaßt, der oben eine runde Feueröffnung hat. Will man sie hier auf dem Gasherd verwenden, so muß man einen 1–2 cm hohen Ring benutzen. Für Elektroherde ist sie nicht zu gebrauchen. Die alte, traditionelle Wok ist aus Eisen; sie ist unendlich vielfältig zu verwenden. In ihr kann man pfannenbraten, fritieren, schmoren, kochen und dämpfen.

Sieblöffel (4): Sie bestehen aus einem Messingdrahtgeflecht mit Bambusstiel.

Bambusdämpfer (5): Als Boden hat er einen Rost, der ebenfalls aus Bambus ist. Mehrere Gerichte können darin übereinander gestapelt werden. Als Abschluß dient ein Deckel. Das Kochgut kann in einer Schale in die Dämpferteile gestellt werden, oder auch direkt auf den Rost. Der Dämpfer wird dann in die mit etwas Wasser gefüllte Wok gestellt.

ZUBEREITUNGSTECHNIK UND KÜCHENGERÄTE

Stäbchen (6): Sie werden nicht nur zum Essen benutzt, sondern auch in der Küche zum Rühren. Die einfachen Stäbchen sind aus Bambus, roh oder bemalt, aber auch aus elfenbeinähnlichem Kunststoff. Die luxuriösen sind aus echtem Elfenbein oder Silber.

Hackklotz (7): Er fehlt in keiner chinesischen Küche. Auf ihm werden alle Zutaten zerkleinert.

Küchenbeil (8): Ein Universalgerät, das sowohl zum Hacken, als auch zum Schneiden verwendet wird. Es gibt leichte und schwerere; letztere nimmt man meist zum Hacken, wie beispielsweise beim Zerlegen von ganzem Geflügel.

Sandtopf (9): Der irdene Topf ist außen mit Draht verstärkt. Er dient hauptsächlich zum Schmoren und Dünsten und ähnelt dem hier bekannten Römertopf. Ein weiteres regionales Küchengeschirr ist der Yünnantopf (siehe S. 181). Er ist ebenfalls aus Ton und wird zum Dämpfen verwendet. Dabei stellt man ihn in kochendes Wasser; durch den oben offenen Kegel in der Mitte des Topfes dringt der Dampf ein.

Ein ursprünglich regionales Geschirr, das sich aber über ganz China verbreitet hat, ist der Mongolentopf (siehe S. 69). Im unteren Teil brennt das Holzkohlenfeuer und der Aufsatz hat in der Mitte eine Art runden Kamin. Man verwendet ihn wie einen Fonduetopf, nur nimmt man zum Garen Fleischbrühe statt Öl. Im nordöstlichen China wird eine aus Korea stammende Bratpfanne verwendet. Sie ist nach oben gewölbt, der Rand ist ebenfalls wieder nach oben gebogen, so daß eine Art umlaufende Rinne entsteht. In diese Rinne wird Fleischbrühe und Gemüse gefüllt. Gewürzte und eingeölte Fleischscheiben werden auf dem gewölbten Teil der Pfanne gebraten, die auf dem Eßtisch über einer Flamme steht. Dazu werden reichlich Dipsoßen serviert.

Unten: *Die Mindestausrüstung an Geschirr für ein chinesisches Essen.*
Nächste Seite: *In einem chinesischen Haushaltswarengeschäft*

Handhabung der Stäbchen

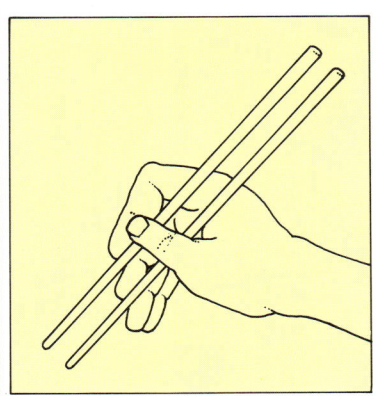

1. *Ein Stäbchen mit der Daumenwurzel gegen die Kuppe des Ringfingers und der Daumenbeuge drücken.*

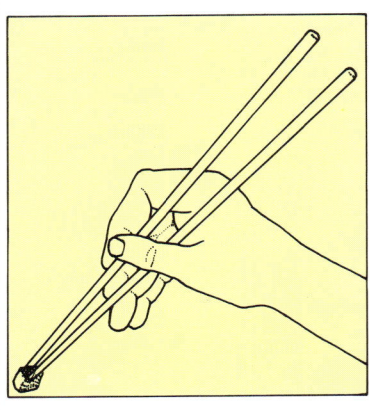

2. *Das zweite Stäbchen wie einen Bleistift mit Daumen, Zeigefinger und Ringfinger fassen.*

Das chinesische Menü

Man kann ein chinesisches Menü selbstverständlich in dem hier üblichen Geschirr servieren. Legen Sie jedoch Wert auf Stil und Authentizität, so sollten Sie den Tisch mit Chinaporzellan, das heute durchaus erschwinglich ist, decken.
Das *Serviergeschirr* besteht aus einer Suppenterrine mit Schöpflöffel aus Porzellan, einer tiefen, großen Schale für den Reis und aus runden und ovalen Platten, oder auch tieferen Schüsseln, für die verschiedenen Gänge.
Das *Gedeck* unterscheidet sich etwas von dem hier gebräuchlichen, ist jedoch nicht an strenge Regeln gebunden. Im allgemeinen besteht es aus einer henkellosen Schale für die Suppe und einer weiteren für den Reis. Im Hausgebrauch nimmt man für beides eine Schale. Dazu kommt ein Porzellanlöffel. Die Schalen stehen in einem flachen kleinen Unterteller, in den man Knochen und dergleichen legt. Falls die Art der Gerichte es erfordern, wird dazu ein zweiter kleiner Teller gedeckt. Für Dipsoßen, Pickles usw. gibt man mehrere kleine Schälchen. Mit den Stäbchen, der Teetasse und der kleinen Reisweinschale ist das Gedeck dann komplett.
Die Menge der Speisen zu bestimmen, erfordert einige Überlegung. Es ist die Regel, daß man für 5–6 Personen mindestens 4 Gerichte serviert, für je 2 weitere Personen noch ein zusätzliches Gericht. Stattdessen die Menge der Speisen zu vergrößern, wäre unüblich. Für Fleisch, Gemüse, Reis und Suppeneinlage rechnet man zusammen etwa 400–500 g pro Person, falls keine eßgewaltigen Gäste am Tisch sitzen. Der Chinese begegnet diesem Unsicherheitsfaktor dadurch, daß er die Suppe in etwas üppigerer Menge zubereitet und sie am Schluß des Essens serviert. Sie soll ein etwa noch vorhandenes Vakuum im Magen vollends füllen.
Einiges Kopfzerbrechen kann die Auswahl der einzelnen Gerichte verursachen. Sie sollen ja den Erfordernissen an Kontrast und Harmonie gerecht werden. Am besten beginnt man damit, die Hauptzutaten festzulegen, um darauf die einzelnen Geschmacksrichtungen und die Kochtechnik abzustimmen.
So kann zum Beispiel ein Menü mit 4 Gängen und Suppe aussehen:
ein Gericht mit Schweinefleisch
ein Gericht mit Geflügel
ein Gericht mit Fisch oder Meeresfrüchten
ein Gemüsegericht
die Suppe mit Ei- oder Nudeleinlage.
Je ein Gericht wird gedämpft, pfannengebraten, fritiert, gegrillt und gekocht.

Die bereits vorhandenen geschmacklichen und aromatischen Verschiedenheiten werden unterstrichen durch das jeweilige Würzen mit Zucker und Essig (süß-sauer), Chili, Knoblauch oder Frühlingszwiebel, Sojasoße, Kräuter.
Die Farbkontraste sind durch die Auswahl dieser Kriterien meist schon bis zu einem gewissen Grad gegeben und müssen nur noch durch phantasievolle Garnierung vervollständigt werden.
Das chinesische Menü hat keinen Hauptgang. Es beginnt mit einem Hors d'œuvre, dann folgen die verschiedenen Gerichte und die Suppe, die alle zusammen aufgetragen werden. Ein Dessert kann, muß aber bei einem chinesischen Menü nicht dabei sein.
Als Getränke werden vor dem Essen Spirituosen gereicht, während und nach dem Essen Tee. Auch hierfür gibt es keine festen Regeln; dem individuellen Geschmack sind keine engen Grenzen gesetzt.
Bei formellen Essen gehört es zum guten Ton, daß der Gastgeber einen Trinkspruch ausbringt, den der Gast dann erwidert.
Als Getränke werden Spirituosen gereicht, von denen der nicht gerade sanfte Mao Tai für diese Zwecke zum beliebtesten geworden ist.

Menüvorschläge

Menü für 4–6 Personen
Zu den Gerichten wird gedämpfter Reis serviert.

A *Nierensalat (S. 61)*
  Seegras mit Shrimps (S. 65)
  Fünf-Blumen-Fleisch (S. 90)
  Hühnerbrust (S. 48)
  Eierblumensuppe (S. 72)

B *Pochiertes Huhn (S. 193)*
  Imperialfisch (S. 84)
  Löwenköpfe (S. 145)
  Rührei mit Lammfleisch (S. 76)
  Sauer-scharfe Suppe (S. 174)

C *Tee-Eier (S. 141)*
  Rindfleisch vom Rost (S. 73)
  Fisch in süß-saurer Soße (S. 53)
  Spargel mit Truthahn (S. 72)
  Gedämpfte Brötchen mit Füllung (S. 62)

D *Frühlingsrollen (S. 50)*
  Rindfleisch mit Austernsoße (S. 50)
  Ente mit Pilzen (S. 63)
  Fischbällchen gedämpft (S. 52)
  Leberpaste-Suppe (S. 168)

E *Geflügelleber Dschin (S. 45)*
  Schweinshaxe Schanghai (S. 112)
  Calamare im Goldmantel (S. 118)
  Zuckermaissuppe (S. 79)
  Mango-Tapioka-Pudding (S. 192)

DAS CHINESISCHE MENÜ

Hinweise auf Rezepte

Die in den Rezepten angegebenen Mengen beziehen sich auf ein Menü mit 3–4 Gängen für 4 Personen.
Die Garzeiten sind Richtwerte. Die Art des Herdes und der Kochgeschirre, aber auch die Qualität der Zutaten können die Zeiten beeinflussen.
Die Gewürzmengen sind nicht angegeben, da sie sich doch weitgehend nach dem persönlichen Geschmack richten. Bevor Sie zu kochen beginnen, sollten Sie auch noch das Kapitel über die chinesischen Gewürze auf Seite 219 lesen.

Links: Daß in China seit frühen Zeiten beim Essen nicht nur Auge, Nase und Gaumen, sondern auch das Ohr auf seine Rechnung kommt, zeigt dieses Bild, auf dem Mädchen mit Musik die Tafelrunde erfreuen. Auch heute noch sind in Ostasien Restaurants mit Unterhaltungsmusik durchaus keine Seltenheit.

Menü für 8–10 Personen

A Fritierte Won Tan (S. 190)
   Huhn mit Pilzen (S. 196)
   Schweinefleisch süß-sauer (S. 197)
   Gedämpfter Fisch (S. 92)
   Imperialeier (S. 62)
   Gefüllter Paprika (S. 211)
   Tomatensuppe mit Muscheln (S. 79)

B Nieren Szetschuan (S. 157)
   Ente Kanton (S. 197)
   Goldshrimps (S. 133)
   Nudelnest (S. 214)
   Bohnenquark-Schnitten (S. 198)
   Fischbällchen gedämpft (S. 77)
   Rotgekochtes Huhn (S. 58)
   Tausendschichtkuchen (S. 47)

C Hühnersülze (S. 118)
   Rindfleisch mit Paprika (S. 107)
   Ente fritiert und gedämpft (S. 216)
   Leber Kanton (S. 211)
   Eichhörnchen-Fisch (S. 111)
   Gold- und Silbereier (S. 92)
   Bohnenquark Ma Po (S. 173)
   Ochsenschwanzsuppe (S. 176)

Die Peking-Küche

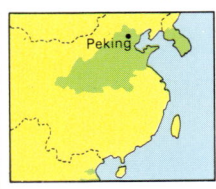

Zur Küche der nördlichen Schule rechnet man die Provinzen Hopeh, Schansi, Schensi, Honan und Schantung.
Es sind die Provinzen entlang des Hoang Ho, des »Gelben Flusses«. Hier entstanden die ersten chinesischen Siedlungen, hier waren die ersten geschichtlich verbürgten Staatsgründungen unter den Kaisern der Shang-Dynastie, mit den Hauptstädten Anyang (Hopeh), Hsian (Schensi) und Loyang (Honan). Während der Chou-Dynastie, die der Shang-Periode folgte, dehnte sich das Reich bis zum Yangtzekiang aus und in den späteren Jahrhunderten noch weiter nach Süden und Norden.
Der nördliche Teil Chinas hat ein extremes Klima. Das sibirische Kältehoch ergreift mit seinen eisigen Fingern das Land bis zur Küste und läßt schon im November die Flüsse gefrieren und die Vegetation erstarren. Die Weststürme bringen den Staub der Wüste Gobi mit und treiben die Menschen in ihre Behausungen. In der Hauptstadt nennt man ihn den Pekingstaub, der durch die feinsten Ritzen dringt. Dem harten, erbarmungslosen Winter folgt nach einer kurzen Frühlingsperiode im Mai der subtropische Sommer mit feuchtheißem Klima. In dieser Jahreszeit fallen die von den Bauern ersehnten Monsunregen, die zum Gedeihen der Pflanzen beitragen, an deren Existenz man nach den strengen Wintern fast nicht mehr glaubt.

Als Grundnahrungsmittel wird im Norden Getreide angebaut, aber auch Reis hat hier schon in bescheidenem Umfang seine Verbreitung gefunden. Neben vielerlei Gemüsesorten werden noch Sojabohnen und Sesam angepflanzt, ebenso der Kaoliang, eine Hirseart, aus dem auch der bekannte Kaoliang-Schnaps hergestellt wird. Früchte gibt es in vielfältiger Auswahl, von den Arten der gemäßigten Klimazonen bis zu den subtropischen Sorten. Die Küstengewässer und Flüsse bieten reichlich Fisch und Meeresfrüchte.
Der Gelbe Fluß, der »Kummer Chinas«, wie er im Volksmund genannt wird, hat seinen Ursprung in den Bergen Tibets. Nach seinem in wilde Gebirgsschluchten eingefressenen Oberlauf erreicht er bei Lantschou das Lößbergland und schlägt von dort einen riesigen Bogen nach Norden. Nordöstlich von Xian schwenkt er wieder nach Osten und wälzt seine gelben Fluten aus den Bergen heraus in die Ebenen. Nach dem eigenwilligen, über viertausendachthundert Kilometer langen Lauf mündet er schließlich in den Golf von Chili.

Rechts: *Der »Gelbe Fluß« im Gebiet der Provinzen Schansi und Schensi. Das Tal des Flusses ist die Wiege der chinesischen Zivilisation, von hier dehnte sie sich nach Süden aus.*
Unten: *Mitglieder der Modellkommune Datschai bei der Heimkehr von der Arbeit. Die manuelle Arbeit überwiegt heute noch in der Landwirtschaft, da die überall angelegten Terrassenfelder ohnehin keinen Maschineneinsatz großen Stils erlauben.*

PEKING-KÜCHE

Der Hoang Ho ist der schlammigste Fluß der Welt. Unvorstellbare Mengen an fruchtbarem Lößboden schleppt er unaufhörlich aus dem Bergland, jährlich sollen es an die zwei Milliarden Tonnen sein. Die Hälfte schwemmt er ins Meer, der Rest wird in seinem Unterlauf abgelagert. Dies führte zwangsläufig zu einer stetigen Erhöhung des Flußbetts und damit zu der Notwendigkeit, die Dämme mit zu erhöhen. Mit Mühe abgestützt, schiebt er sich durch die Provinzen seines Unterlaufs, immer wieder versucht er auszubrechen und ein neues tiefer gelegenes Bett zu suchen. Über zwanzigmal hat er in den letzten dreitausend Jahren schon seine Fesseln gesprengt, Städte und Dörfer mit Millionen von Menschen in seinen Fluten ertränkend. Auch wenn er sich nicht mit elementarer Gewalt einen neuen Weg sucht, so fordern die immer wiederkehrenden jährlichen Überschwemmungen Opfer genug. Seine lebensspendende Fruchtbarkeit muß oft teuer bezahlt werden.
Die weite nördliche Schleife des Flusses kreuzt zweimal (bei Yinchuan und südlich bei Hohhot) die berühmte Chinesische Mauer, das größte Befestigungswerk aller Zeiten.
Ihre Entstehung geht bis in die Zeit der Chin-Dynastie zurück, also bis 220 v. Chr. Der Herrscher der Chin, von denen sich der Begriff »China« ableitet, eroberte und einigte 221 v. Chr. die »Streitenden Reiche« und erklärte sich zum Chin Shi Huang-Ti, zum »Ersten erhabenen Kaiser der Chin«. Er ließ an der Nordgrenze des Reiches große Wälle gegen die Übergriffe der Nomadenstämme aus der Mongolei aufwerfen, die dann später unter den Ming-Kaisern zur großen »Chinesischen Mauer« ausgebaut wurden.
Sie beginnt östlich von Peking am Golf von Liautung, verläuft von dort nach Westen auf die Grenze zur Inneren Mongolei zu, überquert zweimal den Huang Ho und endet im südlichen Teil der Wüste Gobi. Sie hat eine Gesamtlänge von etwa fünftausend Kilometer. Die Höhe schwankt zwischen elf und sechzehn Metern, ihre Breite zwischen sechs und acht Metern. Der östliche, gemauerte Teil ist teilweise zusammengefallen, in der Nähe von Peking wurde

Die Große Mauer bei Peking, das Weltwunder Chinas

PEKING-KÜCHE

ein Stück wieder restauriert und ist nun ein beliebtes Ausflugsziel für Einheimische und Touristen. Das verhältnismäßig kleine Stück, das von den höher gelegenen Wehrtürmen zu überblicken ist, gibt einen ungefähren Eindruck von der gigantischen Arbeit und von den Menschenmassen, die daran gearbeitet haben müssen.

Auch Peking selbst war nochmals durch eine etwa sechzig Kilometer lange und dreizehn Meter hohe Mauer geschützt. Die Stadt blickt auf eine lange Geschichte zurück. Einst war sie die Hauptstadt eines der »Streitenden Reiche« (720 v. Chr.). Sie wechselte bis in die jüngste Zeit einige Male ihren Namen. Während der Periode der »Streitenden Reiche« von 481–221 v. Chr. hieß sie die »Stadt Chi«; »Yengking« nannte man sie während der Liao-Dynastie und im 12. Jahrhundert, unter der nördlichen Chin-Dynastie hieß Peking »Chungtu« (Mittlere Hauptstadt). Kublai Khan nannte sie »Tatu« (Große Hauptstadt), und erst 1420, unter den Ming-Kaisern, bekam sie erstmalig den Namen »Peking«, die »Nördliche Hauptstadt«. Noch einmal in jüngster Zeit gab man ihr für kurze Zeit einen anderen Namen, als 1928 die Kuomintang-Regierung ihren Sitz nach Nanking verlegte. Sie hieß »Peiping« (Nördlicher Friede). Erst 1949, nach der Revolution Mao Tse Tungs, bekam sie wieder ihren früheren Namen Peking, neuerdings »Beijing« geschrieben. Ihren glanzvollen Ausbau zur Hauptstadt, zum geistigen und kulturellen Zentrum, erfuhr Peking unter der Herrschaft der Yüan-Dynastie, der Mongolenherrscher.

Kublai Khan gab der Stadt ihre Struktur, eine Form, die sich bis heute erhalten hat, auch wenn Peking in den letzten achthundert Jahren viermal zerstört wurde. Das heutige Peking wurde im 15. Jahrhundert unter den Ming-Kaisern wieder aufgebaut.

Seit der Zeit Kublai Khans, als der Aufstieg Pekings begann, haben viele Besucher die Reize der Stadt in teilweise überschwenglicher Form besungen, als einer der ersten Marco Polo, der sich Ende des 13. Jahrhunderts in Peking aufhielt. Die alten Bilder der marktschreierischen Geschäftigkeit, das Gewimmel und Durcheinander lärmender Menschen, das unüberschaubare Gewirr von Buden und Straßenverkäufern, von Märchenerzählern und Wahrsagern, das Heer der Dreiradfahrer und Rikschas, die sich schwitzend ihren Weg durch die Mengen schrien, der Duft aus Garküchen, bruzzelnden und kochenden Töpfen an den Straßen, Plätzen und Gassen, das alles ist vorüber und hat einer nüchternen Betriebsamkeit Platz gemacht. Die Reste der bunten Folklore haben sich in die Hutangs, den von Mauern umzogenen abertausend Gassen verkrochen, wo man noch einen Hauch aus früheren Zeiten verspürt.

Auch muß der Besucher des heutigen Pekings auf die vielleicht von zu Hause her gewohnten Dinge verzichten, die eine mitunter doch mit Risiken behaftete Vergnügungsindustrie bietet. Es gibt in Peking keine Cafes und frivolen Nachtklubs, aber dafür eine ganze Reihe hervorragender Restaurants, stilvoll eingerichtet, mit erstklassiger Bedienung

PEKING-KÜCHE

und mit Gerichten, die zu den höchsten kulinarischen Errungenschaften der Welt gehören. Auch die Peking Oper vermag mit ihrer phantastischen Kunst wie in früheren Zeiten den Besucher zu ergötzen.

Eines jedoch ist dieser gewiß sauberer gewordenen Stadt trotz vieler Veränderungen geblieben: der traditionsreiche, erhabene Charakter der Kaiserstadt. Daran ändern auch die Monumentalbauten am riesigen Tien-An-Men-Platz im Zentrum Pekings nichts oder am Changan-Boulevard, der mit seinen über zwanzig Kilometern Länge die Ost-West-Achse bildet. Moderne Hochbauten sind größtenteils nur in den Außenbezirken entstanden, und vieles dieser gar nicht zum traditionellen Erscheinungsbild passen wollenden Zweckarchitektur wird durch die Baumbestände der Alleen, Gärten und Parks verdeckt und dadurch erträglich.

Bestimmend für den Eindruck, den das Stadtbild vermittelt, sind die von Mauern gesäumten Gassen, die geduckten Wohnhäuser mit ihren Innenhöfen, die zu der enormen Ausdehnung der Stadt geführt haben. Und kennzeichnend sind vor allem die außergewöhnlich faszinierenden architektonischen Schöpfungen der Ming-Zeit.

Links oben: *Im Kaiserpalast der »Verbotenen Stadt«*
Mitte: *Die »Jadegürtel-Brücke« im Sommerpalast bei Peking*
Oben: *Pavillons im Kaiserpalast*

PEKING-KÜCHE

Oben: *Auf den Märkten Pekings findet man ein reichhaltiges Angebot.*
Rechts: *Weite Teile der Stadt bestehen aus den alten Atriumhäusern, die auch gegen die Sandstürme aus der Wüste Gobi schützen sollen.*

Im Süden der Stadt erhebt sich inmitten eines riesigen Parks der Himmelstempel, eine berückende Harmonie von Form und Farbe. Zweimal im Jahr begab sich der Kaiser mit großem Gefolge dorthin, um Verbindung mit dem Jadekaiser, dem Himmel, herzustellen und um eine gute Ernte für sein Volk zu bitten.
In nördlicher Richtung, außerhalb der Stadt, dehnen sich die weiten Anlagen des Sommerpalastes aus. In dieser lieblichen Hügellandschaft verbrachte der Kaiser die drückend heißen Sommermonate. Die ersten Anlagen stammen bereits aus dem 12. Jahrhundert. Immer wieder wurde Neues hinzugefügt, künstliche Seen, Pavillons, Paläste, Wandelgänge und Gärten. Unersetzliche Kunstwerke gingen verloren, als um die Jahrhundertwende anglofranzösische Truppen barbarisch die Anlagen zerstörten. Der Wiederaufbau konnte nur bedingt die einstmalige Pracht ersetzen.

Steht man auf dem sogenannten Kohlenhügel im Herzen der Stadt, einst aufgeschüttet, als die künstlichen Seen des Behai-Parks ausgeschachtet wurden, hat man eine faszinierende Aussicht über die weite Stadt. Und gleich zu Füßen liegt die imposante Anlage des Kaiserpalastes, die »Verbotene Stadt«.
Die Palastanlage wurde im wesentlichen in der Zeit von 1406–1420 unter dem Ming-Kaiser Yung Lo erbaut. Von einer hohen Mauer und einem Wassergraben umgeben, reiht sich im Innern Tor an Tor, Halle an Halle, Palast an Palast – ein Märchen aus Marmor, Ziegel und Holz.
Man betritt die »Verbotene Stadt« durch das Meridian-Tor, gelangt dann durch das »Tor der höchsten Harmonie« in den äußeren Palastbezirk. Hier in der »Halle der höchsten Harmonie«, der »Halle der mittleren Harmonie« und der »Halle der erhaltende Harmonie« empfing der Kaiser seine Besucher, hier »regierte« er. Durch das »Tor der himmlischen Reinheit« kommt man in den inneren Palastbezirk mit den Palästen und Gemächern des Kaisers, der Kaiserin und der kaiserlichen Konkubinen sowie den Unterkünften für die persönlichen Bediensteten.
Die ungeheuer eindrucksvolle Architektur mit ihren zahlreichen, phantastischen Accessoirs läßt noch den Prunk, die höfische Etikette, aber auch die Intrigen und Machtkämpfe ahnen, die sich hier im Lauf der Jahrhunderte abgespielt haben.
Von den Bewohnern hinter diesen Mauern gingen die schöpferischen Impulse aus, die die Peking-Küche geprägt haben. An seinen Hof berief der Kaiser die besten Köche des Reiches, deren erster immerhin den Rang eines Ministers hatte. Hier wurden Gerichte kreiert, die zu kulinarischen Höhepunkten zäh-

len und deren Zubereitung Eingang in die Küchen der Fürsten des Landes fanden, die diese Köstlichkeiten als Gäste des Kaisers kennengelernt hatten. Sie wurden variiert und verfeinert, auf den persönlichen Geschmack abgestimmt, aber doch im Grundkonzept in ihrer überlieferten Form erhalten.
Hier hatten Speisen ihren Ursprung, die zum Repertoir einer anspruchsvollen Küche gehören: Peking- und Mandarinente, Samthuhn, Phönix im Nest, Mandarinfisch, Lotuskrabben, Erbspüree-Schnitten, Reiskrustensuppe, Mu Shu-Schweinefleisch, Tausendschichtenkuchen, alles köstliche Gerichte, deren Zubereitung weniger Aufwand erfordert, als es den Anschein hat. Aber auch Speisen mit seltenen Zutaten, ausgesucht von erfahrenen und hochbegabten Köchen, so kompliziert wie zeitraubend in ihrer Vorbereitung, lukullische Raritäten in höchster Vollendung, die sich eben nur ein Kaiser leisten konnte. Der heutige Besucher Pekings braucht durchaus nicht auf lukullische Kostbarkeiten verzichten. Es gibt in der Stadt eine ganze Reihe Restaurants mit einer hervorragender Küche, deren Köche die alten Traditionen vollendet fortführen und pflegen. Und nicht nur in Peking findet man diese Oasen exzellenter Küche, die den Vergleich mit berühmten europäischen Gourmet-Tempeln keineswegs zu scheuen brauchen.
Aber auch die große Zahl weniger bekannter Restaurants und Hotelküchen bieten ein Qualitätsniveau, das gehobenen Ansprüchen durchaus genügt. Essen in China ist auch heute wieder ein Erlebnis, ein Genuß besonderer Art. Jedes Gericht spiegelt die Sorgfalt und das Können, mit dem es zubereitet wurde, wider. Und immer wieder kann ich nicht umhin, den chinesischen Köchen über die Schultern zu gucken und entdecke jedes Mal etwas Neues und Interessantes.
Wenn auch das Gros der arbeitenden Bevölkerung, genau wie hier, während der Woche sich in Gemeinschaftsküchen und Werkskantinen verpflegt, so läßt es sich die chinesische Hausfrau nicht nehmen, an Sonn- und Feiertagen ein Menü mit mehreren Gängen zuzubereiten, häufig tatkräftig unterstützt von männlichen Familienmitgliedern, hinter denen sich so manches kleine Kochgenie verbirgt. Die Versorgung und das Angebot an Lebensmitteln ist nicht nur reichlich, sondern auch vielseitig, so daß also in dieser Hinsicht für die Zubereitung eines gepflegten Essens keinerlei Probleme bestehen.

PEKING-KÜCHE

Peking Ya
Peking-Ente

Eines der bekanntesten Gerichte der Küche des Nordens ist die Peking-Ente. Die Zubereitung erfordert einige Geschicklichkeit und Erfahrung, auch die Qualität der Ente ist von Bedeutung. Sie darf nicht zu fett sein; die Haut soll nicht mit einer dicken Fettschicht verwachsen sein. In der Nähe von Peking werden für dieses Gericht speziell Enten gezüchtet und auch exportiert, doch kann man auch mit heimischen Produkten, insbesondere Freilandenten, ein akzeptables Ergebnis erzielen. Ich empfehle die traditionellen Beilagen dazu zu geben: die Soße zum Dippen, die Pfannkuchen, die geschlitzten Frühlingszwiebeln und am Schluß die Entensuppe mit Gemüse. Es gibt eine Reihe vereinfachter Zubereitungsmethoden, deren Resultate den Kenner nicht ganz befriedigen können. Die Mühe lohnt sich, eines der traditionellen, klassischen Rezepte anzuwenden.

Zutaten:
1 Ente (ca. 1500 g)
3 Eßlöffel Honig
½ Tasse warmes Wasser
2 Eßlöffel Essig
Sesamöl

Zubereitung:
Die ausgenommene Ente kurz in kochendes Salzwasser tauchen. Innen und außen gut abtrocknen und das überschüssige Fett wegschneiden. Durch kräftiges Massieren die Haut vom Körper lösen (mit Ausnahme der Flügel). Man kann die mühselige Prozedur folgendermaßen unterstützen:
Die Ente hinten sorgfältig zunähen. Die Haut vom Hals lösen. Zwischen Haut und Hals ein kleines fingerdickes Plastikrohr schieben und die Ente aufblasen. Dabei massieren und die Haut am Hals zuhalten, damit keine Luft entweichen kann. Diese Behandlung ist notwendig, damit die Haut knusprig wird. Dann die Ente, möglichst aufgeblasen, mit zugebundenem Hals an die Luft hängen, bis sie trocken ist. Ich selbst hänge sie über Nacht in den Keller oder Speicher mit einer Schüssel darunter.
Honig, Wasser und Essig mischen und damit die Ente gründlich einreiben. Wieder an einem luftigen Platz zum Trocknen aufhängen.
Den Backofen auf 220° vorheizen und die Ente auf dem Rost 15 Minuten grillen. Auf 170° reduzieren, Ente wenden und eine weitere Stunde rösten. Hitze auf 200° erhöhen und noch 20 Minuten grillen, dabei einmal mit wenig Sesamöl einpinseln.

Die Beilagen

Soße:
1 kleine Knoblauchzehe (fein gehackt)
1 Teelöffel Öl
3 Eßlöffel Hoi Sin Soße
2 Eßlöffel Pflaumensoße
1 Eßlöffel helle Sojasoße
1 Eßlöffel Zucker
1 Teelöffel Sesamöl

Zubereitung:
Die Knoblauchzehe mit dem Öl einige Sekunden anbraten, die Soßen und den Zucker nacheinander einrühren, kurz aufkochen lassen, vom Feuer nehmen und das Sesamöl darüberträufeln.

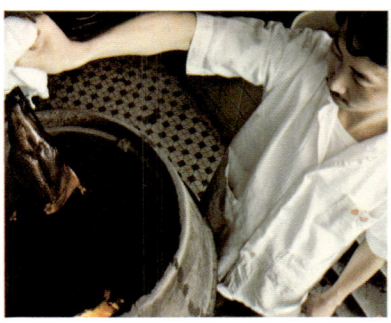

Links: *Geflügel wird auf den Märkten vorwiegend lebend angeboten. So kann sich der Kunde am besten von der Qualität des Tieres überzeugen.*
Oben: *Enten kann man auch fertig geröstet kaufen. Sie werden in eigens dafür gebauten Öfen gegrillt. Im oberen Bild sieht man zum Trocknen aufgehängte, aufgeblasene Enten.*
Rechts: *Eine chinesische Familie genießt die Peking-Ente.*

PEKING-KÜCHE

PEKING-KÜCHE

Frühlingszwiebeln:
Etwa 6–8 junge dünne Frühlingszwiebeln (es kann auch junger Lauch sein) in knapp fingerlange Stücke schneiden. Eine, oder beide Enden mehrmals auf ⅓ der Länge kreuzweise spalten. Einige Minuten in Eiswasser legen, dann krümmen sich die Enden nach außen.

Pfannkuchen:
3 Tassen Mehl
½–¾ Tasse kochendes Wasser
Prise Salz
Sesamöl
Öl zum Braten

Zubereitung:
Mehl in eine Schüssel geben, mit dem kochenden Wasser verrühren, das Salz zugeben und zu einem festen Teig kneten. Wenn nötig, noch etwas Mehl zugeben, damit der Teig ausgerollt werden kann.
Den Teig mindestens ½ Stunde zugedeckt stehen lassen. Vor Gebrauch nochmals durchkneten. Mit der Hand etwa ¾ cm dicke, runde Kuchen von 5 cm Duchmesser formen. Eine Seite mit Sesamöl bestreichen. Jeweils zwei Kuchen mit der eingeölten Seite aufeinanderlegen. Sie sollten gut aufeinander passen. Diese Doppelkuchen auf etwa 15 cm Durchmesser ausrollen.
Wenig Öl in der Pfanne erhitzen und die Fladen auf jeder Seite etwa ½ Minute backen. Dann sofort mit den Fingern die beiden aufeinanderliegenden Kuchen wieder trennen und bis zum Gebrauch warmstellen. Kalte Pfannkuchen können Sie in Alufolie packen und dämpfen, bis sie wieder heiß sind.

Am besten wird die Peking-Ente, wenn man sie über Holzkohle oder in einem gemauerten Backofen, wie Sie ihn rechts sehen, röstet. Sie bekommt dann jenes besondere Aroma, das man unter dem Begriff »hausgemacht« versteht. Diese Methode erfordert natürlich mehr Erfahrung und Aufmerksamkeit, als beim automatischen Grillen. Ich verzichte aber in diesem Fall auf die Errungenschaften moderner Technik und mache die Peking-Ente ganz einfach im offenen Kamin, in dem ich vorher eine ausreichende Glut aus Hartholz vorbereitet habe. Zwar eine unchinesische Methode, aber ich schwöre drauf!

Der Tschuan-Jude-Ofen

Der gemauerte Ofen hat unten die Feuerstelle und darüber die Kammer, in die das Fleisch oder Geflügel gehängt wird.

Schneiden und Anrichten der Peking-Ente

Die knusprige Haut der Ente wird mit etwas Fleisch ringsum in mundgerechten Stücken abgeschnitten und auf einer Platte angerichtet.

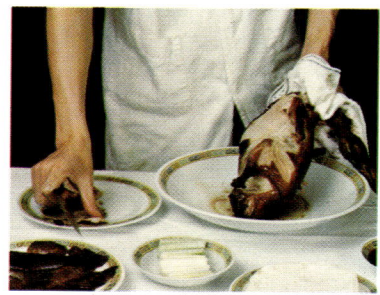  

Das zarte Fleisch wird entweder separat auf einer Platte mitserviert, oder es wird für die Zubereitung der Entensuppe verwendet.

Servieren der Peking-Ente:

Pfannkuchen, Soße und Stengel der Frühlingszwiebeln werden in getrennten Schalen aufgetragen. In China zeigt der Koch nun den Gästen die schöne knusprig-braune Ente. Dann schneidet er am Tisch oder in der Küche von der Ente ringsum mundgerechte Stücke der Haut mit etwas Fleisch daran ab und richtet sie auf einer Platte an.
Der Gast nimmt einen Pfannkuchen und streicht ihn mit dem Stück Frühlingszwiebel, dessen Ende durch das Eiswasser bürstenartig auseinander gespreizt ist, mit etwas Soße ein. Dann legt er ein oder zwei Stücke von der Entenhaut auf den Pfannkuchen, dazu das Stück Frühlingszwiebel, rollt das Ganze zusammen und verzehrt es mit der Hand oder mit den Stäbchen.
Am Ende des Essens wird die Suppe gereicht, die der Koch inzwischen nach folgendem Rezept zubereitet hat:

Ya Tang
Entensuppe

Zutaten:
Rumpf der Ente mit dem verbliebenen Fleisch
Enteninnereien (Magen, Leber, Herz)
2 schwarze, kleine Pilze
250 g Chinakohl
6 Tassen Wasser
2 Scheiben frischer Ingwer
Öl zum Braten
2 Knoblauchzehen (gehackt)
2 Eßlöffel Reiswein
Sesamöl, Salz, Pfeffer
frischer Koriander

Zubereitung:
Vor dem Essen wird für die Suppe folgendes vorbereitet: Die Pilze ½ Stunde in wenig Wasser einweichen. Die harten Stiele wegschneiden und die Kappen in feine Streifen schneiden. Die Einweichbrühe beiseite stellen. Den Kohl waschen und in Streifen schneiden. Den Entenmagen säubern und fein schneiden. Leber und Herz in kleine Stücke schneiden. Die Innereien getrennt beiseite stellen.
Vor dem Auftragen der Ente das Wasser mit etwas Salz und dem Ingwer zum Kochen bringen. Wenn die Hautstücke serviert sind, das restliche Fleisch von

So wird Peking-Ente serviert und gegessen

1. Den Pfannkuchen mit Hoi Sin Soße bestreichen

2. Frühlingszwiebeln darauf legen

3. Hautstücke darüber legen

4. Den Pfannkuchen einrollen

5. Die Rolle mit der Hand oder den Stäbchen essen

6. Die Pfannkuchen können auch gefüllt und gerollt serviert werden

PEKING-KÜCHE

Rumpf und Knochen lösen, in Stückchen schneiden und beiseite stellen. Knochen und Rumpfteile der Ente in die Brühe geben und kräftig weiterkochen. Etwa 10 Minuten vor dem Servieren der Suppe, die am Ende der Mahlzeit gereicht wird, wenig Öl in einer Kasserolle erhitzen, den Knoblauch schnell einige Sekunden anbraten, dann Magen und Pilze zugeben und 2–3 Minuten braten. Das Herz zugeben, dann den Chinakohl und 5 Minuten weiterbraten. Die kochende Brühe durch ein Sieb in die Kasserolle gießen, aufkochen lassen, die Hitze reduzieren, das Entenfleisch zugeben und zugedeckt ziehen lassen. Kurz vor dem Anrichten die Pilzbrühe und den Reiswein unterrühren. Die Suppe mit einigen Tropfen Sesamöl beträufeln, abschmecken mit dem geschnittenen Koriander bestreuen und servieren.
Ich mag die Suppe etwas kräftiger und nehme statt Wasser Hühnerbrühe.
Verwendet man das am Rumpf verbliebene Fleisch der Peking-Ente nicht zu einer Suppe, serviert man es in mundgerechte Stücke geschnitten mit einer Dipsoße. Hier zwei Rezepte, die sich für gegrilltes oder fritiertes Geflügel eignen:

Knoblauchsoße:
3 Eßlöffel dunkle Sojasoße
2 Teelöffel Chilisoße
3 Knoblauchzehen (fein gehackt)
Prise Zucker

Die Zutaten mischen.

Pflaumensoße:
1 Eßlöffel Pflaumenmus
1 Eßlöffel Aprikosenmus
1 Teelöffel frischer Ingwersaft
1 Teelöffel Reisweinessig
1 Eßlöffel helle Sojasoße
Pfeffer (auch Szetschuanpfeffer)

Die Zutaten mischen.

Rechts: *Entensuppe mit frischem Koriander*
Unten rechts: *Geflügelleber Dschin*

PEKING-KÜCHE

Dschin Tzao Dschieh Gahn
Geflügelleber Dschin

Für dieses Gericht kann man die Leber aller Geflügelarten verwenden. Besonders köstlich finde ich es mit Gänseleber.

Zutaten:
400 g Geflügelleber
4 Eßlöffel Reiswein
1 Teelöffel Austernsoße
1 Eßlöffel Stärke
1 Teelöffel frischer Ingwer (gerieben)
1 Eßlöffel Geflügelfett zum Braten
1 Knoblauchzehe (fein gehackt)
1 Eßlöffel Frühlingszwiebeln (fein gehackt)
Salz, Fünfgewürzpulver

Zubereitung:
Die Leber in mundgerechte Stücke schneiden und dabei sorgfältig kontrollieren, ob die Galle sauber entfernt ist. Mit dem Reiswein und Ingwer marinieren und mindestens eine halbe Stunde stehen lassen. Die Leber in ein Sieb geben und gut abtropfen lassen. Die Marinade auffangen und mit der Austernsoße mischen. Die Leber dann mit der Stärke bestreuen und so durchmischen, daß sie davon umhüllt ist.
Das Geflügelfett in der Pfanne erhitzen und den Knoblauch kurz anbraten. Die Leber dazugeben und 2 Minuten braten. Die gehackten Frühlingszwiebeln untermischen und eine weitere halbe Minute braten. Die Marinade mit der Austernsoße über die Leber träufeln. Die Hitze reduzieren, alles nochmals gut durchmischen, würzen und anrichten.

La Bai Zai
Peking-Pickles

Zu einem chinesischen Menü oder Bankett werden immer eine ganze Reihe von Pickles serviert. Die Geschmacksrichtungen reichen von sauer bis süßlich, mit oder ohne Schärfe.

Zutaten:
500 g Chinakohl
Salz
6 dünne Scheiben Ingwer
1 Eßlöffel rote Pepperonischoten (grob gehackt)
Öl zum Braten
1 Teelöffel ganzer Anispfeffer
4 Eßlöffel Essig
3 Eßlöffel brauner Zucker

Zubereitung:
Den Kohl waschen und gut abtrocknen. Die Blätter leicht mit Salz einreiben und auf einer flachen Platte oder einem Backblech auslegen. Mit Papier abdecken, beschweren und etwa 5 Stunden stehen lassen. Dann die Blätter ausdrücken, in mundgerechte Stücke schneiden und mit dem Ingwer und den Pepperoni mischen.
Wenig Öl in der Pfanne erhitzen und den Anispfeffer anbraten. Essig und Zucker zugeben, mischen, aufkochen lassen und zu dem Gemüse geben. Alles gut durchmischen und 2 Stunden stehen lassen. Das Gemüse aus der Marinade nehmen und ausdrücken. Die Marinadenbrühe nochmals aufkochen und wieder zum Kohl geben. Bis zum Gebrauch nochmals 5 Stunden stehen lassen.

PEKING-KÜCHE

Unmittelbar an den Kaiserpalast in Peking schließt sich der Behaipark an. Diese zur »Verbotenen Stadt« gehörende Anlage wurde 1925 für die Allgemeinheit frei gegeben. Ein ehemaliger Bediensteter des Kaiserhofes brachte einige Palast-Köche zusammen und eröffnete mit ihnen in der Seeuferhalle ein Restauant. Die Köche der Hofküche hatten sich beim Sturz des letzten Kaisers der Tjing-Dynastie im Jahre 1911, wie das andere Personal, in alle Winde zerstreut. Das Fangschan-Restaurant ist inzwischen weltbekannt geworden. Es bietet Gerichte, wie sie früher dem Kaiserpalast vorbehalten waren. Für die Speisen, die nicht nur den Gaumen erfreuen, sondern auch durch ihre phantastische Aufmachung eine wahre Augenweide sind, wird kein Aufwand gescheut, um die Gerichte als wirkliche Kunstwerke auf den Tisch zu bringen. Hier wird Kochkunst in vollendeter Form praktiziert. Speisen, die an die fünfzig Arbeitsgänge erforderlich machen, sind keine Seltenheit. Zusammen mit dem Quan Ju De-Restaurant, weltberühmt wegen seiner Peking-Ente, auf deren Zubereitung es sich spezialisiert hat, gehört das Fangschan-Restaurant zur absoluten Spitzenklasse.

Dschien Tzan Gao
Tausendschichtkuchen

Zutaten:
750 g Mehl
10 g Hefe
0,35 l warmes Wasser
150 g Zucker
½ Teelöffel Mandelextrakt
100 g Schweinefett
100 g Walnüsse (fein gehackt)
kandierte Früchte zum Garnieren

Zubereitung:
Aus dem Mehl, Hefe, Wasser, Zucker und Mandelextrakt einen Teig mischen und gut durchkneten. Mit einem feuchten Tuch bedeckt 3 Stunden in einem warmen Raum stehen lassen. Den Teig herausnehmen und in drei gleiche Stücke teilen. Jedes Stück auf eine Größe von etwa 20 x 30 cm auswellen. Die Oberfläche des ersten Fladens mit dem Schmalz einstreichen und mit ein wenig der gehackten Nüsse bestreuen. Den zweiten Fladen auf den ersten legen, die Oberfläche wieder mit Fett einstreichen und mit Nüssen bestreuen. Dann den dritten Fladen drauflegen und die drei aufeinander liegenden Schichten auf eine Größe von etwa 30 x 70 cm auswellen. Nun das mittlere Drittel des ausgewellten Kuchens mit Fett einstreichen, mit Nüssen bestreuen und ein äußeres Drittel darüber klappen. Die Oberfläche des darübergeklappten Teils wieder einfetten, bestreuen und das zweite äußere Drittel darüber klappen. Die Schichten wieder auf die Größe 30 x 70 cm auswellen. Nochmals wie zuvor einstreichen, bestreuen, falten und auswellen, dann den Vorgang ein drittes Mal wiederholen.
Auf diese Weise sind zwar keine tausend, aber immerhin 81 Schichten entstanden. Fett und Nüsse so sparsam verwenden, daß es für die ganzen Arbeitsgänge aus ausreicht.
Den Schichtenteig, der am Ende wieder die Größe von 20 x 30 cm hat, läßt man eine halbe Stunde stehen, dann legt man ihn auf einem feuchten Tuch in den Dämpfer und dämpft ihn eine Stunde. Nach dem Herausnehmen wird er in Rechtecke geschnitten. Die kandierten Früchte in Streifen oder kleine Würfel schneiden und die Kuchenstücke garnieren.

PEKING-KÜCHE

Tza Zai Lo Se
Schweinefleisch mit Senfkohl

Zutaten:
300 g mageres Schweinefleisch
150 g eingelegter Senfkohl
Öl zum Braten
2 Knoblauchzehen (fein gehackt)
1 Scheibe frischer Ingwer (fein gehackt)

Marinade:
1 Teelöffel Maisstärke
1 Teelöffel Sojasoße
1 Eßlöffel Reiswein
Prise brauner Zucker
einige Tropfen Sesamöl

Soße:
5 Eßlöffel Brühe
1 Teelöffel Essig
½ Teelöffel Austernsoße
½ Teelöffel Stärke

Zubereitung:
Fleisch grob hacken. Den Senfkohl gut durchspülen, ausdrücken und wie das Fleisch zerkleinern. Die Zutaten für die Marinade mischen und das Fleisch 20 Minuten marinieren.
Den Senfkohl in der Pfanne ohne Öl erhitzen und bei kleiner Hitze wenden, bis er trocken ist. Dann beiseite stellen. Öl in der Pfanne erhitzen, Knoblauch und Ingwer kurz anbraten, das Fleisch zugeben und 3 Minuten braten. Aus der Pfanne nehmen. Wieder etwas Öl erhitzen und den Kohl bei guter Hitze 2 Minuten braten, bis er knusprig ist. Die Zutaten für die Soße mischen und über das Gemüse sprenkeln, dann wieder das Fleisch zugeben, alles gut durchmischen und anrichten.
Für dieses Gericht nehme ich auch mit Vorliebe leicht gepökeltes Schweinefleisch. Allerdings verwende ich dann für die Marinade keine gesalzene Sojasoße sondern süße, da sonst das Gericht zu salzig schmecken könnte. Auch andere eingelegte Gemüsesorten eignen sich; nur sollten Sie dann beim Würzen auf die in der Gemüsekonserve bereits vorhandenen Gewürze Rücksicht nehmen.

Oben links: *Schweinefleisch mit Senfkohl*
Oben rechts: *Hühnerbrust*
Rechts: *Backhuhn-Topf*

Tsching Do Dschieh Pien
Hühnerbrust

Das Gericht erfordert wenig Zeitaufwand. Es kann lange vor dem Essen vorbereitet werden und ist in wenigen Minuten gar. Es eignet sich auch gut als stille Reserve, wenn aus irgendwelchen Gründen das Essen der Menge nach gestreckt werden muß.

Zutaten:
400 g Hühnerbrust
2 Teelöffel Maisstärke
½ Eiweiß
1 Eßlöffel Reiswein
Prise Salz
Öl zum Braten und Fritieren
1 Tasse grüne Erbsen (aus der Dose)
1 Teelöffel ganzer grüner Pfeffer
1 Eßlöffel Reiswein
1 Prise Zucker
2 Eiweiß

Zubereitung:
Die Hühnerbrust in feine Streifen schneiden. Maisstärke, Eiweiß, Reiswein und Salz mischen, unter das Fleisch heben und das Fleisch mindestens ½ Stunde kühl stellen.
Öl zum Fritieren erhitzen und die Hühnerbrust kurz fritieren, bis sie weiß wird. Herausnehmen und abtropfen lassen. Wenig Öl zum Braten erhitzen. Die Erbsen hineingeben und gut durchwärmen. (Frische Erbsen müssen vorgekocht werden, bis sie weich sind.) Das Hühnerfleisch dazugeben und etwa 1 Minute braten; dabei am Schluß den Pfeffer untermischen, den Reiswein darüberträufeln, mit Zucker abschmecken und anrichten.
Ich mische am Ende der Garzeit noch zwei gut geschlagene Eiweiß dazu und bringe es zum Stocken. Das Gericht bekommt durch die Erbsen eine kontrastreiche Note.

PEKING-KÜCHE

Soße:

¼ Tasse Hühnerbrühe
1 Teelöffel Austernsoße
1–2 Teelöffel Maisstärke
Salz, Fünfgewürzpulver

Zubereitung:

Das Huhn säubern und vierteln. Die Zutaten für die Marinade mischen und das Huhn darin mindestens 30 Minuten einlegen. Die Stücke ab und zu wenden. Die Pilze einweichen, Stiele abschneiden und die Kappen in kleine Würfel oder Streifen schneiden. Die Einweichbrühe zu der Hühnerbrühe geben.
Die Fleischstücke aus der Marinade nehmen und gut abtropfen lassen. Die abgetropfte Marinade zu der Hühnerbrühe für die Soße geben.
Öl in einem Bratztopf erhitzen und die Fleischstücke anbräunen. Mit der Brühe ablöschen, die Pilze zugeben und zugedeckt ½ Stunde dünsten. Das Fleisch herausnehmen, in kleinere Stücke schneiden und wie abgebildet anrichten. Zum Bratensaft die mit der Austernsoße und der restlichen Marinade gemischte Hühnerbrühe geben. Die Stärke mit wenig Wasser anrühren und die Soße eindicken, nochmals aufkochen lassen, würzen und über das angerichtete Huhn gießen.
In Szetschuan gibt man zu der Marinade noch 2–3 Pepperonischoten. Diese Abwandlung ziehe ich dann vor, wenn ich auf tiefgefrorenes Industriegeflügel zurückgreifen muß. Der etwas dürftige Geschmack dieser Vögel wird auf diese Weise doch etwas aufgewertet.
Probieren Sie dieses Szetschuan-Rezept auch mal mit Rebhühnern und die Pekinger Version mit einem Junghähnchen von etwa 500 g. Die Kochzeit sollten Sie dann entsprechend verkürzen.

Dung Gu Man Dschieh
Backhuhn-Topf

Ein typisches Gericht der Peking-Küche. Ähnlich zubereitete Hühnertöpfe kennt man in ganz China mit individuell verschiedenen Zutaten. Besonders in der privaten Hausküche gibt es zahlreiche Varianten.

Zutaten:

1 Huhn mit 1000 g
¾ Tasse Hühnerbrühe
2 chinesische schwarze Pilze
Öl zum Braten

Marinade:

3 Eßlöffel dunkle Sojasoße
3 Eßlöffel Reiswein
1 Teelöffel gehackter frischer Ingwer
2 Knoblauchzehen (fein gehackt)
Prise Salz, Pfeffer
1 Eßlöffel Schalotten (gehackt)

PEKING-KÜCHE

Hao Yu Tzao Niu Lo
Rindfleisch mit Austernsoße

Für dieses Gericht muß ein gut abgehangenes Fleisch verwendet werden, da es sonst bei der kurzen Garzeit nicht weich wird.

Zutaten:
400 g mageres Rindfleisch
Öl zum Braten
1 Tasse grüne Erbsen (aus der Dose)
½ Tasse Champignons (gewürfelt)
1–2 Frühlingszwiebeln (fein gehackt)
3 Knoblauchzehen (fein gehackt)

Marinade:
1 Eßlöffel dunkle Sojasoße
1 Eßlöffel Erdnußöl
1 Teelöffel frischer Ingwer (gerieben)
Prise Salz, Pfeffer

Soße:
1 Eßlöffel Reiswein
2 Eßlöffel Austernsoße
3 Eßlöffel Brühe
1 Teelöffel Maisstärke
Prise Zucker, Salz, Pfeffer

Zubereitung:
Das Fleisch in kleine mundgerechte Würfel schneiden. Die Zutaten für die Marinade mischen und das Fleisch 30 Minuten darin einlegen. Die Zutaten für die Soße mischen.

Öl in der Pfanne erhitzen und die Erbsen und Champignons braten, bis sie heiß sind. Aus der Pfanne nehmen und beiseite stellen. Wieder etwas Öl in der Pfanne erhitzen, Knoblauch und Frühlingszwiebeln kurz anbraten, dann das Fleisch zugeben und 3 Minuten braten. Erbsen und Champignons dazugeben, mit der Soße beträufeln, nachwürzen und wie unten abgebildet anrichten.

Zun Guen Yüen
Frühlings- und Eierrollen

Wer sie noch nicht kennt, sollte sie bei nächster Gelegenheit probieren.

Ihren Ursprung haben sie im Norden. Heute zählen Frühlingsrollen mit zu den bekanntesten Spezialitäten der gesamten chinesischen Küche. Für die Füllung gibt es viele verschiedene Zusammenstellungen und zahlreiche Hausrezepte; überall schmecken sie wieder ein bißchen anders. Die Rollen werden meist als Vorspeise gereicht, sie gehören aber auch zum bunten Strauß der »Dim Sim«, (siehe Seite 190) jener Vielfalt von Häppchen, die gerne in den hierauf spezialisierten Restaurants zu Mittag eingenommen werden. Frühlingsrollen werden immmer ganz serviert, die größeren Eierrollen jedoch wie abgebildet meist in geschnittenen Stücken gereicht.

PEKING-KÜCHE

Zutaten für die Füllung:
(Die Menge reicht für 6–8 Rollen)
150 g Schweinefleisch (mager)
1 Teelöffel Mehl
Salz, Fünfgewürzpulver
½ Tasse Glasnudeln (kurz geschnitten)
Öl zum Braten
1 Frühlingszwiebel (fein gehackt)
3 Pilze (eingeweicht und klein geschnitten)
½ Tasse Chinakohl (fein geschnitten)
½ Tasse Bambussprossen (in feine, kurze Streifen geschnitten)
½ Tasse Bohnensprossen
1 Eßlöffel dunkle Sojasoße
1 Teelöffel Reiswein, 2 Eßlöffel Brühe
1-2 Eßlöffel Maisstärke
Salz, Pfeffer
Öl zum Fritieren

Zubereitung:
Das Schweinefleisch wird fein geschnitzelt, mit dem Mehl bestreut, gewürzt und beiseite gestellt.
Nun die Nudeln nach Anweisung der Packung kochen. Inzwischen das Öl in einer Pfanne erhitzen, die Frühlingszwiebeln und die Pilze anbraten, das Fleisch zufügen und eine Minute mitbraten. Dann kommen die vorbereiteten Gemüse dazu und werden weitere 2 Minuten gebraten. Sojasoße, Wein und Brühe angießen und die Pfanne vom Feuer nehmen. Die Füllung gut durchmischen, mit der Maisstärke binden und würzig abschmecken.
Diese Füllung verteilen Sie dann auf die vorbereitete Hülle (deren Zubereitung anschließend beschrieben wird), die Sie je nach Teig zu Taschen falten oder mit eingeschlagenen Seitenteilen aufrollen. Die Enden der Rollen werden mit Mehl und Wasser verklebt. So vorbereitet, kommen sie in das erhitzte Öl und werden fritiert, bis sie goldbraun sind.

Teige für Frühlings- und Eierrollen

Für diese zarten Hüllen gibt es recht verschiedene Zubereitungsmethoden. Für Frühlingsrollen können Sie zum Beispiel einen flüssigen Teig herstellen, aus dem Sie ein- oder zweiseitig gebackene Pfannkuchen machen. Oder Sie wählen einen festen Teig, den Sie zu Fladen ausrollen. Diese werden dann in rohem Zustand gefüllt und fritiert. Er entspricht dem hier bekannten Nudelteig.

PEKING-KÜCHE

Wichtig für das Gelingen ist, daß die Hüllen so dünn wie möglich ausfallen und der Teig fest genug ist, damit er beim Rollen bzw. Falten nicht bricht.
Dem Teig für Eierrollen gibt man mehr Eier zu; er entspricht einem Omelett- oder Pfannkuchenteig.
Nach dem Falten müssen die Ränder mit Mehlkleister verklebt werden, damit kein Öl in das Innere kommt. Sollte Ihnen dies am Anfang nicht so recht gelingen, so empfehle ich Ihnen, die Rollen mit wenig Öl in einer Pfanne zu backen.

Zutaten Teig 1:
2 Tassen Mehl
1 Eßlöffel Maisstärke
2 Eier
2 Tassen Wasser
Öl zum Braten
Salz

Zubereitung:
Aus den Zutaten einen flüssigen Teig rühren. Diesen ½ Stunde stehen lassen. Den Teig portionsweise in eine gefettete Stielpfanne geben, mit dem Spatel so dünn wie möglich streichen. Die Pfannkuchen bei mittlerer Hitze einseitig backen, bis sie fest, jedoch nicht gebräunt sind. (Die Teigmenge ergibt 8–10 Pfannkuchen.)
Noch einen Tip: Nehmen Sie beim Eingießen des Teiges immer die Pfanne vom Feuer; so verläuft er besser und wird nicht gleich fest.

Zutaten Teig 2:
4 Eßlöffel Mehl
4 Eier
4 Eßlöffel Wasser
Salz
Öl zum Braten

Zubereitung:
Die Zutaten zu einem dünnen Teig verrühren und wie vorher beschrieben portionsweise in der Pfanne backen.
(Die Teigmenge ergibt ca. 6 Eierrollen.)

Zutaten Teig 3:
2 Tassen Mehl
¾ Tasse warmes Wasser
Salz

Zubereitung:
Aus den Zutaten einen festen Teig kneten, den Sie 2 Stunden mit einem feuchten Tuch bedeckt ruhen lassen. Danach den Teig teilen und die einzelnen Stücke zu möglichst dünnen Fladen ausrollen. Die Fladen können rund oder quadratisch sein und sollten einen Durchmesser von ca. 12 cm haben. (Die Teigmenge ergibt ca. 6–8 Fladen.) Dieser Teig wird roh gefüllt, verklebt und fritiert.

Zeng Yü Yuen
Fischbällchen gedämpft

Zutaten:
400 g Fischfilet
1 Eßlöffel frischer Ingwer (grob geschnitten)
1 Eßlöffel Reiswein
1–2 schwarze Pilze
1 Eßlöffel Schalotten (fein gehackt)
1 Eiweiß
1 Teelöffel helle Sojasoße
1 Eßlöffel Stärke
Salz, Pfeffer

Zubereitung:
Fischfilet in Würfel schneiden, mit dem Ingwer und Reiswein vermischen und 15 Minuten stehen lassen. Die Pilze einweichen und die Kappen fein hacken. Die Filetwürfel fein hacken, vorher die Ingwerstücke entfernen. Den gehackten Fisch mit den übrigen Zutaten mischen, würzen und von der Masse kleine Bällchen formen. Die Bällchen in einem Bambusdämpfer 7 Minuten dämpfen.

Tza Yü Yuen
Fischbällchen fritiert

Die Zutaten und Vorbereitung sind wie bei den gedämpften Fischbällchen. Die geformten Bällchen werden dann in Stärke oder einer Mischung aus Stärke und gehackten Mandeln gewälzt und 4–5 Minuten fritiert. Sie werden wie oben abgebildet angerichtet. Fischbällchen können Sie wie andere Fleischbällchen gut auf Vorrat machen und ungekocht einfrieren. Verwenden kann man alle Fischarten, auch Süßwasserfische. Anspruchsvolle Feinschmecker nehmen dazu das besonders erlesene Fleisch von Krustentieren.

PEKING-KÜCHE

Dou Fu Lo Pien
Bohnenquark mit Schweinefleisch

Bohnenquark ist der »Käse« Chinas und das »Fleisch« der Buddhisten. Dieses Produkt aus der Sojabohne wird fast ausschließlich zu Mischgerichten verwendet.

Zutaten:
250 g Bohnenquark (in Scheiben)
125 g Schweinefleisch
1 Knoblauchzehe
1 Eßlöffel Schalotten
1 Teelöffel frischer Ingwer
½ Teelöffel Zucker
1 Eßlöffel Reiswein
2 Eßlöffel helle Sojasoße
Salz, Pfeffer
½ Teelöffel Sesamöl

Zubereitung:
Die Quarkscheiben mit kochendem Wasser übergießen und 1 Minute stehen lassen. Anschließend geben Sie die Scheiben in eine Schüssel. Schweinefleisch, Knoblauchzehe, Schalotten und Ingwer werden fein gehackt, mit den übrigen Zutaten (ohne Sesamöl) gemischt und über den Bohnenquark gegeben. Nun kommt die Schüssel in den Dämpfer. Nach 20 Minuten Dämpfzeit ist das Gericht fertig und wird vor dem Anrichten mit Sesamöl beträufelt.

Die Herstellung von Bohnenquark bei einer Einheit der Volksarmee

Tang Tzu Yü
Fisch in süß-saurer Soße

Zutaten:
400 g Fischfilet
2 Eßlöffel helle Sojasoße
1 Teelöffel geriebener Ingwer
Salz, Pfeffer
1 Eßlöffel Mehl
Öl zum Fritieren

Teig:
1 Ei
3 Eßlöffel Mehl
2 Eßlöffel Maisstärke
1 Eßlöffel Schweinefett
Salz, Pfeffer
1–2 Eßlöffel kaltes Wasser

Soße:
2 Eßlöffel Tomaten-Ketchup
2 Eßlöffel Essig
2 Eßlöffel Zucker
4 Eßlöffel Brühe
1 Eßlöffel helle Sojasoße
1 Eßlöffel Maisstärke (m. Wasser angerührt)
1 Knoblauchzehe (fein gehackt)

Zubereitung:
Das Fischfilet in ca. 4–6 cm große Stücke schneiden. Sojasoße, Ingwer, Salz und Pfeffer mischen und die Stücke damit einreiben. Danach mit Mehl bestäuben. Die Teigzutaten mischen. Die Zutaten für die Soße (mit Ausnahme des Knoblauchs) verrühren.
Nun das Öl zum Fritieren erhitzen. Die Fischstücke werden im Teig gewendet, einzeln in dem Öl kurz vorgebacken und herausgenommen. Wenn alle Stücke vorgebacken sind, kommen sie alle nochmals in das Öl und werden nun goldbraun gebacken. Bevor Sie die Fische auf einer heißen Platte anrichten, sollten Sie sie gründlich entfetten.
Erhitzen Sie jetzt einen Eßlöffel Öl in einer Pfanne. Darin lassen Sie den Knoblauch anbraten und die angerührte Soße aufkochen, bis sie dick wird. Die Soße vom Feuer nehmen und über den angerichteten Fisch gießen.

Links oben: *Fritierte Fischbällchen*
Oben: *Fisch in süß-saurer Soße*

Üh Tze Tang
Haifischflossen-Suppe

Bei einem chinesischen Festbankett ist Haifischflossensuppe fast obligatorisch. Die Suppe wird meist mit weiteren Zutaten angereichert. Die Vorbereitung erfordert einige Mühe und Zeitaufwand, denn die getrockneten Flossen müssen eingeweicht, gesäubert und vorgekocht werden, um den etwas penetranten Geschmack zu beseitigen. Dies kann auf folgende Arten geschehen:
1. Die Flossen mit Wasser gut durchspülen und über Nacht in warmem Wasser einweichen. Nochmals gut abspülen und dann in Wasser mit einer Knoblauchzehe und 1–2 Scheiben frischem Ingwer eine Stunde köcheln. Das Wasser wegschütten und die Flossen nochmals abspülen.
2. Die Flossen 30 Minuten in warmem Wasser einweichen. Brühe wegschütten, Flossen spülen, dann mit einer Knoblauchzehe und 1–2 Scheiben Ingwer 2 Stunden köcheln. Brühe wegschütten und die Flossen spülen.
3. Die Flossen über Nacht einweichen. Am nächsten Tag gut durchspülen und in eine Schüssel legen. Soviel Hühnerbrühe zugeben, daß sie bedeckt sind. Die Flossen mit der Brühe in einem Topf im Wasserbad 2 Stunden dämpfen. Herausnehmen, die Brühe abschütten und die Flossen spülen.
Hat man Haifischflossen mit Haut, muß ein weiterer Vorkochgang von ca. einer halben Stunde eingeschaltet werden.

Zutaten:
100 g getrocknete Haifischflossen (ohne Haut und Knochen)
4 Tassen Wasser
3 Scheiben frischer Ingwer
5 Tassen Hühnerbrühe
2 Eßlöffel Reiswein
1 Eßlöffel helle Sojasoße

Einlage:
4 chinesische schwarze Pilze
1 Hühnerbrust
1 Eiweiß
1 Teelöffel Stärke
1 Eßlöffel Reiswein
Salz
1/3 Tasse Bambussprossen (in feine Streifen geschnitten)
1 Eßlöffel Stärke (mit Wasser angerührt)
Salz, Pfeffer

Zubereitung:
Die getrockneten Haifischflossen einweichen, säubern und wie vorher beschrieben mit Wasser und Ingwer vorkochen.
Die Hühnerbrühe zum Kochen bringen, die Haifischflossen mit Reiswein und Sojasoße eine ¾ Stunde zugedeckt bei kleiner Hitze kochen.
In dieser Zeit die Pilze einweichen und die Kappen in feine Streifen schneiden. Die Pilzbrühe zu den kochenden Haifischflossen geben. Die Hühnerbrust in feine Streifen schneiden und mit Eiweiß, Stärke, Reiswein und Salz gut vermischen.
Nach der Kochzeit für die Haifischflossen die Pilze, Hühnerbrust und Bambussprossen zugeben und weitere 10 Minuten kochen. Wenn die Flossen weich sind, die angerührte Stärke einrühren, nachwürzen und anrichten.

Haifischflossen-Suppe wird natürlich auch, wie es die nebenstehende Abbildung zeigt, ohne weitere Einlagen serviert. Verwendet man zusätzliche Zutaten als Suppeneinlage, so sollten diese auf keinen Fall geschmacklich dominieren, sondern nur ergänzen oder leicht kontrastieren.

PEKING-KÜCHE

Yen Uo Tang
Vogelnester-Suppe

Es sind tatsächlich Vogelnester, diese über tausend Jahre alte traditionelle Delikatesse bei Festessen. Die seltenen und teuren Nestchen baut eine Schwalbenart, die nur auf den Inseln des Südchinesischen Meeres zu Hause ist. Sie haben einen hohen Protein- und Vitamingehalt, das Material für den Nestbau ist eine besondere Seegrasart. Beim Kochen gehen die Nester in einzelne Fäden auseinander. Die Nester gibt es getrocknet in drei Qualitäten: Ganze, unbeschädigte Nester mit wenig Verunreinigungen. Die nächste Qualität sind beschädigte Nester, auch »Drachenzähne« genannt. Dann gibt es noch Nestfragmente, die zu kleinen Scheiben gepreßt sind.
Schwalbennester werden nicht nur zur Zubereitung von Suppen verwendet, sondern auch für andere, exclusive Gerichte, so zum Beispiel als Füllung für Wachteln und Tauben oder zur Bereitung von Süßspeisen.
Für das Einweichen und Säubern der Nester gibt es wie bei den Haifischflossen verschiedene Methoden. Eine einfache und im Ergebnis sehr gute ist im folgenden Rezept angegeben. Man sollte möglichst wenig mit kochendem Wasser zum Einweichen und Reinigen arbeiten, da dadurch viel Geschmack und Vitamine verloren gehen.

Zutaten:
50 g getrocknete Vogelnester
etwas Erdnußöl
6 Tassen Hühnerbrühe
1 Teelöffel ausgepreßte Ingwerbrühe
1 Teelöffel grüner Pfeffer
2 Eßlöffel Reiswein
100 g Hühnerbrust (fein gehackt)
1 Eßlöffel Stärke (mit wenig Wasser angerührt)
1 Eiweiß (leicht geschlagen)
Salz, Pfeffer
1 Prise Zucker
einige Tropfen Sesamöl

Oben: Vogelnester-Suppe
Auf dem Bild rechts unten die gereinigten Vogelnester

Zubereitung:
Die Vogelnester werden über Nacht in Wasser eingeweicht (mindestens jedoch 5 Stunden vor Gebrauch). Das Wasser dann abschütten und die Nester mit ein paar Tropfen Erdnußöl beträufeln und warmes Wasser dazu schütten.
Dadurch lösen sich noch anhaftende Federn, die so an die Oberfläche kommen. Wiederholen sie diesen Vorgang, bis die Nester sauber sind. Nun geben Sie zwei Tassen Brühe, die Vogelnester, Ingwersaft, den grünen Pfeffer und den Reiswein in eine Schüssel und lassen alles eine Stunde dämpfen. Nach der Dämpfzeit geben Sie die Mischung in einen Kochtopf, gießen die restliche Brühe an und bringen die Suppe zum Kochen. Das Hühnerfleisch geben Sie nun auch dazu und lassen es 2 Minuten mitkochen. Anschließend rühren Sie die Stärke ein, geben das Eiweiß dazu und schmecken die Suppe ab. Vor dem Anrichten wird sie noch mit Sesamöl beträufelt.

Dou Fu Tzao Yü
Fisch mit Bohnenquarksoße

Zutaten:
350 g Fischfilet
1 Teelöffel frischer geriebener Ingwer
2 Eßlöffel Reiswein
Öl zum Braten
1 Knoblauchzehe (zerdrückt)
150–200 g Chinakohlherzen
½ Tasse grüne Erbsen

Soße:
100 g Bohnenquark
½ Tasse Brühe
3 Eßlöffel Reiswein
Salz, Fünfgewürzpulver

Zubereitung:
Fischfilet in mundgerechte Stücke schneiden, Ingwer und Reiswein untermischen und 20 Minuten stehen lassen. Bohnenquark fein zerdrücken und mit der Brühe gut mischen. Erhitzen Sie nun wenig Öl in einer Kasserolle, die Sie mit Knoblauch ausreiben. Den Kohl darin kurz anbraten, die Soße zugeben und 2 Minuten kochen. Erbsen und Fisch zugeben, durchmischen und zugedeckt 3–4 Minuten dünsten, bis der Fisch durch ist. Reiswein darüberträufeln, würzen und anrichten.

Gou Li Dou Sa
Gefüllte Goldbällchen

Zutaten:
2 Eiweiß
1 Eßlöffel Mehl
1 Eßlöffel Stärke
1 Teelöffel Zucker
1 Eßlöffel gehackte Mandeln
1 Teelöffel frischer Ingwersaft
100 g süße Bohnenpaste
Öl zum Fritieren

Soße:
1 Stück Ingwer (in Sirup)
1 Eßlöffel Honig

Zubereitung:
Das Eiweiß schlagen und dabei allmählich Mehl, Stärke und Zucker beimischen, so daß eine steife Masse entsteht. Den Ingwersaft und die Mandeln vermischen Sie nun mit der Bohnenpaste und stechen mit einem Teelöffel 10–12 kleine Bällchen ab. Diese wälzen Sie in dem Teig, so daß sie gut eingehüllt sind. Nun das Öl erhitzen und die Bällchen 1–2 Minuten fritieren. Herausnehmen, gut abtropfen lassen und warm halten.
Der Ingwer für die Soße wird nun gehackt und mit dem Honig vermischt. In einer kleinen Pfanne erhitzen Sie unter Rühren die Mischung und löffeln sie über die angerichteten Goldbällchen. Sie werden als Dessert mit der Soße und zum Tee ohne die Soße gereicht.

Fisch mit Bohnenquarksoße, Erbsen und Kohlherzen

Hung Sao Dschieh
Rotgekochtes Huhn

Diese Zubereitungsart ist eigentlich ein Grundrezept. Das Rotgekochte Huhn kann Grundlage für viele pikante Mischgerichte sein. Dafür wird das Fleisch meist noch pfannengebraten oder fritiert und mit Gemüse oder Bohnenquark vermengt. Wenn Sie das Huhn jedoch so reichen, sollten Sie eine Dipsoße dazugeben. Für diesen Fall mache ich den Sud durch das Hinzufügen weiterer Gewürze noch aromatischer, oder ich reiche eine »Meistersoße«, in der ich zuvor Schweinefleisch gekocht habe. Meistersoße als Sud wird immer besser, je öfter sie gebraucht wird.

Zutaten:
1 Huhn (1000 g schwer)
1 Schalotte
4–5 Tassen Wasser
1 Tasse Sojasoße
1 Eßlöffel brauner Zucker
5 Eßlöffel Reiswein

Zubereitung:
Das Huhn waschen und abtrocknen. Die Schalotte in Stücke schneiden. Wasser mit Sojasoße, Zucker, Schalotte und Reiswein zum Kochen bringen und das Huhn hineingeben. Es soll mit dem Sud bedeckt sein. Nun läßt man es 15 Minuten kochen, deckt es danach zu und läßt es bei kleinster Hitze 20 Minuten ziehen (oder am Herdrand 1 Stunde im Sud stehen).

Das gare Huhn aus dem Topf nehmen, abtropfen lassen und in mundgerechte Stücke zerlegen.
Wollen Sie das Fleisch pikanter und würziger, so fügen Sie dem Sud noch folgende Zutaten bei:
2 Scheiben Ingwer
2 Sternanis
1 Zimtstengel
1 Eßlöffel Szetschuanpfeffer
Hühnerbrühe statt Wasser
Die Zubereitung ist wie vorher beschrieben. Vor dem Zerlegen und Anrichten sollten Sie das Fleisch mit Sesamöl einpinseln.
Den durch die Gewürze angereicherten Sud, auch »Meistersoße« genannt, können Sie für weitere rotgekochte Gerichte aufbewahren.

Dschieh Tang
Hühnerbrust in der Brühe

Das Gericht aus Schautung hat die Eigenart, daß die Zutaten nicht in der Brühe gekocht, sondern separat fritiert und gebraten werden. Die verwendete Brühe muß daher sehr geschmacksintensiv sein, da die gegarten Zutaten nicht mehr viel Aroma abgeben. Es ist eine dicke, kräftige Suppe, die meist am Schluß serviert wird, um den Magen vollends zu füllen.

Links: *Rotgekochtes Huhn im Sandtopf zubereitet*
Unten: *Hühnerbrust in der Brühe*

Zutaten:
300 g Hühnerbrust
½ Eiweiß
1 Teelöffel Stärke
Öl zum Fritieren und Braten
1 Scheibe Ingwer (fein gehackt)
1 Eßlöffel Schalotten (fein gehackt)
200 g Bambussprossen (in feine Streifen geschnitten)
Salz, Prise Zucker, Pfeffer
3 Eßlöffel Reiswein
3 Tassen Hühnerbrühe
1 Eßlöffel Stärke

Zubereitung:
Hühnerbrust in feine Streifen schneiden und mit dem Eiweiß und der Stärke mischen. Das Öl erhitzen und nun das Fleisch in 10–15 Sekunden fritieren, herausnehmen und abtropfen lassen. Etwas Öl in einem Topf erhitzen, Ingwer und Schalotten kurz anbraten, dann die Bambussprossen dazu geben und 1 Minute braten. Würzen, den Reiswein darüberträufeln und sofort die Brühe dazugießen. Nach dem Aufkochen das fritierte Fleisch beifügen. Die Stärke mit wenig Wasser anrühren und die Brühe damit binden. Vor dem Anrichten nochmal abschmecken.

Yü Wuan Tang
Fischklößchen-Suppe

Für diese köstliche Suppe können Sie fast alle guten Seefisch-Sorten verwenden, aber sie sollten frisch sein. Die Suppe wird in China gerne am Ende eines Banketts serviert. Selbstverständlich kann sie auch Bestandteil eines gepflegten Menüs sein.

Zutaten:
6 Tassen Hühnerbrühe
1 Tasse Bambussprossen (in feine Streifen geschnitten)
1 kleines Sträußchen frischer Koriander
einige Tropfen Sesamöl

Klößchen:
250 g Fischfilet
1 Teelöffel frischer Ingwer (gerieben)
1 kleine Knoblauchzehe
1 Eßlöffel Frühlingszwiebeln (fein gehackt)
3 Eßlöffel Reiswein
1 Eiweiß
1 Eßlöffel Maisstärke
1 Eßlöffel Schweinefett
Prise Zucker, Salz, Pfeffer

Zubereitung:
Zuerst werden die Klößchen zubereitet. Das Filet fein hacken, etwaige Gräten sorgfältig entfernen. Mit den übrigen Zutaten für die Klößchen mischen und den Teig 20 Minuten in den Kühlschrank stellen. Danach mit einem nassen Löffel kleine Stücke abstechen, rund formen und in einen Topf mit kaltem Wasser geben. Den Inhalt langsam zum Kochen bringen. Wenn die Klößchen oben schwimmen, mit dem Schaumlöffel herausnehmen und in kaltes Wasser legen, damit sie nicht zusammenkleben. Die Brühe erhitzen und darin die Bambussprossen 2 Minuten kochen. Dann die Klößchen und den zerpflückten Koriander zugeben. Die Suppe aufkochen lassen, Sesamöl darüberträufeln und anrichten.

Fischklößchen-Suppe, eine Köstlichkeit der chinesischen Küche. Sie können sie auch aus dem Fleisch von frischen Krustentieren bereiten. In jedem Fall sollten Sie die Suppe mit frischem Koriander garnieren.

Lan Pan Yao Pien
Nierensalat

Zutaten:
400 g Schweinenieren
Salz, Pfeffer
2 Eßlöffel helle Sojasoße
1 Eßlöffel Essig
1 Teelöffel Zucker
1 Teelöffel Sesamöl

Sud:
1 Frühlingszwiebel
2 Scheiben frischer Ingwer
2 Eßlöffel dunkle Sojasoße
1 Teelöffel Pfefferkörner

Zubereitung:
Die Nieren längs halbieren und dabei Haut und Fett wegschneiden. Mit Salz gründlich einreiben, ausdrücken und spülen.
Die Nieren 1 Stunde wässern, dann quer in dünne Scheiben schneiden, dabei jedoch nur jede fünfte Scheibe ganz durchschneiden, so daß mundgerechte Stücke entstehen. Die Nieren nochmals salzen und durchspülen.
Die Zutaten für den Sud mit etwa ¾ l Wasser zum Kochen bringen. Die Nieren hineingeben und nach dem Aufkochen vom Feuer nehmen. Den Sud eine halbe Minute rühren, dann die Nieren herausnehmen und erkalten lassen.
Aus Sojasoße, Essig, Zucker und Sesamöl eine Soße mischen. Nach Belieben salzen und pfeffern. Die Nieren auf einer Platte anrichten und diese Soße darüberträufeln. Der Salat kann vor dem Servieren ruhig einige Zeit stehen.
Reichen Sie eine oder mehrere Dip-Soßen dazu. Besonders gut würde eine pikante Knoblauchsoße (Rezept Seite 44) passen.
Statt der Schweinenieren können Sie auch Kalbs- oder Hammelnieren auf diese Art bereiten. Wichtig bei der Zubereitung von Nieren ist das vorherige Salzen und sorgfältige Spülen der Nieren, um den unangenehmen Beigeschmack, der ihnen anhaftet, zu beseitigen.

PEKING-KÜCHE

Fu Yung Tzai
Imperialeier im grünen Paradies

Getrocknetes Haar-Seegras, auf dem die Eier auf dem Foto angerichtet sind, ist bei uns noch selten zu haben. Sie sollten aber bei einer Reise in eine Stadt, die ein chinesisches Viertel hat, unbedingt daran denken, sich Haar-Seegras mitzubringen.

Zutaten:
6 Eigelb, Salz
3 Eßlöffel Bambussprossen (fein gehackt)
3 Eßlöffel Wasserkastanien (fein gehackt)
3 Eßlöffel Reiswein
1 Eßlöffel Stärke
75 g getrocknetes Haar-Seegras
4 Eßlöffel Öl

Zubereitung:
Das Eigelb mit Salz aufschlagen. Bambussprossen, Wasserkastanien, einen Eßlöffel Reiswein und die mit wenig Wasser angerührte Stärke mit dem Eigelb mischen.
Das Seegras 1 Stunde in warmes Wasser legen. Gut durchspülen, dann in eine Schüssel geben und 2 Eßlöffel Öl darüberträufeln und eindringen lassen; dabei das Gras drücken und wenden. Wieder mit kaltem Wasser durchspülen. Darauf das Seegras wieder in eine Schüssel geben und den restlichen Reiswein dazugeben, wieder drücken, wenden, spülen und ausdrücken. Das so vorbereitete Seegras bei mittlerer Hitze in der Pfanne ohne Öl trocknen und herausnehmen.
Nun einen Eßlöffel Öl erhitzen und das Seegras 2–3 Minuten braten. Auf einer heißen Platte am Rand ringsum anrichten.
Wieder Öl in der Pfanne erhitzen und die Eimischung braten. Diese in die Mitte der Platte geben und gleich servieren.

Man To
Gedämpfte Brötchen

Zutaten:
25 g Hefe
1 Tasse lauwarmes Wasser
3 Tassen Mehl
1 Eßlöffel Schweineschmalz
1 Eßlöffel Zucker
Salz, Öl

Zubereitung:
Die Hefe mit 2–3 Eßlöffeln des Wassers in einer Tasse anrühren. Das Mehl in eine Schüssel geben, in der Mitte eine Mulde machen und mit der Hefe zu einem kleinen Vorteig anrühren. 15 Minuten zugedeckt in einem warmen Raum stehen lassen. Dann zusammen mit den übrigen Zutaten einen Teig machen und zugedeckt 1½ Stunden in der Wärme aufgehen lassen. Auf einem bemehlten Brett den Teig gut durchkneten und etwa 10–12 Brötchen formen. Jedes Brötchen auf eine eingefettete Pergamentpapierscheibe legen, mit genügend Abstand in den Bambusdämpfer setzen und 25 Minuten dämpfen.
Ich streiche sie oben noch mit etwas Sesamöl ein und bestreue sie mit wenig Sesamkörnern.
Diese Brötchen können Sie auch auf verschiedene Arten füllen. Sie formen aus dem Teig ca. 12 Bällchen.
Diese werden dann ausgerollt oder mit der Hand flach gedrückt, so daß runde Fladen mit etwa 10 cm Durchmesser entstehen, die nach dem Rand zu dünner sein sollten, als in der Mitte. Auf jeden Fladen kommt dann ein Eßlöffel Füllung, der Rand wird ringsum hochgeklappt und zusammengedreht. Die gefüllten Brötchen 15 Minuten mit einem Tuch bedeckt stehen lassen und 30 Minuten dämpfen.

Peking-Füllung:

250 g Schweinefleisch vom Rost
2 Eßlöffel Frühlingszwiebeln
2 Knoblauchzehen
1 Teelöffel Austernsoße
1 Eßlöffel dunkle Sojasoße
1 Eßlöffel Zucker
1 Teelöffel Sesamöl
1 Eßlöffel Stärke
Fünfgewürzpulver
Salz, Pfeffer

Zubereitung:
Das Fleisch in feine kurze Streifen schneiden. Knoblauch und Zwiebeln fein hacken. Alle Zutaten vermischen und die Fladen damit füllen.

Mongolische Füllung

250 g mageres Lammfleisch
Öl zum Braten
2 Frühlingszwiebeln (fein gehackt)
4 Knoblauchzehen (fein gehackt)
5 Eßlöffel Brühe, 1 Teelöffel Stärke
Salz, Pfeffer

Zubereitung:
Das Lammfleisch fein würfeln. Öl erhitzen, Fleisch, Zwiebeln und Knoblauch hineingeben und 1 Minute braten. Die mit der Brühe gemischte Stärke zugeben, würzen und die Pfanne vom Feuer nehmen. Die Füllung abkühlen lassen.

Die Vorbereitung der Ente

Tung Gu Ya Pien
Schwarze Diamanten-Ente

Zutaten:
1 Ente (1500 g)
2 Eßlöffel dunkle Sojasoße
1 Eßlöffel frischer Ingwer (gehackt)
1 Sternanis (gestoßen)
2 Knoblauchzehen (fein gehackt)
2 Eßlöffel Reiswein
Pfeffer
6–8 schwarze Pilze
100 g Bambussprossen
1 Eßlöffel helle Sojasoße
1 Teelöffel Honig
Öl zum Fritieren und Braten
1 Eßlöffel dunkle Sojasoße
1 Teelöffel Stärke

Zubereitung:
Die Ente säubern, kurz in heißes Wasser tauchen und abtrocknen. Dann wird sie halbiert und außen mit der dunklen Sojasoße eingepinselt. Die beiden Hälften mit der Außenseite nach unten in einer flachen Schüssel in den Dämpfer stellen. Die inneren Seiten der Entenhälften mit dem Ingwer, Sternanis und Knoblauch bestreuen, den Reiswein darüberträufeln, pfeffern und eine 3/4 Stunde dämpfen. Die Ente herausnehmen und erkalten lassen. Die sich gebildete Brühe beiseite stellen.
Die Pilze einweichen. Danach die Stiele wegschneiden und die Kappen halbieren. Die Pilzbrühe beiseite stellen. Bambussprossen in Scheiben schneiden. Helle Sojasoße und den Honig mischen und damit die erkalteten Entenhälften einpinseln und eintrocknen lassen.
Öl erhitzen und die Ente 10 Minuten fritieren. Währenddessen wenig Öl in der Pfanne erhitzen. Darin die Pilze und die Bambussprossen 2 Minuten braten. Mit dem Pilzwasser ablöschen und die Brühe vom Dämpfen und die dunkle Sojasoße dazugeben. Stärke mit wenig Wasser anrühren und die Soße binden.
Die Ente aus dem Fritieröl nehmen, abtropfen lassen und das Fleisch mit der Haut in Scheibchen abschneiden. Das Fleisch, die Pilzkappen und Bambussprossen gruppenweise (wie oben abgebildet) anrichten und mit der Soße begießen.
Ich bereite nach dem selben Rezept auch eine junge Gans zu. Nicht die mit einem dicken Fettpolster ringsum behafteten und bis zum Platzen gestopften Mastgänse, sondern ein junges Tier, ehe es dieser zweifelhaften Prozedur unterzogen wird. Sollte sie trotzdem schon etwas Fett angesetzt haben, können Sie ruhig die Haut mehrmals einstechen, damit beim Dämpfen das Fett auslaufen kann. Das mache ich auch bei anderen Garmethoden, beispielsweise beim Grillen oder Rösten. Stechen Sie aber nicht bis zum Fleisch durch, sonst geht auch Fleischsaft verloren.

PEKING-KÜCHE

Da Zung Niu Lo
Geschnitzeltes Rindfleisch mit Lauch

Zutaten:
400 g mageres Rindfleisch,
2 Eßlöffel Reiswein, 1 Teelöffel Stärke
½ Teelöffel Fünfgewürzpulver
2 Knoblauchzehen (fein gehackt)
1–2 junge Lauchstengel
2 schwarze Pilze, Öl zum Braten

Soße:
1 Eßlöffel dunkle Sojasoße
3 Eßlöffel Reiswein
3 Eßlöffel Brühe
1 Teelöffel Stärke, Salz

Zubereitung:
Das Fleisch in feine Streifen schneiden. Mit dem Reiswein, der Stärke, dem Fünfgewürzpulver und dem Knoblauch mischen und mindestens 20 Minuten stehen lassen.
Die Lauchstengel, nur die zarten Teile, in etwa 5 cm lange Stücke schneiden und entblättern. Die Pilze in wenig Wasser einweichen, die harten Stiele wegschneiden und die Kappen in kleine Würfel schneiden. Die Zutaten für die Soße mit dem Pilzeinweichwasser mischen.
Öl in der Pfanne erhitzen und das Fleisch mit der Marinade und den Pilzen bei guter Hitze 2 Minuten braten, dann herausnehmen. Wieder Öl in der Pfanne erhitzen und den Lauch 2 Minuten braten. Jetzt das Fleisch zugeben, alles gut durchmischen, die Soße darübergießen und alles insgesamt ½ bis 1 Minute braten. Vor dem Servieren sollten Sie das Gericht nochmals abschmecken.
Ausgezeichnet schmeckt das Gericht auch, wenn Sie anstelle des Lauchs jungen Bleichsellerie nehmen.

Da Tzao Scha
Shrimps mit Hummersoße

Zutaten:
500 g frische Shrimps
2 Eßlöffel Reiswein
Salz, Pfeffer
1 Eßlöffel Maisstärke
Öl zum Braten
1 Knoblauchzehe (fein gehackt)
2 Eßlöffel Schalotten (fein gehackte)

Soße:
50 g Krabben aus der Dose
2 Eßlöffel dunkle Sojasoße
3 Eßlöffel Hummersoße
1 Teelöffel Stärke (mit 5 Eßlöffel Brühe angerührt)
Prise Zucker, Salz, Pfeffer

Zubereitung:
Shrimps aus den Schalen nehmen und säubern. Mit dem Reiswein beträufeln und 15 Minuten stehen lassen. Dann salzen, pfeffern und mit der Stärke bestreuen. Gut mischen.
Die Krabben aus der Dose gut durchspülen und abtropfen lassen. Sojasoße, Hummersoße, Stärke und Brühe mischen. Öl in der Pfanne erhitzen, Knoblauch und Schalotten anbraten, die Shrimps zugeben und 2 Minuten braten. Vom Feuer nehmen und anrichten.
Wieder Öl erhitzen und die Krabben anbraten. Die Hitze reduzieren und die Soßenmischung zugeben. Nun würzen Sie die Soße und, sobald sie aufkocht und dick wird, nehmen Sie sie vom Feuer und löffeln sie über die angerichteten Shrimps.

PEKING-KÜCHE

Hai Tzai Da Scha
Seegras mit Shrimps

In Peking gab es früher kaum frische Meeresfrüchte. Auf den Märkten erhielt man nur getrocknete oder gesalzene. Das in dem folgenden Rezept verwendete Seegras, man nennt es auch »Papiergemüse«, ist hier auch nur getrocknet zu haben.
In den europäischen Küstengebieten bekommen Sie frisches Seegras. Das Einweichen entfällt dann.

Zutaten:
50 g Seegras (Papiergemüse)
8 Eßlöffel Reiswein
50 g getrocknete Shrimps
5 Eßlöffel Brühe
Öl zum Braten
Knoblauchzehen (fein gehackt)
100 g gehacktes Schweinefleisch
3 Eßlöffel helle Sojasoße

Zubereitung:
Das Seegras in Stücke zerreißen und 1 Stunde einweichen. Nun müssen Sie es durchspülen, ausdrücken und mit 3 Eßlöffel Reiswein beträufeln. Die Shrimps ebenfalls eine Stunde einweichen, gut spülen und einen Eßlöffel Reiswein untermischen. Seegras und Shrimps 30 Minuten marinieren lassen.
Dann Öl in der Pfanne erhitzen und das Seegras 5 Minuten braten, mit der Brühe löschen und auf einer heißen Platte anrichten.
Wieder Öl in der Pfanne erhitzen, Knoblauch anbraten, das Schweinefleisch dazugeben, und wenn es sich verfärbt hat, die Shrimps dazugeben und 1 Minute mitbraten. Dabei den restlichen Reiswein und die helle Sojasoße darüberträufeln. Die Shrimps vom Feuer nehmen und auf dem Seegras verteilen.
Bei dem abgebildeten Gericht wurden verschiedene Seegras-Sorten verwendet.

Links: *Geschnitzeltes Rindfleisch mit Lauch*
Mitte: *Shrimps mit einer delikaten Hummersoße*
Oben: *Seegras mir Shrimps*

PEKING-KÜCHE

Die Volksgruppen Chinas, mit ihren verschiedenen Sprachen, Sitten und Gebräuchen, bilden ein buntes, faszinierendes Mosaik eines Vielvölkerstaates. Diese ethnischen Gruppen Chinas haben natürlich die chinesische Küche nicht unwesentlich beeinflußt und zu ihrer Vielseitigkeit beigetragen.

So gehört zur Küche des Nordens auch der Genuß von Hammelfleisch, eine Gewohnheit, die sich bis heute noch nicht bei der Küche der mittleren und südlichen Provinzen eingebürgert hat – sicher aus dem ganz einfachen Grund, weil dort keine nennenswerte Schafzucht betrieben wird. Ganz anders in den Grassteppen des Nordens bis hin zum Westen Chinas, wo dieses Tier als wichtige Erwerbs- und Nahrungsquelle gehalten wird. Zu dieser Bereicherung der Peking-Küche trugen in erster Linie die Mandschuren bei, die im 17. Jahrhundert China eroberten und deren Qing-Dynastie in China herrschte, bis es 1911 Republik wurde; dann die mongolischen Völker, größtenteils Nomaden, die fast ausschließlich von Rinder- und Schafzucht leben und auf deren Speisezettel auch Milchprodukte stehen, ein im übrigen China bis zum heutigen Tage weitgehend unbekanntes Nahrungsmittel.

Weiter sind als Urheber von Gerichten mit Hammelfleisch die Hui zu erwähnen. Es sind im 13. Jahrhundert eingewanderte Moslems, die aus religiösen Gründen kein Schweinefleisch essen und das Schaffleisch allen andern Fleischsorten vorziehen. Sie haben sich in den nördlichen Provinzen Chinas angesiedelt. Vollkommen assimiliert, halten sie aber bis heute an dem Brauch fest, Hammel- statt Schweinefleisch zu essen.

Die Mongolen sind übrigens eine der wenigen Volksgruppen in China, die sich beim Essen des Messers bedienen. Sie schneiden zum Beispiel das Fleisch erst in Scheiben und verzehren es dann mit der Hand.

Die Zubereitung von Hammelfleisch hat sich jedoch weitgehend den in China gebräuchlichen Koch-Methoden angepaßt, mit Ausnahme des Mongolengrills, der sich in seiner ursprünglichen Form gehalten hat und des Mongolentopfs, der als Feuertopf bis zur Küche des Südens vorgedrungen ist.

Die Kochmethoden der Nomaden und Hirtenstämme des Westens und Nordens müssen sich naturgemäß auf einfache Mittel beschränken. Umfangreiche Kücheneinrichtungen können sie nicht mit sich herumschleppen. Aber auch der in einer Yurte zubereitete Hammeleintopf oder die am Lagerfeuer gebratene Hammelkeule schmecken nach entsprechender Vor- und Zubereitung ausgezeichnet.

Unten: *Mongolische Nomaden*
Rechts: *Ningshia Hammeltopf*

Ningshia Yang Lo Kuo
Ningshia Hammeltopf

Dieses Hammelgericht ist im nordwestlichen China beheimatet. Die Zubereitung wurde in der Peking-Küche verfeinert und durch Gewürze veredelt. Der Eintopf schmeckt ausgezeichnet zu Reis und kann durch entsprechende Gewürzbeigaben noch mehr dem persönlichen Geschmack angeglichen werden.

Zutaten:
400 g mageres Hammelfleisch
2 große Karotten
1 große Zwiebel
Öl zum Fritieren
1 schwarzer Pilz
1 Tasse Brühe
2 Eßlöffel helle Sojasoße
3 Eßlöffel Reiswein
1 Scheibe frischer Ingwer (fein gehackt)
2 Knoblauchzehen (gehackt)
je 1 Prise Salz, Zucker, Pfeffer
½ Teelöffel Fünfgewürzpulver
einige Tropfen Sesamöl
1 Teelöffel Stärke (mit wenig Wasser angerührt)

Zubereitung:
Das Fleisch in mundgerechte Würfel und die Karotten rollschneiden. Die Zwiebel in Achtelstücke teilen und auseinanderblättern.
Öl erhitzen und das Fleisch nur so kurz fritieren, bis es die Farbe wechselt. Mit dem Schaumlöffel herausnehmen. Die Karotten und Zwiebeln danach 1 Minute fritieren, herausnehmen und beiseite stellen. Den Pilz abwaschen und fein schneiden. Das Fleisch in einen Topf geben und mit Brühe, Sojasoße, Reiswein, Pilzstücken, Ingwer und Knoblauchstücken zum Kochen bringen und bei kleiner Hitze 1 bis 1½ Stunden köcheln. Nötigenfalls noch etwas Brühe nachgießen, so daß am Schluß etwa eine halbe Tasse Soße vorhanden ist.
10 Minuten vor Ende des Garens die Karotten und Zwiebeln zugeben. Den Hammeltopf würzen, mit Sesamöl beträufeln und die Soße mit der Stärke binden.
Geschmackstypischer wird das Gericht, wenn Sie zum Ergänzen der eingekochten Soße statt Brühe Reiswein nehmen.

PEKING-KÜCHE

Die chinesischen Hausfrauen und die Köche kaufen ihre Lebensmittel größtenteils auf dem Markt. Die Waren werden auch auf offener Straße angeboten, das meiste jedoch in Markthallen. Dort gibt es alles, was sie für die Küche brauchen: Gemüse, Früchte, Fleisch, Fisch, lebendes Geflügel, Reis, Teigwaren und Gewürze. Oft sind da auch noch Stände mit anderen Waren, wie Zeitschriften, Geschirr, Kleider. In den größeren Hallen findet sich oft ein Restaurant, zumindest aber einige Stände mit allerlei Eßbarem. Ein Duft wechselt mit dem anderen, oft penetrant, dann wieder köstlich angenehm oder undefinierbar. Augen und Nase sind voll beschäftigt.

Die offenen Märkte an Straßenecken und Plätzen, oder wo immer Platz ist, werden von den Bauern der Umgebung versorgt. In Peking sieht man sie spät abends in die Stadt fahren, den zweirädrigen Karren, gezogen von drei Steppenpferdchen oder Mulis, vollbeladen. Das Obst und Gemüse soll ja schon in aller Frühe auf dem Markt sein, und für den Bauern wartet nach Sonnenaufgang wieder die Feldarbeit.

Chinesische Hausfrauen haben ihre eigene Einkaufspraktik; sie legen sich nicht von vornherein auf ein bestimmtes Gericht fest, sondern schauen erst mal, was auf dem Markt besonders frisch und preisgünstig ist. Nach einer kritischen Begutachtung der angebotenen Ware entscheiden sie dann das Menü und kaufen entsprechend ein. Diese Methode halte ich persönlich für reizvoll und vorteilhaft, und ich werde sie wahrscheinlich für die Dauer meines Lebens beibehalten. Auch hier in Europa, wo die Vielfalt der Angebote manchem den kritischen Blick trübt und die Qualität der für eine gute Küche notwendigen Zutaten manchmal doch sehr zu wünschen übrig läßt.

Auch in der chinesischen Küche ist die Qualität der Zutaten von ausschlaggebender Bedeutung für die Zubereitung eines schmackhaften Essens und schon in früheren Zeiten gehörte zu den wichtigsten Aufgaben eines Küchenchefs, die benötigten Zutaten selbst einzukaufen. Nicht selten begleitete ihn dabei sein Prinzipal, besonders dann, wenn es galt, anspruchsvolle Gäste zu bewirten.

Unten: *Eingang zu einer der vielen Markthallen in Peking*
Rechts: *Die reichhaltigen Zutaten für einen Feuertopf*

PEKING-KÜCHE

Der chinesische Feuertopf, auch als »Mongolentopf« bekannt, hat sich von der Mongolei aus über ganz China verbreitet. Die Mongolen pflegten auf diese Weise ihr Hammelfleisch zuzubereiten. In China wurde er unter Beibehaltung der Kochtechnik vielseitig abgewandelt. Jede Region hat spezifische Kombinationen an lokal bevorzugten Nahrungsmitteln, die sich für die Gartechnik im Feuertopf eignen. Die Skala reicht vom Hammelfleisch mit Gemüsen, bis hin zum Schweinefleisch, Geflügel oder Seegetier.

Der traditionelle Feuertopf besteht aus einem Sockelbehälter mit Luftlöchern zur Aufnahme der Holzkohle. Darauf sitzt der eigentliche Topf, der in der Mitte, ähnlich wie bei einer Gugelhupfform, einen Zylinder hat, der als Rauchabzug dient und zugleich die Heizfläche des Topfes vergrößert.

Heute gibt es Feuertöpfe, die über einen Gas- oder Spirituskocher gestellt werden. Zwar ist der Kohlenbehälter mit dem Kaminchen romantischer, aber er eignet sich mehr für Lagerfeuer und Mongolenjurten, als für Speisezimmer. Was immer für einen Topf Sie nehmen: Erst wird Fleischbrühe zum Kochen gebracht. Jeder Gast kocht sich mit Stäbchen oder Sieblöffeln die roh angerichteten Zutaten. Meist reicht man noch für jeden Gast eine Schale mit einem verquirlten, und nach Belieben gewürzten, rohen Ei. Darin kann er die Fleischstücke vor dem Kochen eintauchen, sozusagen als versiegelnde Marinade. Das gewürzte Ei kann aber auch nach koreanischer Sitte als Dipsoße verwendet werden. Die Brühe wird am Schluß mit dem Rest der gekochten Zutaten gereicht.

Der Feuertopf ist ein beliebtes und unterhaltsames Familien- und Partyessen. Es schmeckt nicht nur köstlich, sondern hat auch noch den Vorteil, verhältnismäßig wenig Vorbereitung zu erfordern. Die beim Monglischen Feuertopf angegebenen Mengen sind für 5–6 Personen. Da der Feuertopf ohne Vor- oder Nachspeise gereicht wird, empfehle ich Ihnen, reichlich Reserven vorrätig zu haben. Da man sich viel Zeit beim Essen läßt, wird meistens mehr als gewöhnlich verzehrt. Zudem ist es eine sehr leichte und bekömmliche Kost. Das Kaloriengespenst kann dabei beruhigt vergessen werden.

Probieren Sie also ohne Reue den

Mongu Huo Ko
Mongolischen Feuertopf

Zutaten:
1 Lammkeule (ca. 1½–2 kg)
Salz, Pfeffer
helle Sojasoße
1 Eßlöffel Pfefferkörner
400 g Lammleber
2 Lammnieren, 250 g Blattspinat
250 g Selleriekohl
150 g Bohnenquark

Soße:
⅔ Tasse helle Sojasoße
2 Eßlöffel fermentierter Bohnenquark
2 Eßlöffel Sesampaste, 1 Teelöffel Sesamöl
2 Eßlöffel Reiswein, 2 Eßlöffel Essig
2 Eßlöffel Chilisoße
1 Schalotte (fein gehackt)

Beilagen zum Würzen:
Knoblauchzehen, frischer Koriander
Schnittlauch (alles fein gehackt)

PEKING-KÜCHE

Zubereitung:
Die Lammkeule mit Salz, Pfeffer und Sojasoße einreiben und über Nacht an einem luftigen Platz aufhängen. Am nächsten Tag das Fleisch schräg zur Faser in dünne Scheiben schneiden. Dabei, so gut es geht, das Fett entfernen. Die Knochen mit den Fleischresten in Stücke hacken, mit 6 Tassen Wasser, Salz und Pfefferkörnern 2 Stunden kochen. Die abgesiebte Brühe in den Feuertopf gießen.

In der Zwischenzeit die Nieren in Scheiben schneiden, salzen, wässern und spülen. Dann schneiden Sie die Leber in Streifen. Arrangieren Sie auf einer Platte die Spinatblätter, den in Stücke geschnittenen Kohl und den gewürfelten Bohnenquark. Auf einer weiteren Platte richten Sie Fleisch und Innereien an.
Mischen Sie nun die Soßenzutaten. Jeder Gast erhält von der Soße ein Schälchen.
Nun bringen Sie die Brühe im Feuertopf zum Kochen. Ihre Gäste nehmen sich Fleisch und Gemüse und halten es in die kochende Brühe. Sind alle Zutaten gegessen, wird die Brühe am Schluß zum Soßenrest in die Schale geschöpft und als Suppe verzehrt.
Reichen Sie als traditionelle Beilage gedämpfte Brötchen (Rezept Seite 62).
Der abgebildete Feuertopf ist die südchinesische Version. Die Zutaten sind vielseitiger. Neben Schweine- und Rindfleischscheiben dürfen Meeresfrüchte nicht fehlen, insbesondere Krustentiere. Daneben werden einige Gemüsesorten, auch Schlauchpilze gereicht, und der obligatorische frische Bohnenquark. Glasnudeln dürfen ebenfalls nicht fehlen, und wenn sie nur am Schluß zur Bereicherung der Suppeneinlage dienen. Ich reiche bei einem Feuertopfessen fünf Gruppen von Zutaten: Rindfleisch, Schweinefleisch, Fisch, Geflügel-Brustfleisch und 2–3 Sorten Gemüse, wozu ich auch den Bohnenquark zähle. Als Sud nehme ich eine dünne Hühnerbrühe und zum Dippen reiche ich für jeden ein verquirltes Ei in einer Schale und mehrere Schälchen mit Soßen.
Die Fleischstücke werden möglichst fein geschnitten, in Scheiben oder Streifen. Die Brühe muß dauernd sprudelnd kochen, sonst dauert das Garen zu lange und die Stücke laugen aus. Mein Feuertopf ist für Holzkohle eingerichtet, ich kann aber auch einen Gas- oder Spiritusbrenner darunter stellen.

PEKING-KÜCHE

Dan Hua Tang
Eierblumensuppe

Diese Suppe können Sie auf zwei Arten herstellen, als dicke Suppe oder mehr als Fleischbrühe mit Einlage. Dicke Suppen, mit mehr Einlagen und einer gebundenen Brühe, werden bei einem normalen Menü gereicht und können als sättigender Gang betrachtet werden; sie sind kräftig im Geschmack. Dünne Suppen, also klare Brühe mit Einlage, sind zart und zurückhaltend. Man reicht sie bei Banketts zwischen den Menügruppen. Sie sollen überleiten und den Gaumen für den Genuß neuer Geschmackskompositionen neutralisieren.

Zutaten:
3 chinesische Pilze
1 Tomate
6 Tassen Hühnerbrühe
½ Tasse Bambussprossen
(in Streifen geschnitten)
50 g Hühnerbrust (fein geschnitten)
Salz, Pfeffer
2–3 Eier
3 Eßlöffel gekochte grüne Erbsen
1 Teelöffel Sesamöl

Oben links und Mitte:
Eierblumensuppe

Zubereitung:
Die Pilze einweichen, Stiele wegschneiden und die Kappen in dünne Streifen schneiden. Tomate blanchieren, schälen und in Stücke schneiden. Dabei die Kerne entfernen. Nun die Brühe zum Kochen bringen und die Pilze, Bambussprossen, das Fleisch und die Tomate zugeben und 2 Minuten kochen lassen. Die Suppe mit Salz und Pfeffer abschmecken und nach und nach die geschlagenen Eier in die kochende Brühe geben, so daß sich kleine Fladen bilden. Nachdem Sie die Erbsen beigegeben haben, soll die Suppe noch 1 Minute kochen und wird dann mit Sesamöl beträufelt serviert.
Wollen Sie eine dicke Suppe machen, nehmen Sie etwas mehr Zutaten für die Einlagen. Das Ei quirlen Sie in die ziehende Suppe, so daß es keine Fladen gibt, und die Brühe binden Sie mit etwas angerührter Stärke.

Lu Sung Wuo Dschieh
Spargel mit Truthahn

Zutaten:
200 g Truthahnbrust
400 g frischer Spargel
1 Tasse Wasser, Salz
½ Tasse süßer Reiswein
Öl zum Braten
50 g Mandeln
1 Stück frischer Ingwer
1 Tasse chinesische Morcheln (aufgeweicht)
3 Eßlöffel Reiswein

Marinade:
1 Eßlöffel helle Sojasoße
1 Eßlöffel Reiswein, Salz, Pfeffer

Soße:
Spargelbrühe und Hühnerbrühe
(zu einer guten Tasse ergänzt), 1 Ei
1 Eßlöffel Stärke (mit wenig Wasser angerührt)

PEKING-KÜCHE

Zubereitung:
Schneiden Sie das Truthahnfleisch in feine Streifen. Dann mischen Sie die Zutaten für die Marinade und legen das Fleisch 20 Minuten darin ein. Der Spargel wird geschält. Nun erhitzen Sie das Wasser mit Salz und der halben Tasse Reiswein und lassen die Spargelstange (man kann sie auch in Stücke schneiden) etwa 15 Minuten zugedeckt dünsten. Dann die Stangen dem Sud entnehmen und auf einer heißen Platte warmstellen. Die Spargelbrühe stellen Sie für die Soße beiseite.
Jetzt erhitzen Sie wenig Öl in einer Pfanne und rösten darin die Mandeln goldbraun. Anschließend werden sie grob gehackt. Wieder etwas Öl in der Pfanne erhitzen, das Ingwerstück einlegen und die geweichten Pilze ½ Minute braten. Das Fleisch aus der Marinade nehmen und ebenfalls mit den Pilzen 2 Minuten braten. Dann entfernen Sie den Ingwer und löschen mit dem Reiswein ab. Das Fleisch geben Sie auch zum Spargel.
Nun bereiten Sie die Soße. Sie ergänzen die Spargelbrühe mit Hühnerbrühe zu einer Tasse Flüssigkeit und quirlen das Ei darunter. Diese Soße bringen Sie unter ständigem Rühren zum Kochen und binden sie dann mit der Stärke. Die Soße über das Fleisch und die Spargelstangen gießen und die gerösteten Mandeln über das Gericht streuen.

Spargel mit Truthahn
Rechts: *Rindfleisch vom Rost*

Kao Niu Lo
Rindfleisch vom Rost

Das meist als Vorspeise servierte Fleisch entspricht ungefähr dem hier bekannten Roastbeef. Im Norden Chinas grillt man es durch, die Kantonesen im Süden ziehen es »medium« vor.
Ich bereite auf diese Art auch eine Hammelkeule, die ich dann während des Grillens ein paarmal mit der übrig gebliebener Marinade, verlängert mit etwas Sesamöl und Sojasoße, einpinsele. In beider Fällen reiche ich eine aromatische Dipsoße und Pickles dazu.

Zutaten:
500 g Rindfleisch (Keule, Hüfte)

Marinade:
2 Knoblauchzehen (fein gehackt)
1 Teelöffel frischer Ingwer (gerieben)
1 Teelöffel Pfeffer
1 Eßlöffel Honig
1 Eßlöffel Reiswein
2 Eßlöffel dunkle Sojasoße, Salz

Zubereitung:
Die Zutaten für die Marinade mischen und damit das Fleisch gründlich einige Male massieren. Das Fleisch 5-6 Stunden, noch besser über Nacht, in der Marinade kühl stellen. Vor dem Grillen sollten Sie es nochmals durchkneten.
Den Backofen auf 250° vorwärmen und das Fleisch 5 Minuten grillen. Jetzt die Hitze auf 200° reduzieren und weitere 10-20 Minuten rösten, je nach dem von Ihnen bevorzugten Gargrad.
Das quer zur Faser in dünne Scheiben geschnittene Fleisch sollten Sie dekorativ auf einer Platte anrichten. Wollen Sie das Fleisch kalt servieren, so empfehle ich, es erst kurz vorher aufzuschneiden.

PEKING-KÜCHE

Hai Schin
Chili Meeresfrüchte

Dies ist ein sehr altes Gericht der Fischer des Golfs von Chili. Es gehörte nicht gerade zu den alltäglichen Mahlzeiten, sondern war besonderen Anlässen vorbehalten. Meeresfrüchte dieser Art sind heute eine Spezialität, wie man sie in der ganzen Welt bekommt. Aber am besten schmecken sie doch an der Quelle der Zutaten und von Menschen, bereitet, die durch den täglichen Umgang nicht nur viel Erfahrung besitzen, sondern sich auch durch ein Fingerspitzengefühl bei der Zubereitung auszeichnen, das durch nichts zu ersetzen ist. Und dieses Fingerspitzengefühl und vor allem frische Zutaten brauchen auch Sie für dieses Gericht.

Zutaten:
ca. 500 g Muscheln (zwei verschiedene Sorten)
1 Sträußchen frischer Koriander
1/2 Teelöffel frischer Ingwer (gerieben)
250 g Tintenfisch
3 Eßlöffel Reiswein
2 Eßlöffel helle Sojasoße
2 Knoblauchzehen (fein gehackt)
3–4 schwarze Pilze
Öl zum Braten
1 Tasse Bambussprossen (in Scheiben geschnitten)
3–5 Eßlöffel Hühnerbrühe
2 Eßlöffel zerdrückter Bohnenquark
Salz, Pfeffer
Fünfgewürzpulver
1 Teelöffel Stärke (mit wenig Wasser angerührt)

Zubereitung:
Die Muscheln waschen und gut abbürsten. In einer Schale in den Dämpfer legen, mit dem zerpflückten Koriander bedecken und 10 Minuten dämpfen. Die Muscheln haben sich nun beim Dämpfen geöffnet. Das Muschelfleisch herauslösen und mit Ingwer, Reiswein und dem Muschelsud, der sich beim Dämpfen in der Schale gesammelt hat, vermischen und 15 Minuten stehen lassen. Den Tintenfisch gut waschen und spülen, in mundgerechte Stücke schneiden, mit der Sojasoße und dem Knoblauch mischen. Die Pilze einweichen, harte Stiele abschneiden und die Kappen in große Stücke schneiden. Die Pilzbrühe beiseite stellen.

PEKING-KÜCHE

Öl in einer Pfanne erhitzen, die Pilze und Bambussprossen 1 Minute braten. Den Tintenfisch aus der Marinade nehmen, etwas abtropfen lassen (Marinade sammeln) und etwa 4 Minuten mitbraten, bis er weich ist. Dann die Pilzbrühe, Hühnerbrühe, die abgetropfte Marinade vom Fisch und den Bohnenquark untermischen und bei kleiner Flamme ziehen lassen. Nach einer Minute die Muscheln mit der Marinade untermischen, mit den Gewürzen abschmecken und nach Belieben noch einen kräftigen Schuß Reiswein zugeben. Die Soße mit der Stärke binden.

Mongu Yang Lo
Lammfleisch mongolisch

Zutaten:
500 g Lammfleisch
2 Stengel Lauch
Öl zum Braten
½ Tasse Brühe
(mit 1 Teelöffel Stärke)

Marinade:
½ Tasse Koriander (fein geschnitten)
4 Knoblauchzehen (fein gehackt)
2 Eßlöffel fermentierter Bohnenquark
(mit der Gabel zerdrückt)
2 Eßlöffel dunkle Sojasoße
1 Teelöffel Zucker

Zubereitung:
Das Fleisch in sehr dünne Scheiben schneiden. Damit Ihnen dies gelingt, sollten Sie es kurz in das Gefrierfach legen.
Die Zutaten für die Marinade mischen und das Fleisch einige Stunden darin einlegen. Inzwischen den Lauch in Diagonalscheiben schneiden.
Öl in der Pfanne erhitzen. Das Fleisch aus der Marinade nehmen, anhaftende Teile der Marinade abstreifen und die Scheiben 1 Minute in Öl braten. Den Lauch dazugeben und eine weitere Minute braten. Die Marinadenmischung dazugeben und sofort mit der Brühe löschen. Der Bratvorgang muß sehr schnell gehen. Lassen Sie das Gericht noch ½ Minute ziehen, ehe Sie es anrichten.

Links: *Chili Meeresfrüchte*

PEKING-KÜCHE

Bei Rühreigerichten, die in ganz China beliebt sind, gibt es zahlreiche, regionale Varianten. In der Peking-Küche nimmt man gern Hammel- oder Lammfleisch, in den Küstengebieten Krabben, im Landesinneren auch getrocknete Krabben, Schweine- oder Geflügelfleisch zu den Eiern. Auch Geflügelleber ist sehr beliebt. Oft werden noch Bambussprossen, Pilze oder anderes Wurzelgemüse dazugegeben.

Dieses Schnellgericht hilft daher leicht aus der Verlegenheit, wenn mal mehr Gäste als erwartet kommen und daher noch ein Gang mehr in das Menü eingebaut werden muß.

Das Gericht ist übrigens sehr beliebt bei orthodoxen Buddhisten. Sie nehmen statt Fleisch nur verschiedene Gemüse und Bohnenquark. Für Diätisten und Leute die auf die Linie achten müssen, kann ich dieses schmackhafte und dabei so unkomplizierte Gericht nur empfehlen.

Oben und rechts: *Rührei mit Lamm*
Nächste Seite: *Rindfleisch mit Fruchtsoße*

Yang Lo Tzao Dan
Rührei mit Lammfleisch

Zutaten:
250 g Lammfleisch (Filet)
2 Eßlöffel Reiswein
2 Knoblauchzehen (fein gehackt)
1 Teelöffel Austernsoße
4 Eier
1 Eßlöffel dunkle Sojasoße
Öl zum Braten
2 Eßlöffel Schalotten (fein gehackt)
Salz, Pfeffer

Zubereitung:
Das Lammfleisch in Streifen schneiden, etwaiges Fett sorgfältig entfernen. Reiswein, Knoblauch und Austernsoße vermischen, das Lammfleisch einlegen und mehrere Stunden kaltstellen. Dabei sollten Sie das Fleisch einige Male wenden. Nun schlagen Sie die Eier und mischen die Sojasoße darunter.
Öl in der Pfanne erhitzen und die Schalotten kurz anbraten. Das Fleisch mit der Marinade zugeben und weiterbraten, bis es sich verfärbt hat. Die Eier unterrühren und unter ständigem Rühren und Mischen weiterbraten, bis die Eier stocken. Dabei nachwürzen und gleich servieren.

Guo Tze Niu Lo
Rindfleisch mit Fruchtsoße

Zutaten:
400 g Rindfleisch (mager)
Öl zum Braten
1 zerdrückte Knoblauchzehe
1 Scheibe Ingwer
Salz und Pfeffer

Soße:
5 Eßlöffel Brühe
2 Eßlöffel Reiswein
1 Eßlöffel helle Sojasoße
Saft einer Orange
1 Teelöffel Zucker
je 1 Prise Salz und Zimt
1 Teelöffel Stärke

Zubereitung:
Erst schneiden Sie das Rindfleisch in fingerlange Streifen. Dann werden mit Ausnahme der Stärke alle Soßenzutaten gemischt.
Nun kommt Öl in eine Pfanne, wird stark erhitzt, und man rührt mit dem Knoblauch und Ingwer 20 Sekunden darin herum. Beides wird wieder entfernt. Jetzt kommt das Rindfleisch in das Öl, wird 2 Minuten gebraten und mit Salz und Pfeffer gewürzt. Die Soße wird angegossen und man läßt das Ganze 1 Minute köcheln. Zum Schluß gibt man die mit wenig Wasser verrührte Stärke zum Binden dazu und füllt das Rindfleisch mit der Soße in eine vorgewärmte Schüssel.
Sie können das Gericht auch noch durch Gemüsezugabe abwandeln: Nehmen Sie z. B. 150–200 g Bambussprossen; dann können Sie das Fleisch ruhig auf 300 g reduzieren. Oder geben Sie Frühlingszwiebeln und 2 bis 3 schwarze Pilze dazu.

Schün Yü
Geräucherter Fisch

Zutaten:
1 Fisch (400–500 g, Forelle, Karpfen, Hecht, Seefische)
1 Eßlöffel Reiswein
1 Eßlöffel helle Sojasoße
Salz
Öl zum Braten
2 Scheiben Ingwer
1 Schalottenstengel
1 Knoblauchzehe (zerdrückt)
3–5 Eßlöffel brauner Zucker
2 Eßlöffel schwarze Teeblätter

Zubereitung:
Den Fisch säubern und quer in 5–6 Stücke schneiden. Mit Reiswein und Sojasoße beträufeln, leicht salzen und 20 Minuten stehen lassen.
Öl in der Pfanne erhitzen, Ingwer, Schalotte und Knoblauch ½ Minute braten, dann aus der Pfanne nehmen. Den Fisch in die Pfanne geben und beidseitig leicht bräunen, aber nicht weich braten.
Die Fischstücke auf ein Gitter geben, das in eine Kasserolle paßt. Vorher den Boden mit Folie bedecken und darauf den Zucker und Tee streuen. Die Kasserolle gut verschließen, damit kein Rauch entweichen kann, auf das Feuer stellen und den Fisch bei mittlerer Hitze 15 Minuten räuchern.
Sie können den Fisch auch mit Folie umhüllen. Dabei streut man Zucker und Tee seitlich vom Fisch aus, schlägt die Enden der Folie nach oben, und faltet sie gut mit einem Falz zusammen.
Nach der Garzeit den Rauch langsam entweichen lassen. Die Fischstücke herausnehmen und erkalten lassen. Servieren Sie eine pikante Dipsoße dazu.

PEKING-KÜCHE

Die Küche Schantungs wird durch den Gelben Fluß geprägt, der China nicht nur immer wiederkehrende Katastrophen gebracht, sondern durch seine Ablagerungen an seinem Unterlauf, in den Provinzen Hopeh und Schantung eine der fruchtbarsten Gegenden Chinas geschaffen hat. Das Wachstum auf diesem fruchtbaren Boden wird noch begünstigt durch das feuchtheiße Klima im Sommer, das sogar subtropische Pflanzen gedeihen läßt. Üppig wächst alles, was für die Ernährung wichtig ist: Obst, Gemüse, Getreide, Futtermittel, aber auch Tabak, Baumwolle und Maulbeerbäume für die Seidenraupenzucht.

Flüsse und Seen, die Gewässer des Golfs von Chili und die felsige Küste der Halbinsel Schantung bereichern die Küche des Nordens mit ihren Meeresprodukten. Bekannte Fischgerichte und Suppen der Peking-Küche haben ihren Ursprung in dieser Gegend. Besonders geschätzt sind die Meeresfrüchte, wie Shrimps, Krabben und Muscheln des Golfs und der Binnengewässer – ein wahres Küchenparadies!

Über Brühen und Suppen

Als Grundlage für Soßen und Suppen kennt man in der chinesischen Küche vorwiegend Hühnerbrühe oder Brühe von abgekochten Schweinsknochen. Rindfleischbrühe wird auch heute noch aufgrund der Schlachtviehknappheit selten gemacht. Es mag aber auch daran liegen, daß die Brühe vom Rind, wie wir sie kennen, für die chinesische Geschmacksrichtung zu intensiv und eigenständig aromatisch ist. Der Chinese legt bei Suppen mehr Wert auf den feinen Geschmack der Einlagen; die Brühe soll nicht dominieren.

Darüber hinaus glaube ich, daß man wahrscheinlich aus der Not eine Tugend gemacht hat, und zwar aus folgendem Grund: Im Laufe von Jahrhunderten mußte der Chinese aus Armut lernen, das Letzte aus dem herauszuholen, was die Natur ihm bot. Er hat dabei erkannt, daß auch noch scheinbar Wertloses Substanzen enthält, die für die Ernährung des Menschen nützlich sein können. Deswegen werden in China Knochen von ausgebeintem Geflügel, selbst wenn schon ein Garprozeß stattfand, Geflügelfüße, Köpfe und Gräten von filetierten Fischen, Glieder und Schalen von Krustentieren für Brühen ausgekocht. Ein ganzes Huhn wird nur dann für eine Brühe verwendet, wenn es schon so alt und dadurch so zäh geworden ist, daß es zu keinem anderen Gericht mehr taugt.

Letzten Endes ist es jedoch eine Frage des persönlichen Geschmacks, welche Anforderungen Sie an die Qualität und Konzentration einer Brühe stellen. Der goldene Mittelweg dürfte auch hier der Beste sein. In der chinesischen Küche, besonders in der des Südens, ist eine selbstgemachte Brühe jedenfalls ein unentbehrliches Ingredient und sollte immer vorrätig sein.

Für die Zubereitung von Suppen sollten Sie folgendes beachten:

Bei Fleisch oder Gemüse, das in kochende Brühe gegeben wird, schließen sich die Poren sofort. Die Einlagen geben weniger aromatische Substanz an die Brühe ab. Gibt man die Einlagen jedoch in die kalte Brühe und bringt beides zusammen zum Kochen, wird von den jeweiligen Einlagen zusätzliches Aroma an die Brühe abgegeben. Der Koch hat es also in der Hand, die Einlagen dann in die Brühe zu geben, wenn diese gerade die richtige Temperatur erreicht hat, wodurch er eine optimale Geschmacksverteilung erzielen kann. In diesem Zusammenhang ist auch wichtig, eine bestimmte Reihenfolge beim Garen von Zutaten für Mischgerichte einzuhalten. Die Rezepte gehen diesbezüglich nicht ins Detail, denn hier beginnt die geschmackliche Gestaltungsabsicht des Kochs, hier beginnt die »Kochkunst«.

Die Zubereitung sogenannter dicker Suppen, die ein vollwertiger Gang sein können, weicht im Prinzip nicht von dem bisher Erläuterten ab. Man gibt lediglich mehr und feiner zerkleinerte Zutaten bei und bindet die Brühe mit Stärke. Wem diese Art des Bindens nicht behagt, kann fast den gleichen Effekt durch Legieren mit Eigelb erreichen, das auch in der chinesischen Küche bekannt ist. Wenn ich allerdings mit Stärke binde, rühre ich sie vorher mit einem kräftigen Reiswein an.

PEKING-KÜCHE

Fan Dscheh Ga Li Tang
Tomantensuppe mit Muscheln

Zutaten:
250 g frische kleine Venusmuscheln
4 Tomaten
3 Eßlöffel Öl
6 Tassen Hühnerbrühe
1 Eßlöffel Schalotten (geschnitten)
Salz, Pfeffer
1 Eßlöffel Stärke (mit wenig Wasser angerührt)
3 Eßlöffel Reiswein
1 Eßlöffel dunkle Sojasoße
Sesamöl

Zubereitung:
Die Muscheln gründlich bürsten und kochen oder dämpfen, bis sich die Schalen öffnen. Das Fleisch herauslösen und säubern.
Die Tomaten blanchieren, Haut abziehen und in Stücke schneiden. Öl erhitzen und die Tomaten dünsten, bis sie weich sind. Die Tomaten nun durch ein Sieb in einen Topf passieren, Hühnerbrühe und Muscheln hinzufügen. 2 Minuten kochen. Schalotten beigeben und mit Salz und Pfeffer würzen. Stärke einrühren, dann den Reiswein und die Sojasoße zugeben.
Die Suppe vom Feuer nehmen, mit Sesamöl beträufeln, in Schalen füllen und servieren.

Üh Mi Tang
Zuckermais-Suppe

Zutaten:
50 g Hühnerfleisch
1 Eßlöffel Reiswein
Öl zum Braten
Pfeffer, Salz
1 Ei
1 Teelöffel helle Sojasoße
6 Tassen Hühnerbrühe
200 g Zuckermais (aus der Dose)
Salz, Pfeffer
½ Teelöffel Sesamöl
1 Eßlöffel Koriander (fein gehackt)

Zubereitung:
Das Hühnerfleisch in feine Streifen schneiden und mit dem Reiswein mischen. Öl erhitzen und das Fleisch 1 Minute braten, dabei mit Pfeffer und Salz würzen und wegstellen.
Das Ei schlagen und mit der Sojasoße mischen. Brühe zum Kochen bringen und das Ei hineinrühren. Dann den Mais und das Hühnerfleisch zugeben, die Suppe nachwürzen und gleich nach dem Aufkochen vom Feuer nehmen. Das Sesamöl darüber träufeln, in einer Terrine anrichten und mit dem Koriander bestreuen.
Frischer Mais muß vorgegart werden, am besten durch Dämpfen.

Ying Dschüh Za
Mandarinen Tee

Gekochte Fruchtsäfte nennt man in China auch »Tee«. Man trinkt sie meist heiß, mitunter auch kalt. Sie sind vergleichbar mit den hier bekannten Kaltschalen und lassen sich mit fast allen Früchten zubereiten.

Zutaten:
6 Mandarinen (kernlos)
2 Tassen Wasser
½ Tasse Zucker
2 Eßlöffel Stärke (mit wenig Wasser angerührt)

Zubereitung:
Die Mandarinen schälen und in Segmente teilen. Die Hälfte des Wassers zum Kochen bringen, Mandarinen und Zucker zugeben und alles aufkochen lassen. Nun den Rest des Wassers dazugießen und wieder aufkochen lassen. Zum Schluß langsam die Stärke einrühren, den Topf vom Feuer nehmen und den Mandarinen-Tee in Tassen servieren.

Oben: *Zuckermaissuppe, der Sie auch noch Pilze beifügen können.*

Tzao Yao Hua
Gebratene Nieren

Zutaten:
3 Schweinenieren, Salz
6–8 chinesische Pilze
Öl zum Braten
1 Tasse Bambussprossen (in dünne Streifen geschnitten)
2 Knoblauchzehen (fein gehackt)
1 Frühlingszwiebel

Soße:
1 Eßlöffel dunkle Sojasoße
5 Eßlöffel Reiswein
1 Teelöffel Maisstärke (mit 5 Eßlöffeln Brühe angerührt)
½ Teelöffel Sesamöl
Salz, Pfeffer
1 Prise Zucker

Zubereitung:
Die Nieren längs in 2 Hälften teilen und dabei die Adern, Häute und das Fett entfernen. Die äußere Oberfläche der Nieren kreuzweise einschneiden und diese Kerben einsalzen. Nach 5 Minuten spülen Sie die Nieren ab und drücken sie kräftig aus.
Inzwischen weichen Sie die Pilze ein und zerkleinern sie anschließend grob.
Dann schneiden Sie die Nieren quer in Scheiben, geben sie in ein Sieb und hängen dieses ca. 20 Sekunden in kochendes Wasser. Inzwischen werden alle Zutaten für die Soße gemischt.
Jetzt erhitzen Sie Öl in einer Pfanne, braten die Bambussprossen und die Pilze 1 Minute lang und würzen mit Salz. Das Gemüse aus der Pfanne nehmen, wieder etwas Öl erhitzen und den Knoblauch anbraten. Die Nieren zugeben und ½ Minute mitbraten. Nun die Soße angießen und eine weitere halbe Minute kochen lassen. Geben Sie nun die Bambussprossen und die Pilze ebenfalls in die Pfanne und mischen Sie alles gut durch. Die Nieren werden zum Schluß mit der gehackten Frühlingszwiebel bestreut und serviert.

Zeng Dschieh
Gedämpftes Huhn

Geflügel, auf diese Art zubereitet, bietet viele Möglichkeiten für eine weitere Verwendung als Hauptzutat für Mischgerichte. Das Fleisch läßt sich sowohl mit Gemüsen als auch mit Nudeln oder Reis kombinieren. Wenn Sie das Huhn jedoch als Vorspeise (warm oder kalt) reichen, sollten Sie es mit der unten folgenden Soße servieren. In diesem Fall reibe ich es vor dem Dämpfen gründlich mit heißem Reiswein ein und lasse ihn 1 Stunde einwirken. Für das Rezept sollten Sie nur junges Freilandgeflügel kaufen.

Zutaten:
1 Huhn oder Hähnchen
Salz, Fünfgewürzpulver
1 Schalotte
1 Sträußchen Koriander
3 Knoblauchzehen (zerdrückt)

Zubereitung:
Das Huhn säubern und überschüssiges Fett wegschneiden. Innen und außen mit Salz und Fünfgewürzpulver bestreuen und Schalotte, Koriander und Knoblauch in den Bauch geben. Das Huhn nun 30–40 Minuten dämpfen. Wenn es weich ist, wird es in mundgerechte Stücke zerlegt und angerichtet.
Verwenden Sie das Fleisch für ein Mischgericht, so verkürzt sich die Garzeit etwas, da ja in diesem Fall ein zusätzlicher Kochvorgang stattfindet.

Soße:
3 Eßlöffel Reiswein
1 Eßlöffel Sojasoße
1 Teelöffel Sesamöl
Salz, Grüner Pfeffer
2 Teelöffel Maisstärke (mit wenig Wasser angerührt)

Von der Kondensbrühe, die sich beim Dämpfen gebildet hat, das Fett abschöpfen, diese mit den Soßenzutaten mischen und zum Kochen bringen. Sie können die Soße über das Fleisch gießen oder separat zum Dippen servieren.

Links: *Gebratene Nieren*
Rechts: *Gedämpftes Huhn*

Hung Sao Yü
Rotgekochter Mandarinfisch

Zutaten:
1 Hecht oder Barsch (ca. 600 g)
2 Teelöffel Honig
Saft einer Zitrone
1 Sträußchen Koriander
Öl zum Braten
2 Knoblauchzehen (zerdrückt)
1 Schalotte (fein gehackt)

Soße:
5 Eßlöffel dunkle Sojasoße
1/2 Tasse Hühnerbrühe
1 Teelöffel frischer Ingwer (fein gehackt)
1 Eßlöffel Reiswein
1 Teelöffel Zucker
2 Teelöffel Stärke

Zubereitung:
Den Fisch ausnehmen, säubern und beidseitig diagonal etwas einschneiden. Honig und Zitronensaft mischen und damit den Fisch mehrmals gründlich einreiben. In das Innere den Koriander stopfen und den Fisch 2–3 Stunden kalt stellen. Inzwischen die Zutaten für die Soße mischen.

Öl in einer Kasserolle erhitzen. Den Knoblauch kurz anbraten, dann den Fisch hineingeben und bei mittlerer Hitze beidseitig kurz anbraten.
Nun den Koriander aus dem Fisch herausnehmen und das Öl aus dem Bratgefäß abschütten. Jetzt geben Sie die Schalotte und die Soße zu dem Fisch und lassen das Ganze bei kleiner Hitze zugedeckt 30 Minuten köcheln (die Soße darf kaum kochen). Ab und zu sollten Sie etwas Soße über den Fisch löffeln.
Richten Sie den Fisch auf einer warmen Platte, mit der Soße begossen, an.

Dschien Yü
Imperialfisch

Ein sehr beliebtes Gericht der Peking-Küche. Ursprünglich wurden dafür nur Süßwasserfische verwendet, hauptsächlich Karpfen, doch an der Küste werden auch Seefische auf diese Art zubereitet. Ich verwende für dieses Gericht nur beste Fischsorten, die ich lebend kaufe. Auch Meeresfische sollten so frisch wie möglich sein.

Zutaten:
1 Fisch (500 g)
2 Eßlöffel Reiswein
Salz, Pfeffer
1 Eßlöffel Stärke
Öl zum Braten
1 Knoblauchzehe

Soße:
2 Frühlingszwiebeln (fein gehackt)
1 Teelöffel frischer Ingwer (fein gehackt)
2 Eßlöffel helle Sojasoße
2 Eßlöffel Brühe
Prise Salz, Fünfgewürzpulver

Zubereitung:
Den Fisch säubern und beidseitig kreuzweise einschneiden. Beträufeln sie ihn nun mit Reiswein, den Sie 20 Minuten einwirken lassen. Den abgetropften Fisch leicht salzen und pfeffern und ringsum mit der Stärke bestäuben. Den Reiswein für die Soße aufheben.
Öl in der Pfanne erhitzen, die Knoblauchzehe anbraten und herumreiben, dann aber herausnehmen. Den Fisch auf beiden Seiten bei mäßiger Hitze je etwa 4–5 Minuten braten und auf eine heiße Platte geben. Im selben Öl die Frühlingszwiebeln für die Soße kurz anbraten, die vorher gemischten Soßezutaten und den Reiswein beigeben und aufkochen lassen. die Soße nachwürzen und über den angerichteten Fisch gießen.
Wenn Sie die Soße kräftiger wünschen, sollten Sie anstelle der hellen Sojasoße dunkle – jedoch nur einen Eßlöffel – verwenden. In diesem Fall geben Sie auch noch 1 Eßlöffel Reisweinessig dazu.

Links: *Rotgekochter Mandarinfisch*
Rechts: *Imperialfisch*

PEKING-KÜCHE

Suh Zai Tzao Yü
Fisch mit würziger Gemüsesoße

Zutaten:
1 Karpfen (ca. 750 g)
Saft einer Zitrone (oder 2 Eßlöffel Reisweinessig)
1 Teelöffel Salz
½ Teelöffel schwarzer Pfeffer
1 Eßlöffel frischer Ingwer (gerieben)
3–4 Eßlöffel Stärke
etwas Reiswein
Öl zum Braten

Gemüsesoße:

3 schwarze Pilze
⅓ Tasse Schalotten (fein gehackt)
⅓ Tasse Bambussprossen (in Streifen geschnitten)
1 rote Paprikaschote (in Streifen geschnitten)
2 Eßlöffel helle Sojasoße
¼ Tasse Hühnerbrühe
2 Eßlöffel Reiswein
1 Teelöffel Stärke (mit wenig Wasser angerührt)
Salz, Pfeffer

Zubereitung:
Sofern Sie keinen küchenfertigen Karpfen gekauft haben, müssen Sie ihn ausnehmen. Dann wird er gesäubert, gut abgetrocknet und auf beiden Seiten schräg nach vorne im Abstand von 3–4 cm eingeschnitten. Reiben Sie ihn mit dem Saft der Zitrone innen und außen ein. Dann mischen Sie Salz, Pfeffer und Ingwer und reiben ihn damit ebenfalls innen und außen gründlich ein.
Nun lassen Sie den Karpfen 20 Minuten stehen und bereiten die Soße vor. Erst sollten Sie die Pilze einweichen. Die Stiele werden weggeschnitten und die Kappen in feine Streifen (das Pilzwasser aufheben).
Die übrigen Gemüsesorten mit den Pilzen mischen und beiseite stellen. Mischen Sie nun in einer Tasse das Pilzwasser mit der Sojasoße und der Hühnerbrühe.
Nun wird der Fisch gebraten. Vorher müssen Sie ihn noch mit einer Panade aus einem Eßlöffel Stärke, mit etwas Reiswein angerührt, einstreichen und mit der restlichen Stärke bestreuen. In einer Pfanne erhitzen Sie 1–2 cm hoch das Öl, geben den Fisch dazu und backen ihn bei mittlerer Hitze auf beiden Seiten knusprig (das dauert etwa 10 Minuten). Während des Backens sollten Sie

84

PEKING-KÜCHE

den Fisch laufend mit dem heißen Öl aus der Pfanne begießen. Den fertigen Fisch geben Sie auf eine Platte und stellen ihn warm. Nun erhitzen Sie wenig Öl, streuen Salz darüber und braten die Gemüsemischung an. Nach einer halben Minute träufeln sie den Reiswein darüber, gießen die Soßenmischung an und lassen das Gemüse bei reduzierter Hitze noch eine Minute köcheln. Dann binden Sie die Gemüsesoße mit der Stärke, schmecken sie mit Salz und Pfeffer ab und löffeln sie über den Fisch.

Yao Pen Do
Nieren mit grünen Bohnen

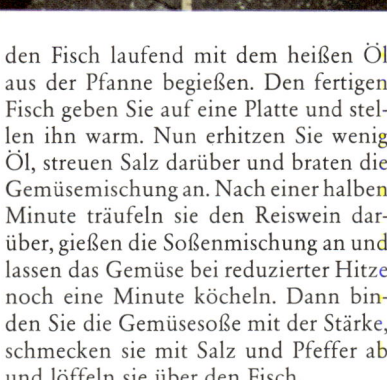

Zutaten:
500 g Schweinenieren
Salz, Pfeffer
1 Eßlöffel Reiswein
200 g grüne Bohnen
4–6 schwarze Pilze
etwas Stärke
Öl zum Braten
1 Eßlöffel Frühlingszwiebeln (gehackt)
1 Teelöffel frischer Ingwer (gerieben)
1 Knoblauchzehe (gehackt)
1 Tasse Bambussprossen (in Scheiben geschnitten)

Soße:
1 Eßlöffel helle Sojasoße
1 Eßlöffel braune Bohnensoße
1 Eßlöffel Reiswein
1 Teelöffel Zucker
1 Eßlöffel Essig
Prise Salz, Pfeffer
2 Teelöffel Stärke (mit wenig Wasser angerührt)

Zubereitung:
Die Nieren waschen, einmal längs durchschneiden und die inneren Sehnen und Häute entfernen. Die Oberfläche außen in engem Abstand kreuzweise ein wenig einschneiden. Die Nierenhälften gut salzen, mit der Hand drücken und reiben, dann gut mit Wasser abspülen. Die Hälften quer in Scheiben schneiden, in eine Schüssel geben, mit reichlich kochendem Wasser übergießen und einige Minuten stehen lassen. Dann herausnehmen und gut abtropfen lassen (man kann die Nieren auch in kochendes Wasser geben und ½ Minute kochen). Die Nieren mit Reiswein mischen, salzen, pfeffern und wieder 15 Minuten stehen lassen.
Nun die Bohnen in mundgerechte Stücke schneiden und in reichlich Salzwasser knackig blanchieren und abgießen. Die Pilze waschen und einweichen. Dabei die Stiele abschneiden und die Kappen in Streifen schneiden. Pilzbrühe beiseite stellen.
Alle Zutaten für die Soße mischen.
Die marinierten Nieren mit Stärke bestreuen oder in Stärke wälzen, so daß sie ringsum bedeckt sind und in heißem Öl in der Pfanne bei mittlerer Hitze 1 Minute braten. Danach die Nieren aus der Pfanne nehmen und beiseite stellen. Wieder Öl in der Pfanne erhitzen, die Frühlingszwiebeln, den Ingwer und Knoblauch kurz anbraten, Bambussprossen, Pilze und die Bohnen zugeben und 5 Minuten braten. Die Pilzbrühe (½ Tasse) zugeben, aufkochen lassen und die Nieren wieder in die Pfanne geben. Alles gut vermischen, die vorbereitete Soße unterrühren und weiterbraten, bis die Soße dick wird. Das Gericht sofort servieren.

PEKING-KÜCHE

Tang Tzu Scha Len
Garnelen süß-sauer

Zutaten:
500 g Garnelen
Salz, Pfeffer
1 Eßlöffel Maisstärke
Öl zum Fritieren

Soße:

3 Eßlöffel helle Sojasoße
1 Eßlöffel Tomatenmark
3 Eßlöffel Essig
2 Eßlöffel Reiswein
1 Eßlöffel Zucker
1 Eßlöffel Maisstärke
Salz, Pfeffer

Zubereitung:
Von den Garnelen den Kopf abschneiden, gut spülen und den Darm entfernen. Dann werden sie mit Salz und Pfeffer bestreut und anschließend in der Maisstärke gewälzt. Die überflüssige Stärke sollten Sie abklopfen. Nun mischen Sie alle Zutaten für die Soße. Öl erhitzen und die Garnelen 1 Minute fritieren, aus dem Öl nehmen und auf Küchenkrepp abtropfen lassen. In der Pfanne einen Eßlöffel Öl erhitzen und die Soße darin kochen, bis sie dick wird. Die Garnelen anrichten und mit der Soße übergießen.
Die Gewässer des Golfes von Chili und an der Felsenküste der Schantung-Halbinsel sind besonders reich an Krustentieren. Einige Arten leben sogar in den Flüssen. Zum Reichtum hinzu kommt auch noch die große Auswahl an verschiedenen Sorten. Ein Teil der Fänge wird für den Transport ins Landesinnere gesalzen und getrocknet, denn nur so ist es möglich, die Ware bis in die letzte Ecke des Landes zu bringen. Übrigens werden die kleinsten getrockneten Krustentiere auch als Würzzutat für Soßen verwendet. Sie werden vor Gebrauch im Mörser zerrieben.

Oben: *Garnelen süß-sauer*
Links: *Fangfrische Garnelen*
Rechts: *Das reiche Angebot auf einem Fischmarkt*

PEKING-KÜCHE

Tze Bao Dschieh
Huhn in Papier

Zutaten:
400 g Hühnerbrust
100 g roher Schinken (in dünne Scheiben geschnitten)
1–2 Schalotten
Pergamentpapier
Öl zum Fritieren

Marinade:
1 Eßlöffel Austernsoße
1 Teelöffel Hoisin-Soße
einige Tropfen Sesamöl
1 Eßlöffel Reiswein
1 Eßlöffel ganze Pfefferkörner

Zubereitung:
Die Hühnerbrust in ca. 4 x 8 cm große, dünne Scheiben schneiden. Die Zutaten für die Marinade mischen und die Hühnerbrust darin 30 Minuten marinieren. Die Schinkenscheiben in ebenso viele Teile schneiden, wie Sie Hühnerbruststücke haben, und die gleiche Anzahl genügend großer Pergamentpapierstücke zurechtschneiden.
Nun nehmen Sie das Fleisch aus der Marinade, lassen es abtropfen und entfernen dabei die Pfefferkörner. Auf jedes Fleischstück legen Sie nun ein Scheibchen Schinken und ein Stück Schalotte und legen das Ganze auf das Papier. Sie können das Papier nun wie einen Briefumschlag falten bzw. wie eine Frühlingsrolle verpacken, oder nur falten und die freien Ränder über Eck falzen. Die Hüllen sollten in jedem Fall möglichst dicht verschlossen sein. Nun Öl erhitzen und die Päckchen 5–6 Minuten fritieren und dann sofort anrichten.
Übrigens: Für Gerichte, die in Papier gegart werden, sollten Sie nur Pergamentpapier verwenden. Alu-Folie ist dafür nicht geeignet, da sie nicht porös genug ist.

Die Platte mit Huhn in Papier ist mit fritiertem Seegras garniert.
Wie man es zubereitet, ist auf Seite 65 beschrieben.

Wu Hua Lo
Fünf-Blumen-Fleisch

Unter diesem duftigen Namen verbirgt sich Schweinefleisch vom Bauch, bei dem sich mehrere Schichten mageres und fettes Fleisch abwechseln. Meist wird es zwei Stunden bei kleiner Hitze gekocht, in Scheiben geschnitten und mit einer Dipsoße serviert.

Zutaten:
*750 g durchwachsenen Bauchspeck (mit Schwarte)
1 Sträußchen Koriander
3–4 Knoblauchzehen
gestoßener Pfeffer*

Marinade:

*1–2 Teelöffel Bohnenpaste
1 Eßlöffel dunkle Sojasoße
1 Teelöffel Honig*

Zubereitung:
Das Fleisch in eine Schale legen. Dann Koriander und Knoblauch fein hacken und das Fleisch damit bedecken. Die Schale in den Dämpfer stellen und das Fleisch eine Stunde dämpfen. Hernach wird das Fleisch in Scheiben geschnitten und mit den Zutaten der Marinade, die Sie vorher vermischen sollten, eingepinselt. Die Kruste wird noch zusätzlich mit gestoßenem Pfeffer bestreut. Nachdem das Fleisch noch eine weitere Stunde geruht hat, kommt es auf den Rost in den vorgeheizten Backofen und wird 20 bis 25 Minuten gegrillt.

Dsching Ying Dan
Gold- und Silber-Eier

Zutaten:
*4 Eier
100 g Fischfilet
1 Teelöffel Reiswein
½ Teelöffel Ingwersaft
¾ Tasse Brühe, Salz
100 g Hühnerbrust
50 g dünne Scheiben Schinken
1 Eßlöffel Koriander (fein gehackt)*

Zubereitung:
Die Eier in Eiweiß und Eigelb trennen. Dann das Fischfilet in kleine Würfel schneiden und mit Reiswein und Ingwersaft 15 Minuten marinieren. Das Eiweiß leicht schlagen, mit der Hälfte der Brühe vermischen und salzen. Nun das gut abgetropfte Fischfilet unter das Eiweiß heben und diese Mischung in eine hohe Schüssel geben. Jetzt schneiden Sie die Hühnerbrust in kleine Würfel, die Sie dann mit dem Eigelb und dem Rest der Brühe gut durchmischen und ebenfalls salzen.
Den Schinken schneiden Sie in Quadrate von ca. 5 x 5 cm und legen diese auf die Eiweiß-Fisch-Mischung in die Schüssel, so daß sie ganz bedeckt ist. Nun löffeln Sie die Eigelbmischung darüber und dabei sollten Sie darauf achten, daß die beiden Mischungen nicht ineinander fließen.
Die Schüssel kommt jetzt in den Dämpfer. Nach 20 Minuten sind die Eier fertig und werden mit Koriander bestreut.

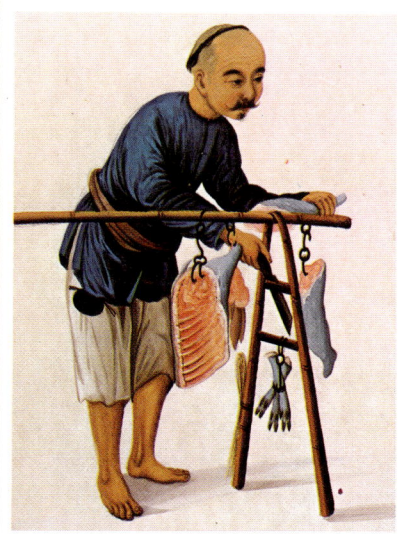

Links: *Ein Fleischverkäufer im alten China*
Rechts: *Fünf-Blumen-Fleisch*

PEKING-KÜCHE

Zeng Yü
Gedämpfer Fisch

Ein frischer Fisch auf chinesische Art, einfach nur gedämpft, ist in der Natürlichkeit des Geschmacks unübertrefflich. Die dazu gereichten Soßen sollen in Geschmack und Aroma zurückhaltend sein, besonders bei Süßwasser-Fischen. Fische werden in China fast immer mit dem Kopf serviert, nur Filets oder große Fische werden geteilt. Der Kopf des Fisches wird als besonders delikat und als bester Teil betrachtet. Bekommt man also im Restaurant oder vom Gastgeber den Kopf vorgesetzt, gilt dies als besondere Aufmerksamkeit, die man nicht ausschlagen darf.

Zutaten:
1 Süßwasser-Fisch (500–700 g)
1 Eßlöffel Reiswein-Essig
1 Teelöffel frischer Ingwersaft
¼ Tasse Reiswein
Öl zum Braten
1 Knoblauchzehe
1 kleine Scheibe frischer Ingwer (fein gehackt)
1 Frühlingszwiebel (in feine Streifen geschnitten)
1 Teelöffel Stärke (mit 5 Eßlöffel Brühe angerührt)
Salz, Pfeffer

Zubereitung:
Den Fisch ausnehmen und gut säubern. Essig und Ingwersaft mischen und den Fisch damit innen und außen einreiben und 15 Minuten stehen lassen. Danach kommt er in eine flache Schüssel, wird mit dem Reiswein begossen und 15–20 Minuten gedämpft.
Jetzt das Öl in der Pfanne erhitzen und die geschälten Knoblauchzehe in der Pfanne herumreiben. Den Knoblauch entfernen und den Ingwer mit der Zwiebel kurz anbraten.
Die Kondensbrühe, die sich beim Dämpfen gesammelt hat, in die Pfanne gießen und die angerührte Stärke dazugeben. Nach dem Aufkochen sollten Sie die Soße mit Salz und Pfeffer abschmecken und über den Fisch löffeln.

Neben der im Rezept enthaltenen Soße will ich Ihnen noch eine weitere, pikante Abwandlung nennen:

Zutaten:
3 Eßlöffel Bratensoße
2 Eßlöffel helle Sojasoße
2 Eßlöffel Reiswein
2 Eßlöffel Austernsoße
1 Eßlöffel Hoisinsoße
1 Teelöffel Zucker
Salz
2 Knoblauchzehen
1 Teelöffel Ingwer
2 Eßlöffel Frühlingszwiebeln oder Schalotten
3 Eßlöffel Öl

Die Soßen mit dem Reiswein mischen und salzen. Knoblauch und Frühlingszwiebeln fein hacken, den Ingwer reiben. Das Öl in der Pfanne erhitzen und Knoblauch, Ingwer und Zwiebeln kurz anbraten.
Die Soßenmischung zugeben, aufkochen lassen und über den Fisch löffeln. Als Dip die Soße binden.

PEKING-KÜCHE

Mieh Tze Dschieh
Honig-Hähnchen

Zutaten:
1 Hähnchen
¼ Tasse Wasser
1 Eßlöffel weißer Essig
2 Eßlöffel Honig
Öl zum Fritieren

Sud:
2 Stangen Zimt
2 Sternanis
1 Teelöffel Nelken
3 Scheiben Süßholz
1 Eßlöffel ganzer Pfeffer
3 Scheiben Ingwer
2 Eßlöffel Salz

Zubereitung:
Die Zutaten für den Sud mit einem Liter Wasser ca. 15. Minuten kochen. Das Hähnchen mit der Brust nach unten in den kochenden Sud legen und mit einer Kelle dauernd übergießen. Den Topf nach 3 Minuten vom Feuer nehmen und das Hähnchen 15 Minuten im Sud ziehen lassen, dann herausnehmen.
Den Sud wieder zum Kochen bringen und das Hähnchen diesmal mit dem Rücken nach unten in die Brühe legen. Wieder 3 Minuten kochen, vom Feuer nehmen und wieder 15 Minuten im Sud lassen. Dann das Hähnchen herausnehmen und über Nacht an einem kühlen, luftigen Platz aufhängen.
Am nächsten Tag Wasser, Essig und Honig solange erhitzen, bis sich der Honig aufgelöst hat. Mit dieser Mischung das Hähnchen von allen Seiten wiederholt gründlich einreiben und nochmals für ca. 2-3 Stunden an einem kühlen Platz aufhängen. Als letztes wird es in schwimmendem Öl 15 Minuten fritiert, dann mit Küchenkrepp entfettet und in mundgerechten Stücken zerteilt angerichtet.
Dazu paßt eine säuerlich-pikante Soße oder eine mit wenig Chili angereicherte Senfsoße (Rezept S. 44).

Honighähnchen mit fritierten Shrimpcräckers, den sogenannten Kroepoeks

Mei Dang Lo Kwai
Schweinefleisch mit Pflaumensoße

Zutaten:
400 g Schweinefleisch
Öl zum Braten
3 Knoblauchzehen
4 Scheiben frischer Ingwer
½ Teelöffel Fünfgewürzpulver

Soße:
3 Eßlöffel Pflaumensoße
1 Eßlöffel Reiswein
2 Teelöffel Zucker
1 Teelöffel Salz
2 Frühlingszwiebeln (in Stücke geschnitten)
⅓ Tasse Mixed Pickles (oder Perlzwiebel)
½ Tasse Brühe (mit 2 Teelöffel Stärke verrührt)

Zubereitung:
Das Schweinefleisch in Würfel schneiden. Öl in der Pfanne stark erhitzen und das Schweinefleisch scharf anbraten, bis es außen leicht braun ist (ca. 3-4 Minuten). Dann die Hitze reduzieren, Knoblauch und Ingwer zugeben, mit dem Gewürzpulver bestreuen und 5 Minuten zugedeckt ziehen lassen.
Nun bereiten Sie die Soße: Dazu mischen Sie die Pflaumensoße mit Reiswein, Zucker und Salz und geben die Mischung zum Fleisch. Nach dem Aufkochen geben Sie die Zwiebeln und Mixed Pickles dazu und lassen das Gericht noch 10 Minuten zugedeckt bei kleiner Hitze köcheln.
Zum Schluß die Brühe mit der Stärke unterrühren und nach nochmaligem Aufkochen die Pfanne vom Feuer nehmen. Das Schweinefleisch in eine vorgewärmte Schüssel füllen und servieren. Pflaumensoße können Sie selbst nach dem Rezept auf Seite 44 zubereiten. Chinesische Fertigsoßen gibt es inzwischen eine ganze Reihe auf dem Markt. Sie sind im allgemeinen recht gut.

Links oben: *Gedämpfter Fisch*
Rechts oben: *Schweinefleisch mit Pflaumensoße*

PEKING-KÜCHE

Die Landwirtschaft war und ist auch heute noch die wichtigste Erwerbsquelle der chinesischen Bevölkerung, das Rückgrat des Staates. Etwa achtzig Prozent der Bevölkerung sind mittelbar oder unmittelbar in der Agrarwirtschaft beschäftigt. Charakteristisch für die Landwirtschaft Chinas ist der Getreide- und Gemüseanbau; die Viehzucht spielt höchstens in den Gebieten der westlichen Grassteppen eine Rolle.

Über Jahrhunderte waren die in Ostasien beheimateten Hirsearten das Hauptnahrungsmittel, dann kam aus dem vorderen Orient der Weizen, die kleinsamige Hirseart Kaoliang, und aus dem südlichen Tibet die Gerste. Reis wird in China erst seit Ende des dritten Jahrhunderts, und zunächst nur von chinesischen Siedlern, in den feuchtwarmen Gebieten südlich des Yangtzekiang, angebaut. Allmählich wurde er zum bevorzugten Getreide der Chinesen, und sein Anbau dehnte sich nach Norden, wo durch umfangreiche Bewässerungsanlagen die besten Voraussetzungen für sein Gedeihen geschaffen wurden, aus. Heute findet man Reisfelder bis in die Mandschurei. Ursprünglich war die Grenze zwischen Weizen und Reis der Yangtzekiang. Reis ist zum Hauptnahrungsmittel Chinas geworden, der unumgängliche Bestandteil jeder chinesischen Mahlzeiten.

Oben: *Hier werden Teigtaschen zubereitet.*
Rechts: *Reispflanzerinnen im südlichen China, und die Weizenernte in Nordchina.*

PEKING-KÜCHE

PEKING-KÜCHE

Alkoholische Getränke

Die Herstellung von vergorenen Getränken hat in China eine jahrtausendealte Geschichte. Über ihren Ursprung gibt es zahlreiche Geschichten und Legenden, wie so oft, wenn sich eine erfinderische Errungenschaft des Menschen im Dunkel der Geschichte verliert. Die ältesten Verordnungen über Herstellung und Verkauf von Spirituosen stammen aus dem 12. Jahrhundert v. Chr. Man darf also annehmen, daß die praktischen Erkenntnisse der Gärung viel weiter zurückgehen. Vor einiger Zeit hat man bei Ausgrabungen als Beigabe im Grab des Königs Chi von Zhongshan aus der Periode der Streitenden Reiche (4. Jahrh. v. Chr.) zwei Bronzekrüge gefunden, die noch über zehn Liter eines grünlichen, stark alkoholischen Getränks enthielten. Funde von leeren Weinbehältern gehen bis ins 18. Jahrh. v. Chr. zurück. In China werden vergorene Getränke allgemein als »Wein« bezeichnet, unabhängig davon, aus was für einem Rohstoff sie hergestellt werden und wie hochprozentig sie sind. Es gibt hunderte von Sorten, deren Aufzählung und Beschreibung Bände füllen würden. Nur die wichtigsten will ich daher erwähnen.

Fen Schnaps und Tschu Ye Ching

Rechts: Im Lagerraum einer Fen-Brennerei. Spirituosen werden in China meist in großen Steinzeugbehältern gelagert. Das Getränk soll nicht Aromastoffe des Behältnisses aufnehmen, also gerade die gegenteilige Absicht der hier bei manchen Spirituosen angewandten Methoden.
Links: Der echte Fen kommt in rosafarbenen Porzellankrügen in den Handel, auf dem ein Spruch des Dichters Li Bai (701–762) steht: »Darf ich fragen, wo es einen guten Wein gibt?« Der Hirte wies ihm den Weg nach dem »Aprikosenblüten-Dorf«, wo der Fen herstammt. Daneben eine Flasche des berühmten Schu Ye Ching.

PEKING-KÜCHE

Bier wurde in China schon vor etwa 4000 Jahren gebraut, doch ist es merkwürdigerweise nie zu einem populären Getränk geworden. Erst in den letzten Jahrzehnten hat durch eine industrielle Herstellung der Bierkonsum, wenn auch in bescheidenem Maße, zugenommen. Eine der bekanntesten Brauereien ist die von Tsingtau (Qingdao), deren Gründung auf die deutsche Kolonialzeit zurückgeht.

Zu welcher Zeit die Weinrebe nach China kam, ist nicht genau bekannt. Es wird vermutet, so vor etwa 2000 Jahren, und aus dem vorderen Orient. Heute werden Wein und Weinbrand hauptsächlich in den nördlichen Provinzen erzeugt und sind, wie das Bier, in China noch Außenseiter unter den Getränken. Die chinesischen Weine werden nicht so differenziert angeboten, wie man es hier in Europa gewohnt ist; man unterscheidet lediglich nach Farbe und Geschmack, also rot oder weiß, trocken oder süß; nur gelegentlich ist die Rebsorte angegeben.

Der bekannteste Reiswein ist der *Schaosching*. Das heißt übersetzt »Gelber Wein«, wegen seiner gelben Farbe. Er kommt vom Kreis Schaosching in der Provinz Tschekiang. Ausgangsprodukt ist Glutinreis aus der Provinz Kiangsu, und das Wasser aus dem Kianku-See. Nach der Gärung wird er jahrelang gelagert und diese Lagerzeit bestimmt auch im wesentlichen seine Qualität. Vom besten, dem *Nüer Hong* oder »Tochter Rot« sagt man, daß er bei der Geburt einer Tochter gebrannt und bis zu ihrer Heirat unter der Erde gelagert werden soll. Durch diese lange Lagerung erreicht er dann die einer Hochzeitsfeier angemessene Qualität.

Eine andere bekannte Sorte ist *Hua Tiao*. Er wird angewärmt getrunken und seine Wirkung hält nicht sehr lange an; ein zuviel des Guten ist verhältnismäßig schnell verdaut.

Mehr Vorsicht sollte man bei den im Norden mehr verbreiteten *Kao Liang*-Schnäpsen walten lassen. Kao Liang ist eine in den nördlichen Provinzen bis weit in die Mandschurei hinein angebaute Hirseart (Sorghum). Bestimmte Arten werden zur Herstellung von Spirituosen verwendet.

Ein in ganz China bekannter Schnaps ist der *Fen*. Er kommt vom Kreis Fenyang in der Provinz Schansi und wird aus rotem Sorghum gewonnen. Dieser klare, starke Schnaps wurde bereits während der Tang-Dynastie (618–907 n. Chr.) gebrannt, und noch heute wird das alte traditionelle Verfahren angewandt.

Einen komplizierten und langwierigen Fermentationsprozeß benötigt der *Sifeng*. Er ist in dem Städtchen Liulin in der Provinz Schensi beheimatet und gehört ebenfalls zu den traditionellen Sorten. Schon der Dichter Su Shi in der Song-Dynastie (960–1277) hat von ihm geschwärmt.

Der *Daqu* ist für seine lange Lagerung bekannt, die früher bis zu 380 Jahre gedauert haben soll. Er kommt aus der Gegend von Luzhou in der Provinz Szetschuan.

Zur Gruppe der Kao Liang-Schnäpse gehört auch der, besonders in letzter Zeit berühmt gewordene *Mao Tai*, dem ein besonderes Kapitel gewidmet ist.

In China werden noch zahlreiche Gewürz- und Kräuterschnäpse hergestellt, die als Grundlage meist Getreidedestillate haben. So der bekannte *Wukiapi*, der *Schujeking* aus grünen Bambusblättern und Kräutern, und nicht zuletzt der berühmte *Dukang*, so benannt nach seinem Erfinder, einem Beamten aus der Tschou-Dynastie (1066–221 v. Chr.). Auch viele Arten von Früchten dienen zur Herstellung, besonders für aromatisierte Weine und Liköre: Pflaumenwein, Litschiwein, Rosenwein, Ingwerwein, um nur einige zu nennen.

Die berühmten traditionellen Spirituosen werden meist in sehr ansprechend gestalteten Flaschen und Krügen aus Glas oder Porzellan abgefüllt.

Oben: *Die neue Brücke über den Yangtzekiang in Nangking. Die Brücke ist zweistöckig konstruiert, oben ist die Straße und darunter die Eisenbahn. Eine ähnliche Brücke überquert den Fluß bei Wuhan. Es sind die beiden wichtigsten Verkehrsbauwerke der Nord-Süd-Verbindung im östliche China, dazwischen gibt es nur Fährverbindungen über den Strom.*

Die Schanghai-Küche

Die Küche des östlichen China umfaßt die Provinzen Kiangsu, Anhui, Hopeh, Tschekiang, Fukien und Kiangsi, das Einzugsgebiet des unteren Yangtzekiang, der die Lebensader des fruchtbarsten, aber auch dichtbesiedeldsten Gebietes von China ist.

Der »Vater der Ströme«, der längste Fluß Chinas, entspringt im gebirgigen Westgebiet des Tschangei, nimmt seinen Lauf durch Osttibet, Westszetschuan, durchquert den nördlichen Teil von Yünnan und das Rote Becken, durchbricht an der Grenze von Szetschuan und Hopeh das Wu-Gebirge, die bekannten »Drei Schluchten«, und strömt gemächlich durch die unermeßlichen Tiefebenen von Hopeh und Anhui. Nach einem Lauf von 5800 Kilometer mündet er schließlich nördlich von Schanghai, in der Provinz Kiangsu, in das Ostchinesische Meer. Sein Einzugsgebiet umfaßt etwa 1,8 Millionen qkm mit mehr als 250 Millionen Menschen. Wie sein kleinerer Bruder, der »Gelbe Fluß« hat auch er für seine lebensspendende Kraft gewaltige Opfer gefordert. Seit den ersten Aufzeichnungen im Jahr 246 v. Chr. gab es bis heute fast eintausend Überschwemmungen von teilweise gewaltigem Ausmaß. Der riesige Strom wird bis Wuhan von Überseedampfern befahren und bis Tschungking mit Flußdampfern.

Als erste Millionenstadt der dicht besiedelten Tiefebene am Unterlauf erreicht der Fluß Wuhan. Die Stadt ist in den Zwanzigerjahren durch Zusammenschluß der Städte Wutschang, Hanyang und Hankau entstanden und hat sich zu einer der expansivsten Industriestädte entwickelt. Mit dem Bau einer

Oben: *Der »Bund«, das Wahrzeichen Schanghais, entlang dem Wang Pu Fluß.*
Rechts: *Ein Lebensmittelgeschäft für Moslems; daneben ein Gebäckladen.*
Rechte Seite: *Eines jener Teehäuser, die wie die Bars, Kaffeehäuser, Bistros, Tea-Rooms und Gaststätten Europas zu jedem Stadtbild Chinas gehören. Sie haben eine vielseitige Funktion: Treffpunkt, Einkehr, Trink- und Imbißstube. Heute haben sie gegenüber früheren Zeiten eine etwas nüchternere Atmosphäre.*

zweistöckigen Brücke über den Strom wurde erstmalig eine ununterbrochene Verkehrsverbindung zwischen Nord und Süd hergestellt.

Ein ähnliches Brückenbauwerk über den Yangtze entstand in jüngerer Zeit in Nangking, der nächsten Großstadt am Fluß. Nangking wurde des öfteren in kriegerischen Zeiten Ersatzhauptstadt, zuletzt 1927 als die Kuomintang vorübergehend ihren Regierungssitz dorthin verlegten. Auch diese Stadt steht heute unter dem Zeichen industrieller Entwicklung. Ihre historische Bedeutung repräsentieren zahlreiche Bauten der Vergangenheit, wie die Ming-Gräber, der Palast des »Himmelskönig« und das Mausoleum des Begründers der chinesischen Republik, Sun Yat-sen.

Südlich des Flußdeltas liegt als Zentrum der ostchinesischen Küche und Gastronomie Schanghai, mit etwa 12 Millionen Einwohnern die größte Stadt Chinas, und bis heute vielleicht die einzige Millionenstadt des Landes, die den Charakter einer Metropole aufweist, trotz des radikalen Wandels der letzten Jahrzehnte.

Die ehemals verruchteste Stadt des Orients mit seiner Verderbtheit, seiner Diktatur der Gangster und Banden, seinen Lastern und seinen im Schmutz und Unrat versinkenden Slums, ist zu einer Stadt emsiger Betriebsamkeit geworden. Vielleicht nicht mehr so farbig und faszinierend, dafür aber sauberer und solider. Aus der einstigen, gefährlich schillernden Handelsmetropole ist eine der wichtigsten Industrie- und Handelsstädte Chinas geworden. Ihre vielseitigen und weitreichenden Produktionsstätten bescheren den Bewohnern der Stadt derzeit den höchsten Lebensstandard in China.

Im Norden des alten Schanghai wurden ein rundes Dutzend Satellitenstädte gebaut mit unzähligen Fabriken und Produktionsstätten, die das Industriepotential der Stadt nicht nur gewaltig erhöht, sondern neben der traditionellen Textilindustrie den Fertigungsrahmen auch wesentlich erweitert haben.

Vorhergehende Seite: *Die typische, stille Landschaft im Mündungsgebiet des Yangtzekiang bei Schanghai.*

Tien Suan Pi Dan
Tausend-Jahr-Eier mit süß-saurer Soße

Sie werden auch Hundert-Jahr-Eier, Ming-Eier, oder fälschlicherweise Faule Eier, bezeichnet. Die Eier werden mit einer Mischung aus Salz, Asche und Lehm (wie abgebildet) eingehüllt und mit Reispelzen bestreut. Dann werden sie eingegraben. Während dieser bis zu hundert Tagen dauernden Periode machen die Eier einen Fermentationsprozeß durch. Das Eiweiß wird grünlich und gelatineartig, das Eigelb fast schwarz und fest. Zum Schälen weicht man sie eine Stunde in Wasser ein und entfernt die aufgeweichte äußere Schicht. Sie werden meist kalt mit einer Dipsoße als Vorspeise gereicht. Man kann sie aber auch dämpfen oder durch Braten aufwärmen und mit einer süß-sauren Soße, wie ich Sie Ihnen hier beschreibe, servieren.

Zutaten:
6 Tausend-Jahr-Eier
Salz
Öl zum Braten

Soße:
3 Eßlöffel Brühe
1 Eßlöffel dunkle Sojasoße
1 Eßlöffel brauner Zucker
1 Eßlöffel Reisweinessig
1 Teelöffel Stärke

Zubereitung:
Die Eier einweichen, schälen und in Scheiben schneiden. Öl in der Pfanne erhitzen und die Eischeiben kurz anbraten und leicht salzen. Die Zutaten für die Soße mischen und über die Eier gießen. 1–2 Minuten ziehen lassen und anrichten. Ich koche zuerst die Soße 1 Minute, dann gebe ich die Eischeiben hinein und lasse sie noch eine Minute ziehen. Bei dieser Methode nehmen die Eier mehr den Geschmack der Soße auf.

SCHANGHAI-KÜCHE

Tza Süe Won Tan
Süße Won Tan

Zutaten:
400 g Nudelteig (Rezept S. 52, Teig 3)
5 Teelöffel Seamsamen
3 Eßlöffel brauner Zucker
¾ Tasse Erdnußbutter
1 Teelöffel Zitronensaft
Öl zum Fritieren

Zubereitung:
Den Nudelteig dünn auswellen und daraus 40 Hüllen von etwa 6 x 8 cm schneiden. In einer kleinen Pfanne unter Rühren den Sesamsamen bräunen. Sesam, Zucker, Erdnußbutter und Zitronensaft mischen und auf die Teighüllen verteilen. Nun falten Sie ringsum gut geschlossene Won Tans, erhitzen das Öl und fritieren sie etwa 2 Minuten, bis sie goldbraun sind.
Diese Won Tans zum Dessert reichen.

Nangking Tscheng Ya
Nangking-Ente

Zutaten:
1 Ente (1500 g)
2 Eßlöffel Szetschuan-Pfeffer
(grob gemahlen)
6 Eßlöffel Salz
3 Eßlöffel Reiswein

Zubereitung:
Salz und Pfeffer in einer Pfanne ohne Öl 5 Minuten bei mittlerer Hitze rösten. Die Ente außen und innen gründlich damit einreiben und die Mischung aufdrücken. Die Ente in Papier oder Folie einwickeln und über Nacht kühlstellen. Am anderen Tag die Ente mit Wasser kurz abspülen. Mit dem Reiswein in eine Schüssel geben und 1 Stunde dämpfen, danach ½ Stunde zugedeckt abkühlen lassen. Die Ente in mundgerechte Stücke zerlegt servieren.
Von der Brühe, die sich beim Dämpfen in der Schüssel gebildet hat, das Fett abschöpfen und die Brühe über das angerichtete Fleisch gießen.

Tzao Seng Hao
Thingai Muschelplatte

Zutaten:
500 g Muscheln in der Schale
1 Stück Bambussprosse
2 rote Paprikaschoten
4–5 schwarze Pilze
150 g Hühnerbrust
1 Teelöffel helle Sojasoße
1 Teelöffel Stärke
½ Tasse Reiswein
Öl zum Fritieren und Braten
1 Scheibe frischer Ingwer
3 Eßlöffel Ananassaft
5 Eßlöffel Brühe
3 Eßlöffel grüne Erbsen
½ Tasse Ananaswürfel
2 Teelöffel Stärke (mit Wasser angerührt)
½ Teelöffel Fünfgewürzpulver
Salz, Pfeffer

Zubereitung:
Die Muscheln gründlich waschen und abbürsten. Die Bambussprossen und Paprika in feine Streifen schneiden. Pilze einweichen, Stiele wegschneiden und die Kappen in Streifen schneiden. Die Einweichbrühe beiseite stellen. Die hühnerbrust in kleine dünne Scheiben schneiden, mit der hellen Sojasoße und der Stärke gut durchmischen und 10 Minuten stehen lassen.
Die Muscheln in eine kleine Schale legen. Wasser in einem Dämpfer erhitzen und den Reiswein gut anwärmen. Wenn das Wasser im Dämpfer kocht, die Schale mit den Muscheln hineinstellen, den heißen Reiswein darüberträufeln, 5 Minuten dämpfen und herausnehmen. Die Muscheln müssen sich in dieser Zeit geöffnet haben. Die sich in der Schale gebildete Brühe beiseite stellen. Die Muscheln aus der Schale nehmen und etwaige ungenießbare Teile wegschneiden.
Öl zum Fritieren erhitzen und die marinierte Hühnerbrust 10–20 Sekunden fritieren. Das Fleisch herausnehmen und abtropfen lassen. In einer Pfanne Öl erhitzen, die Pilze anbraten, die Paprikastreifen, Ingwer und dann die Bambussprossen zugeben und 1 Minute scharf braten. Hitze reduzieren und den Sud von den gedämpften Muscheln in die Pfanne gießen, dann hintereinander die Pilzbrühe, den Ananassaft, die Brühe, Erbsen und Ananaswürfel zugeben. Alles gut durchmischen. Muscheln und Hühnerbrust dazu mischen und 2 Minuten ziehen lassen. Am Schluß die Soße mit der angerührten Stärke binden, würzen und anrichten.
Das Gericht wird von den Küstenbewohnern Tschekiangs und Fukiens an Feiertagen im Familienkreis gerne gegessen. Anstelle von Ananas können Sie auch Mandarinen und Mandarinensaft nehmen. Es sollten in jedem Fall frische Früchte sein, Dosenfrüchte sind zu zuckrig und schwach im Geschmack.

Links: *Tausend-Jahr-Eier mit den haftenden Reisspelzen.*
Folgende Seite: *Thingai Muschelplatte*

SCHANGHAI-KÜCHE

Zeng Diän Lo
Gedämpftes Salzfleisch

Zutaten:
500 g mageres Schweinefleisch
80 g Salz
2 Tassen Wasser
3 Eßlöffel Reismehl
1 Schalotte (gehackt)

Marinade:
2 Eßlöffel helle Sojasoße
1 Teelöffel braune Bohnensoße
1 Eßlöffel Reiswein
1 Teelöffel Chilisoße
1 Teelöffel Zucker
1 Teelöffel frischer Ingwer (fein gehackt)
2 Knoblauchzehen (fein gehackt)

Zubereitung:
Das Fleisch in eine Schüssel geben. Das Wasser mit dem Salz aufkochen und nach dem Erkalten über das Fleisch gießen und 2 Tage stehen lassen (das Salzwasser sollte das Fleisch bedecken). Am Tag der Zubereitung das Fleisch erst in dünne Scheiben schneiden. Die Zutaten für die Marinade mischen und die Fleischscheiben darin 1 Stunde marinieren. Dabei gut mischen, damit es schön durchziehen kann. Das Fleisch mit dem Reismehl mischen und in einer Schüssel im Wasserbad 30 Minuten dämpfen lassen. Vor dem Servieren mit der gehackten Schalotte bestreuen.

Hung Tzao Dai Gu
Brustrippchen mit süß-saurer Soße

Zutaten:
700 g Schweinerippen
Öl zum Braten
1–2 Eßlöffel Stärke

Marinade:
2 Knoblauchzehen (fein gehackt)
2 Eßlöffel Hoisin-Soße
2 Eßlöffel Sojasoße
1 Eßlöffel Reiswein
Pfeffer

Soße:
5 Eßlöffel Brühe
1 Eßlöffel braune Bohnensoße
2 Eßlöffel Sojasoße
1 Eßlöffel Reiswein
1 Eßlöffel Essig
1 Teelöffel Zucker
1 Eßlöffel Schalotten (fein gehackt)
1 Teelöffel frischer Ingwer (fein gehackt)

Zubereitung:
Erst die Schweinerippen in mundgerechte Stücke hacken und alle Zutaten für die Marinade mischen. Die Rippchen mehrere Stunden (oder über Nacht) in die Marinade legen.
Vor dem Braten des Fleisches die Soßenzutaten vermischen. Dann Öl in der Pfanne erhitzen. Das Fleisch mit Stärke bestreuen, ringsum scharf anbraten und bei kleiner Hitze zugedeckt 30 Minuten schmoren, bis es weich ist (eventuell ein wenig Wasser angießen, damit es nicht anbrennt).
Nun die Soße zugeben, gut durchmischen und noch 5 Minuten schmoren, bis sie etwas eingekocht ist.
Brustrippchen, auch als Schälrippchen bekannt, sind ein delikates und dabei preiswertes Gericht. Das Fleisch dieser Partie ist besonders zart und schmackhaft. Wählen Sie Stücke aus, an denen nicht zu viel fettes Fleisch ist oder schneiden Sie das Fett einfach weg.

Würzige Brustrippchen
<u>Links oben:</u> *Gedämpftes Salzfleisch*

Dsching Dschiao Niu Lo
Rindfleisch mit Paprika und Bohnen

Zutaten:
400 g mageres Rindfleisch
1 Eßlöffel Sojasoße
100 g schwarze Bohnen
1 rote und 1 grüne Paprikaschote
Öl zum Braten
1 Eiweiß (leicht geschlagen)
2 Eßlöffel Austernsoße

Zubereitung:
Das Rindfleisch in dünne Scheibchen schneiden, mit der Sojasoße mischen und 10 Minuten stehen lassen.
Die Bohnen, sofern es getrocknete sind, 1 Stunde einweichen und vorkochen. Bohnen aus der Dose sollten Sie wegen des Salzgehalts gut wässern. Nun werden die Paprika in Stücke geschnitten.
Öl in der Pfanne erhitzen, das Fleisch in Eiweiß wälzen und anbraten. Dann kommen Paprika und die Bohnen dazu und werden 2 Minuten mitgebraten. Die Austernsoße noch beifügen, alles gut durchmischen und gleich servieren.
Eine besondere Note bekommt dieses Gericht, wenn Sie ein paar schwarze Pilze und eine fein geschnittene Frühlingszwiebel vor dem Zugeben des Fleisches anbraten.
Ich träufle vor dem Servieren zusätzlich noch 1 bis 2 Eßlöffel Schaosing über das Gericht.

Dsching Dschiao Niu Lo, ein pikantes Rindfleischgericht, das Sie vielseitig abwandeln können.

SCHANGHAI-KÜCHE

SCHANGHAI-KÜCHE

Kiangsi U Schian Ping Pan
Fünf-Juwelen-Platte

Zutaten:
150 g Hühnerbrust
1 Eßlöffel Reiswein
150 g mageres Schweinefleisch
1 Eßlöffel helle Sojasoße
150 g mageres Rindfleisch
1 Eßlöffel Austernsoße
3–4 schwarze Pilze
1 Stück Bambussprossen
Öl zum Braten und Fritieren
Fünfgewürzpulver
Salz, Pfeffer

Zubereitung:
Alle Fleischsorten in feine Streifen schneiden. Die Hühnerbrust mit Reiswein, das Schweinefleisch mit Sojasoße und das Rindfleisch mit Austernsoße getrennt 15 Minuten marinieren.
Pilze einweichen, Stiele abschneiden und die Kappen in Streifen schneiden, Bambussprossen in kleine Scheiben schneiden. Nun das Fleisch aus der Marinade nehmen und gut abtropfen lassen. Öl in der Pfanne erhitzen, Pilze und Bambussprossen 3 Minuten braten, mit der Pilzbrühe und der abgetropften Marinade löschen, würzen und auf einer heißen Platte warm stellen.
Nun Öl zum Fritieren erhitzen, die Fleischsorten, jede Sorte getrennt, etwa ½ bis 1 Minute fritieren. Das Fleisch wiederum getrennt auf den Pilzen und Bambussprossen anrichten, leicht salzen und würzen und noch 10–15 Minuten warm stellen, damit die einzelnen Gruppen durchziehen können.
Sie können das Gericht mit Erbsen und Gurkenscheiben garniert servieren. Es eignet sich auch sehr gut für ein Menü mit mehreren Gängen, da Sie es ohne Zeitdruck vorher oder zwischendurch zubereiten können.

Fünf-Juwelen-Platte, die sich mit ein wenig Phantasie sehr dekorativ anrichten läßt.

SCHANGHAI-KÜCHE

Sung Tzu Yü
Eichhörnchen-Fisch

Mit ein wenig Phantasie kann man die Form des angerichteten Fisches mit einem Eichhörnchen vergleichen. Beim Fritieren krümmen sich die beiden Fischhälften, außerdem wird in China der Kopf mit angerichtet. Dazu schneidet man ihn unten ein, spreizt ihn etwas auseinander und fritiert ihn mit. Ein ganzer Fisch wird ohnehin immer mit Kopf serviert, der als besondere Delikatesse betrachtet wird.

Falls Sie keinen ganz frischen Fisch bekommen, marinieren Sie ihn zusätzlich noch mit frischem geriebenen Ingwer. Diese in der chinesischen Küche häufig verwendete Wurzel neutralisiert allzu starken Fischgeschmack, besonders bei Meeresfischen.

<u>Unten</u>: *Fischer am Yangtze-Delta*

SCHANGHAI-KÜCHE

Zutaten:
1 Fisch mit 600 g (oder 2 entsprechend kleinere)
1 Eßlöffel helle Sojasoße
2 Eßlöffel Reiswein
Salz
4 schwarze Pilze
1 grüne oder rote Paprikaschote
1 Karotte
Öl zum Fritieren
Stärke für den Fisch
1 Knoblauchzehe
½ Tasse Bambussprossen
(in feine Streifen geschnitten)
⅓ Tasse grüne Erbsen (Dose)

Soße:
¼ Tasse Brühe
1 Eßlöffel Sojasoße
2 Eßlöffel Reisweinessig
2 Eßlöffel Zucker
1 Eßlöffel Tomatenmark
1 Teelöffel frischer Ingwer (gehackt)
1 kleine Schalotte (fein gehackt)
1 Teelöffel Stärke (mit wenig Wasser angerührt)

Zubereitung:
Den Fisch säubern und den Kopf abschneiden. Nun den Fisch längs halbieren, jedoch so, daß er am Schwanzende noch zusammenhängt. Das Rückgrat mit den Gräten herausschneiden und die beiden Fischhälften auf der Fleischseite

Oben: *Der vorbereitete, eingeschnittene Fisch*
Links: *Das fertige, reich garnierte Gericht.*

bis fast zur Haut kreuzweise einschneiden. Sojasoße und Reiswein mischen und die Fischhälften damit sorgfältig einreiben. Noch leicht salzen und 30 Minuten kühl stellen.

Inzwischen die Pilze einweichen, dann die Kappen in Streifen schneiden. Das Pilzwasser aufheben. Jetzt werden die Paprikaschote in Streifen, die Karotte in feine Scheiben geschnitten. Nun mischen Sie die Soßenzutaten (mit Ausnahme der Stärke) und geben die Pilzbrühe dazu.

Das Öl zum Fritieren erhitzen. Wenn es heiß ist, den Fisch mit Stärke bestäuben, so daß er überall gut bedeckt ist. Er wird nun 5 Minuten fritiert und nach dem vorsichtigen Herausheben entfettet. Das Öl sollten Sie heißhalten.

Geben Sie nun einen Eßlöffel vom Fritieröl in eine Pfanne. Braten Sie darin den gehackten Knoblauch kurz an, ehe Sie die Pilze, dann die Bambussprossen, die Paprikastreifen und die Karotte zufügen und alles 2 Minuten braten. Zuletzt geben Sie die Erbsen dazu und nehmen die Pfanne vom Feuer.

Nun bringen Sie die Soßenmischung zum Kochen; wenn sie gerade aufkocht, rühren Sie die Stärke ein, nehmen das Geschirr vom Herd und mischen die gebratenen Gemüse unter.

Den Fisch geben Sie nun nochmals für 1 Minute in das heiße Fritierfett. Er wird nach dem Abtropfen auf einer heißen Platte angerichtet und mit der Gemüsesoße übergossen.

Und vergessen Sie nicht, daß der Fisch wie ein Eichhörnchen aussehen soll!

Schanghai Lo Dschin
Schweinshaxe Schanghai

Zutaten:
1 Schweinshaxe (1000 g)
1–2 Eßlöffel süße rote Bohnenpaste
1 Teelöffel Stärke
(mit Wasser angerührt)

Sud:
4 Tassen Wasser
1 Eßlöffel Reiswein
5 Eßlöffel dunkle Sojasoße
1 Eßlöffel brauner Zucker
2 Scheiben Ingwer
2 Frühlingszwiebeln
1 Sternanis
1 Zimtstengel

Zubereitung:
Die Haxe mit der Bohnenpaste gründlich einreiben und diese 3–4 Stunden einwirken lassen.

Die Zutaten für den Sud mischen und die Haxe 1½ bis 2 Stunden darin bei kleiner Hitze kochen. Wenn die Haxe gar ist, das Fleisch ringsum bis zum Knochen kreuzweise einschneiden. Es muß so weich sein, daß die mundgerecht angeschnittenen Stücke mit den Stäbchen gelöst werden können. Vom Sud ½ Tasse abmessen, mit der Stärke binden, aufkochen lassen und über die angerichtete Haxe gießen.

Für dieses Schanghai-Gericht gibt es noch eine andere Zubereitungsart:

Die Haxe eine gute Stunde in dem Sud kochen. Dann kreuzweise ringsum einschneiden. Die Bohnenpaste mit etwas Sudflüßigkeit verdünnen und damit das Fleisch, auch in den Schnitten, gut einpinseln.

Nun die Haxe eine halbe Stunde bei mittlerer Hitze grillen. Die Soße, wie zuvor, aus dem restlichen Sud mit Stärke zubereiten und separat servieren.

Ich bevorzuge diese Zubereitungsart nicht nur wegen der knusprigen Haut, sondern weil beim Grillen noch reichlich Fett abtropft. Trotzdem sollten Sie, ehe Sie die Soße aus dem Sud bereiten, das oben schwimmende Fett abschöpfen.

SCHANGHAI-KÜCHE

Tschekiang-Ente, nach dem alten Hausrezept eines Provinzfürsten, dessen Ruf als Feinschmecker bis an den Hof nach Peking drang.
<u>Links:</u> *Schweinshaxe Schanghai und Shrimps mit Erbsen*

Scha Len Dschung Dou
Shrimps mit Erbsen

Zutaten:
500 g frische Shrimps
1 Eiweiß
1 Eßlöffel Reiswein
2 Teelöffel Stärke
Salz
½ Tasse grüne Erbsen
Öl zum Braten und Fritieren
3 Scheiben frischer Ingwer (fein gehackt)
2 Eßlöffel Schalotten (fein gehackt)

Soße:
4 Eßlöffel Brühe
1 Eßlöffel Reiswein
½ Teelöffel Sesamöl
½ Teelöffel Stärke
Prise Zucker, Pfeffer

Zubereitung:
Die Shrimps, bis auf die Schwanzflossen, aus den Schalen nehmen und säubern. Eiweiß, Reiswein, Stärke und eine Prise Salz mischen und damit die Shrimps 20 Minuten marinieren.
Nun die Erbsen, falls Sie frische verwenden, vorkochen. Alle Zutaten für die Soße mischen.
Öl zum Fritieren erhitzen und die Shrimps bei mittlerer Hitze ½ bis 1 Minute fritieren, herausnehmen und abtropfen lassen. Etwas Öl in der Pfanne erhitzen, Ingwer und Schalotten anbraten, dann die Erbsen und Shrimps zugeben, gut durchmischen und die Soße darüber träufeln. Alle Zutaten gut vermischen, eventuell noch etwas nachwürzen und auf einer Platte anrichten.

Tschekiang Tza Ya
Tschekiang-Ente

Das interssante an dem Gericht ist der Sud, dessen Zutaten man je nach Geschmack im einzelnen dominieren lassen kann, indem man von einem bestimmten Gewürz etwas mehr zugibt.

Zutaten:
1 Ente (1500 g)
1 Eßlöffel Sesamöl
Öl zum Fritieren

Sud:
6 Tassen Wasser
50 g brauner Kandiszucker
1 Teelöffel Szetschuanpfeffer
2 getrocknete Mandarinenschalen
1 Sternanis
1 Zimtstengel
1 Teelöffel Fenchelsamen
1 Teelöffel Nelken
1 Teelöffel Lakritzpulver (oder die entsprechende Menge Lakritzsaft)
1 Tasse dunkle Sojasoße
½ Tasse Reiswein
1 Teelöffel Stärke (mit Wasser angerührt)

Zubereitung:
Die Ente säubern und den Bürzel wegschneiden. Für den Sud das Wasser mit dem Zucker und den übrigen Gewürzzutaten (außer Sojasoße und Reiswein) zum Kochen bringen. Sobald er kocht, die Sojasoße und den Reiswein (bis auf 2 Eßlöffel) zugeben und den Sud zugedeckt 20 Minuten ziehen lassen. Dann die Ente in den Sud legen und 30 Minuten bei mäßiger Hitze kochen. Falls der Sud sie nicht ganz bedeckt, sollten Sie die Ente ab und zu drehen. Den Topf vom Feuer nehmen und zugedeckt etwa 20 Minuten stehen lassen. Nun die Ente herausnehmen und, nachdem sie gut abgetropft ist (am besten 5 Minuten aufhängen), wird sie außen leicht mit Sesamöl eingepinselt.
In einer genügend großen und tiefen Pfanne wird etwa 4-fingerhoch Öl erhitzt. Die Ente vorsichtig hineinlegen und auf jeder Seite 8–10 Minuten bei guter Hitze fritieren. Nach dem Herausnehmen sollte sie gut abtropfen.
In einer kleinen Pfanne ½ Tasse des Suds zum Kochen bringen. Dann geben Sie die restlichen 2 Eßlöffel Reiswein zu und binden die Soße mit der angerührten Stärke. Die Ente wird in mundgerechte Stücke zerlegt und auf einer Platte, mit der Soße überzogen, angerichtet.
Sie sollten dieses Rezept auch einmal mit einer Wildente probieren.

SCHANGHAI-KÜCHE

Fu Yung Scha
Krabben in den Wolken

Das Gericht hat einen recht poetisch-phantasievollen Namen. Dies ist auf den dekorativen Eierschnee zurückzuführen, der den Wolken ähnelt.
Ich gebe zum Eierschnee, damit er nicht nur der Dekoration dient, noch einen Schuß guten Reiswein – ersatzweise kann es auch ein ganz trockener Sherry sein – und intensiviere dadurch den sonst eher faden Geschmack.

Zutaten:
2 große Krabben (mit Schalen)
Öl zum Braten
1 Eßlöffel Frühlingszwiebeln (fein gehackt)
1 Teelöffel frischer Ingwer (fein gehackt)
50 g Bohnenquark (klein gewürfelt)
100 g Shrimps (ohne Schalen)
1 Eßlöffel helle Sojasoße
1 Eßlöffel Reiswein
1 Teelöffel Stärke
Fünfgewürzpulver, Salz, Pfeffer
5 Eiweiß
2 Eßlöffel Reiswein
1 Teelöffel Stärke

Zubereitung:
Die Krabben öffnen und das Fleisch (auch das aus den Scheren) herausnehmen und in kleine Stücke schneiden.
Etwas Öl in der Pfanne erhitzen und darin die Frühlingszwiebeln mit dem Ingwer kurz anbraten.
Den gewürfelten Bohnenquark und die zerkleinerten Shrimps vermischen Sie nun mit dem Krabbenfleisch, mit der angebratenen Zwiebel-Ingwer-Mischung und mit Sojasoße, Reiswein und Stärke. Nachdem Sie die Mischung gewürzt haben, füllen Sie sie in die beiden Krabbenschalen und geben diese auf eine Platte.
Nun wird das Eiweiß zusammen mit dem Reiswein und dem Teelöffel Stärke zu steifem Schnee geschlagen und dieser über die Krabbenschalen verteilt. In einem Dämpfer lassen Sie die Krabben etwa 10 Minuten dämpfen; der Eischnee sollte unbedingt fest sein. Die Krabben müssen dann gleich serviert werden.
Dazu empfehle ich Ihnen eine feine Knoblauchsoße, die Sie separat reichen oder über die Krabbenschalen verteilen können, und die wie folgt zubereitet wird:

SCHANGHAI-KÜCHE

Knoblauchsoße

Zutaten:
1 Knoblauchzehe
Öl
1 Teelöffel Austernsoße
1 Eßlöffel helle Sojasoße
1 Eßlöffel Reiswein
5 Eßlöffel Brühe
1 Teelöffel Stärke

Zubereitung:
Die Knoblauchzehe fein hacken und 10 Sekunden in wenig Öl anbraten. Einen Teelöffel Austernsoße mit einem Eßlöffel heller Sojasoße, einem Eßlöffel Reiswein, fünf Eßlöffeln Brühe und einem Teelöffel Stärke mischen und diese Soße mit dem Knoblauch in der Pfanne kurz aufkochen lassen.
Diese würzige Knoblauchsoße können Sie natürlich auch zu anderen Fischgerichten reichen. Sie läßt sich selbstverständlich auch noch vielseitig variieren.

Links: *Fu Yung Scha oder Krabben in den Wolken*
Unten: *Das Gericht mit Soße begoßen*

Wutschang Zeng Yü
Wutschang-Fisch

Der Wutschang-Fisch ist eine Brassenart, sehr fleischig und mit wenig Gräten. Er wurde schon in früheren Zeiten in der Gegend von Fankou im Liangtze-See gezüchtet. Heute findet man ihn in vielen Flüssen und Seen, insbesondere in der Provinz Kwangtung.

Zutaten:
1 Süßwasserfisch 500 g (z. B. Schleie o. ä.)
2 Eßlöffel dunkle Sojasoße
5-Gewürzpulver, Salz, Pfeffer
3 schwarze Pilze
1 Scheibe frischer Ingwer (fein gehackt)
50 g Schinken (fein gehackt)

Zubereitung:
Den Fisch schuppen, ausnehmen, säubern und innen und außen mit der Hälfte der Sojasoße einreiben und würzen. Die Pilze einweichen, harte Stiele wegschneiden und die Kappen in Streifen schneiden. Einen Teil der Pilze, des Ingwers und Schinkens in das Innere des Fischs geben, den anderen Teil auf einer Platte verteilen. Den Fisch darauf legen und den Rest der Sojasoße darübergießen. Die Platte in einen Dämpfer setzen und den Fisch 25 Minuten dämpfen. Sie können ihn dann gleich auf der Platte servieren.

Durch die dunkle Sojasoße bekommt der Wutschang-Fisch sein knuspriges Aussehen.

Dong Gu Bao Yü
Abalone mit Pilzen und Bambussprossen

Zutaten:
300 g Abalone (Dose)
10 mittelgroße schwarze chinesische Pilze
Öl zum Braten, Salz
1 Teelöffel frischer Ingwer (fein gehackt)
2 Eßlöffel Frühlingszwiebeln (gehackt)
250 g Bambussprossen (in Streifen geschnitten)
250 g Chinakohl (quer in Streifen geschnitten)
½ Tasse Hühnerbrühe

Soße:

1 Eßlöffel Reiswein
1 Eßlöffel Sojasoße
1 Eßlöffel Austernsoße
Salz, Pfeffer
1 Eßlöffel Stärke
(mit Wasser angerührt)

Zubereitung:
Abalone aus der Dose abtropfen lassen (dabei die Brühe auffangen) und in dünne Scheiben schneiden. Die Pilze einweichen. Anschließend die harten Stiele wegschneiden und die großen Kappen halbieren. Die Pilzbrühe und die Abalonebrühe mit den übrigen Soßenzutaten (außer der Stärke) verrühren.
Nun Öl in einer Pfanne erhitzen, etwas Salz einstreuen und den Ingwer zusammen mit den Frühlingszwiebeln kurz anbraten. Die Pilze und Bambussprossen dazugeben und 2 Minuten mitbraten. Diese Mischung dann der aus Pfanne nehmen und warmhalten. In der gleichen Pfanne braten Sie nun den Chinakohl etwa eine halbe Minute, löschen mit der Hühnerbrühe ab und geben die angerührte Soße dazu. Nach dem Aufkochen lassen Sie alles eine Minute ziehen und nehmen nun mit einer Schaumkelle den Chinakohl aus der Soße.
Jetzt geben Sie die Abalone-Scheiben zur Soße und lassen sie 1 Minute ziehen. Sie dürfen nicht kochen, da sie sonst hart werden!
Danach geben Sie die Abalone zusammen mit den warmgehaltenen Pilzen und Bambussprossen auf eine vorgewärmte Platte und umlegen beides mit dem Kohl. Die Soße müssen Sie noch mit der Stärke binden, einmal kurz aufwallen lassen, ehe Sie sie über das Gericht gießen.

SCHANGHAI-KÜCHE

Tzu Uh Yü
Calamare im Goldmantel

Zutaten:
400 g Tintenfisch
1 Teelöffel frischer Ingwer (fein gerieben)
1 Eßlöffel Reiswein
Salz, Pfeffer
5 Eßlöffel Mehl
1 Ei
Wasser
2 Eßlöffel Schalotten (fein gehackt)
Öl zum Fritieren

Zubereitung:
Den Tintenfisch säubern, Haut abziehen und gut spülen. Dann eine halbe Minute in reichlich kochendes Wasser eintauchen und in mundgerechte Stücke schneiden. Mit dem Ingwer und Reiswein mischen, salzen und pfeffern und 20 Minuten stehen lassen. Mehl, Ei, etwas Wasser, Salz und die Schalotten zu einem nicht zu dünnflüssigen Teig verrühren und die Calamare hineingeben. Die Stücke müssen ganz vom Teig umhüllt sein.
Öl zum Fritieren erhitzen und die Stücke etwa 3 Minuten fritieren, bis sie außen goldgelb sind. Nach dem Herausnehmen abtropfen lassen und auf einer Platte anrichten.
Dazu sollten Sie, aus den folgenden Zutaten bereitet, eine pikante Soße zum Dippen servieren:

1 Knoblauchzehe (fein gehackt)
2 Eßlöffel dunkle Sojasoße
1 Eßlöffel Reiswein
1 Eßlöffel Mandarinenmus
1 Eßlöffel Essig
1 Teelöffel Stärke

Alle Zutaten mischen und in einer kleinen Pfanne nur ganz kurz aufkochen lassen.

Oben: Calamare im Goldmantel
Rechts: Pilze mit Bambussprossen, ein Gemüse, wie es die Buddhisten in China zubereiten.

Dun Dschieh
Hühnersülze

Zutaten:
1 Brathähnchen (700 g)
500 g Schweineschwarte
6 Tassen Wasser
2 Frühlingszwiebeln (zerkleinert)
2 Scheiben Ingwer (gehackt)
1 Sternanis
1 Teelöffel schwarze Pfefferkörner
2 Eßlöffel Reiswein
½ Tasse Sojasoße
1 Teelöffel Zucker

Zubereitung:
Das Hähnchen und die Schwarte säubern und dann mit kochendem Wasser übergießen. Noch vorhandenes Fett von der Schwarte entfernen und die Schwarte selbst in Stücke schneiden.
Das Wasser mit allen übrigen Würzzutaten zum Kochen bringen. Das Hähnchen und die Schwarte 30 Minuten in diesem Sud kochen. Dabei sollten Sie das Hähnchen immer wieder wenden. Nach 30 Minuten nehmen Sie es aus der Brühe und lassen die Schwarte noch weitere 30 Minuten halb zugedeckt kochen, damit ein Teil der Brühe verdampft. (Vor der Weiterverwendung sollten Sie die Brühe entfetten.)
Das Hühnerfleisch lösen Sie nun von den Knochen und schneiden es in Würfel. Die Fleischwürfel schichten Sie in ein rechteckig geformtes Gefäß und übergießen sie mit der durchgeseihten Brühe. Nach dem Erkalten geben Sie die Sülze in den Kühlschrank, damit sie fest wird. Vor dem Servieren die Form stürzen, die Sülze in Scheiben schneiden und anrichten.

Hier möchte ich Ihnen etwas über Gemüse und seine Zubereitung sagen.
In China wird bedeutend mehr Gemüse gegessen, als in den meisten westlichen Ländern. Mindestens ein Gemüsegang ist obligatorisch bei einem chinesischen Menü, selbst wenn die übrigen Gerichte schon teilweise Gemüse enthalten.
Dies ist in erster Linie dem Einfluß des Buddhismus zuzuschreiben, der in seiner streng orthodoxen Form der Genuß von Fleisch weitgehend verbietet. Bei der Zubereitung von Gemüse ist folgendes zu beachten:
Gemüse hat sehr verschiedene Garzeiten. Um nun bei gemischten Gemüsegerichten einen gleichmäßigen Gargrad zu erreichen, können Sie sich zweier Methoden bedienen:
Das Gemüse wird getrennt gegart und am Schluß gemischt. Dies erfordert zwar etwas mehr Zeit, hat aber den Vorteil, daß der Eigengeschmack der einzelnen Arten erhalten bleibt, es sei denn, eine solche Mischung und Kombination ist beabsichtigt.
Die andere Methode ist, Gemüse entsprechend seiner Härte verschieden fein zu schneiden und die Kochzeiten abzustufen. Das heißt, man gibt erst das Gemüse in die Pfanne, das die längste Garzeit erfordert, und läßt die anderen mit kürzerer Garzeit in zeitlichen Abständen folgen.
Der Chinese, besonders der im Süden, legt großen Wert darauf, daß der natürliche Geschmack und die Vitamine erhalten bleiben. Die Zubereitungszeiten sind daher recht kurz. Ein weiteres Mittel, dieser Anforderung gerecht zu werden, ist das Schwenken des Gemüses in Stärkebrühe, ehe Sie es garen. Dadurch erreichen Sie, daß sich die Poren besser schließen. Und aus dem selben Grund sollten Sie auch immer darauf achten, daß das Fett rauchheiß ist.

Ganz wichtig ist auch, daß Sie Gemüse so frisch wie nur möglich verwenden, insbesondere Pilze, die Sie selbst in abgekochtem Zustand nicht aufbewahren sollen, denn es verliert bei Lagerung und durch Lichteinflüsse den Vitamingehalt. Da in der chinesischen Küche auch die Farbe eine wesentliche Rolle spielt, sollten Sie Gemüse nie zerkochen oder lange warmhalten und schon gar nicht aufwärmen. Es muß noch knackig und mit frischer Farbe serviert werden.
Noch ein Tip: Brühe, in der Sie Gemüse blanchiert haben, aufbewahren und für Suppen und Soßen wieder verwenden.

Dsching Tao Song Dong
Pilze mit Bambussprossen

Zutaten:

12 schwarze Pilze
1 Eßlöffel chinesische Morcheln
Öl zum Braten
2 Tassen Bambussprossen (in Streifen geschnitten)
1 Teelöffel Stärke (mit wenig Wasser angerührt)
einige Tropfen Sesamöl

Soße:

5 Eßlöffel Hühnerbrühe
1 Eßlöffel helle Sojasoße
1 Eßlöffel Reiswein
1/2 Teelöffel Zucker
1/2 Teelöffel Ingwersaft
Salz

Zubereitung:
Die Pilze und Morcheln getrennt einweichen. Die harten Stiele der schwarzen Pilze wegschneiden und die Kappen in drei Teile schneiden. Das Einweichwasser der schwarzen Pilze für die Soße beiseite stellen. Die Morcheln abtropfen lassen (die Brühe wegschütten, da sie kein Aroma besitzt.)
Öl in der Pfanne erhitzen und beide Pilzarten mit den Bambussprossen 1 Minute braten. Die Soßenzutaten und die Pilzbrühe verrühren, zum Gemüse geben und 2 Minuten zugedeckt bei kleiner Hitze kochen.
Zum Schluß wird die Soße mit der Stärke gebunden, und nachdem Sie die Pfanne vom Feuer genommen haben, das Ganze mit Sesamöl beträufelt, alles nochmals gut durchgemischt und gleich serviert.

Lo Han Tschai
Gemüseplatte Buddha

Zutaten:
je ½ Tasse der folgenden
Trockengemüse:
schwarze Pilze
Lotusknollen
Lilienknospen

je 1 Tasse der folgenden Frischgemüse:

Zwiebeln
Lauch
Blumenkohl
rote Paprikaschoten
junge Erbsenschoten
Chinakohl
Bambussprossen
Bohnenquark
3 Tassen Wasser
2 Eßlöffel Stärke
Öl zum Braten
Salz, Pfeffer
einige Tropfen Sesamöl

Soße:

1 Tasse Wasser
3 Eßlöffel helle Sojasoße
2 Eßlöffel Reiswein
1 Eßlöffel Stärke
Pilzbrühe
Salz, etwas Zucker

Zubereitung:
Das Trockengemüse entsprechend den Angaben auf der jeweiligen Packung getrennt in Wasser einweichen. Das Einweichwasser der Pilze für die Soße beiseite stellen.
Das Frischgemüse säubern und zerkleinern. Die drei Tassen Wasser mit der Stärke mischen und darin das frische Gemüse getrennt schwenken und die Gemüsesorten ebenfalls wieder getrennt beiseite geben. Zwischendurch mischen Sie alle Soßenzutaten.
Nun das Öl in einer großen Pfanne erhitzen, etwas Salz darüber streuen und alle aufgeweichten und gut abgetropften Trockengemüse zusammen 3–4 Minuten braten. Die Gemüse auf eine heiße Platte geben und warmstellen. Wieder Öl erhitzen, salzen und das frische Gemüse nacheinander in der folgenden Reihe braten: Zwiebeln mit Lauch 3–4 Minuten; Blumenkohl mit Paprika 3–4 Minuten; Erbsenschoten mit Chinakohl 2 Minuten; Bambussprossen und Bohnenquark 1–2 Minuten.

SCHANGHAI-KÜCHE

Am Schluß alle Gemüsesorten in die Pfanne geben, gut durchmischen, nochmal mit Salz und Pfeffer abschmecken und auf eine gewärmte Platte geben. Jetzt die Soßenmischung zum Kochen bringen. Nach dem Aufkochen löffeln Sie die Soße über das Gemüse und beträufeln das Ganze mit Sesamöl.

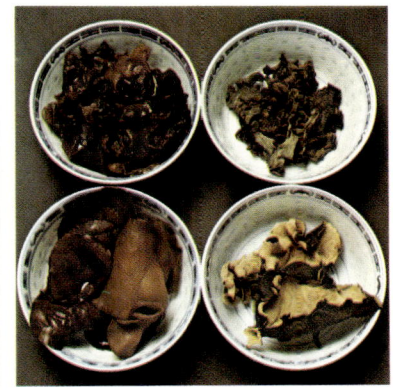

Einige der Zutaten für die Gemüseplatte Buddha (von oben nach unten): Lilienknospen oder Goldnadeln, chinesische Pilze und Morcheln, getrockneter Bohnenquark.

SCHANGHAI-KÜCHE

Östlich von Schanghai liegt ein teilweise von Bergen umgebenes Seengebiet, eines der beliebtesten Reise- und Ausflugsziele Chinas. Mittelpunkt dieser reizvollen Landschaft sind die am Tai Hu gelegenen Städte Sutschou und Hangtschou, über die es einen Spruch gibt, der mit einem treffenden Vergleich die Schönheit dieser Gegend kennzeichnet: »Im Himmel ist das Paradies, auf Erden Hangtschou und Sutschou.« Und Marco Polo sagte von Hangtschou: »Schöner noch als Venedig.« Eine Fülle von Teichen, Seen, Gärten, Brücken und Pavillons, Pagoden, Tore und Tempel sind die Bausteine dieses riesigen Naturparks von einzigartiger Schönheit, dessen Harmonie von den verschiedenen Baustilen und der Gartenarchitektur getragen wird. In Sutschou findet man Gärten aus der Sung-, Yuan-und Ming-Zeit, der »Pavillon der blauen Woge« ist der älteste Garten Chinas. Der Garten »Löwenwald« mit seinen zierlichen Steinen wurde in der Ming-Zeit angelegt und der »Garten des demütigen Politikers« (ein empfehlenswertes Ziel für verschiedene Größen der heutigen Welt) geht auf die Ming-Dynastie zurück. Auf dem »Berg des göttlichen Felsens« sind die Palastruinen des Staates Wu, und einer seiner Könige, He Lu, soll sein Grab auf dem Tigerhügel haben, auf dem die architektonisch interessante Pagode gleichen Namens steht. Der Tempel »Kalter Berg« wurde durch die Verse des Dichters Zhang Ji aus der Tang-Zeit berühmt. Hangtschou war während der Sung Dynastie eine zeitlang Hauptstadt, seinen Aufschwung nahm es im 7. Jahrhundert mit dem Bau des großen Kanals. Auf diese Periode geht auch die Seidenstickerei zurück, für die heute noch beide Städte berühmt sind.

Daß diese kulturhistorisch bedeutsame Gegend auch kulinarische Kostbarkeiten aufzuweisen hat, ist bei dem hohen Rang, den der Chinese seiner Küche zugesteht, fast eine Selbstverständlichkeit. Der See ist reich an Fischen, am bekanntesten ist der »Taihu-Karpfen«, eine Graskarpfenart, die in den letzten Jahren auch außerhalb Chinas mit Erfolg gezüchtet wurde. Daneben gibt es in den sauberen Seen und Teichen noch eine ganze Reihe weiterer Fischarten, die durch ideale Voraussetzungen von hoher Qualität sind und daher einfache Zubereitungsarten erlauben. Die Lotuspflanzen, die überall an den seichten Ufern des Sees im Überfluß gedeihen, haben eßbare Knollen, die sogar roh köstlich schmecken. Der Tee von den Bergen und Hügeln um den See, der »Drachenbrunnen-Tee«, gehört zu den besten Grüntee-Sorten Chinas. Es ist schade, daß er hier nur sehr selten zu haben ist. Wenn Sie aber mal nach Hangtschou kommen, sollten Sie nicht versäumen, sich diesen hervorragenden Tee mitzunehmen.

Links: Pavillon im »Garten des Meisters der Netze« in Sutschou, eine der schönsten Gartenanlagen der Stadt.

Drachenquellen-Tee

Der frisch gepflückte Tee beginnt hier seinen Aufbereitungsprozeß in kleinen Einzelpartien. Auf seine Bereitung wird besondere Sorgfalt verwendet.
Unten: Ein Bild des Berges, aus dem die Drachenquelle fließt.

SCHANGHAI-KÜCHE

Bilder können nur einen begrenzten Eindruck dieser romantischen, typisch chinesischen Landschaft vermitteln, die im Laufe der Jahrhunderte Anregungen für zahllose Werke der Poesie und Malerei gab.
<u>Rechts:</u> *Der Jadebrunnen und dahinter ein Bild vom Dammweg, der den West-See durchquert.*
<u>Mitte:</u> *Eine Zeichnung des West-Sees bei Hangtschou, fast im Stil naiver Bauernmalerei.*
<u>Unten:</u> *Einer der zahlreichen Pavillons am See*

<u>Rechts oben:</u> *Eine Teilansicht des West-Sees, der das ganze Jahr über Ziel von Abertausenden von Touristen und Ausflüglern aus den benachbarten Großstädten ist.*
Darunter sehen Sie Lotuspflanzen und deren Wurzelknollen abgebildet. Von der Pflanze werden sowohl die Samen der kelchartigen Kolben, als auch die Wurzeln in der chinesischen Küche verwendet. Die Knollen bekommt man hier, schon in Scheiben geschnitten, als Gemüsekonserve oder getrocknet.

SCHANGHAI-KÜCHE

Drei Dinge empfehle ich Ihnen nicht zu versäumen, wenn Sie Ihr Weg nach Hangtschou und zum West-See (Foto folgende Seite) führen sollte: Eines jener herrlichen Fischgerichte zu genießen, eingeleitet von einem alten Schaosching-Wein, der nicht weit von hier seinen Ursprung hat; dann den berühmten Drachenquellen-Tee zu probieren, der in dieser reizvollen Umgebung besonders köstlich schmeckt und nicht zuletzt sich ein apartes Kleidungsstück aus Seide, ebenfalls eine Besonderheit dieser Gegend, zu kaufen.

SCHANGHAI-KÜCHE

Dschou Zeng Yü Kwai
Fisch in Wein gedämpft

Das Gericht heißt auch »betrunkener Fisch«. Bei der Wahl des Weines sollten Sie, wie es auch die gepflegte europäische Küche vorschreibt, nur eine gute Sorte Reiswein verwenden – und natürlich einen Fisch, der noch eine halbe Stunde bis vor dem Essen gelebt hat.

Zutaten:
1 Fisch von 500 g (Karpfen, Hecht o. ä.)
Salz, Pfeffer
1/2 Tasse Schaosching-Reiswein
4 schwarze Pilze
100 g roher Schinken
1 Stück Bambussprosse
1 Schalotte
1 Sträußchen frischer Koriander
4 Scheiben frischer Ingwer
1 Teelöffel helle Sojasoße
1/2 Teelöffel Stärke (mit wenig Wasser angerührt)

Zubereitung:
Den Fisch säubern und beidseitig mehrmals schräg einschneiden. Mit wenig Salz und Pfeffer einreiben, auf eine flache Platte legen, den Reiswein darübergießen und 20 Minuten stehen lassen, dabei mehrmals wenden. Die Pilze einweichen, anschließend die Kappen in Streifen schneiden. Pilzbrühe beiseite stellen. Schinken und Bambussprossen in Streifen, die Schalotte in fingerlange Stücke schneiden.
Koriander und Schalotten in das Innere des Fisches stopfen. Auf dem Fisch die Pilze, Schinkenstreifen, Bambussprossen und Ingwerscheiben gruppieren und den Fisch auf der Platte mit dem Wein in einen Dämpfer geben. Nach 20 Minuten Dämpfzeit die Platte herausnehmen, die sich angesammelte Brühe aus der Schüssel in einen kleinen Topf löffeln und den Koriander und die Schalotte vorsichtig aus dem Innern des Fisches nehmen.
Die Brühe zum Kochen bringen. Die Sojasoße und einen Eßlöffel der Pilzbrühe zugeben und das Ganze mit der angerührten Stärke binden. Diese Soße vor dem Servieren über den Fisch gießen.

Links: *Fisch in Wein gedämpft. Für die Zubereitung sollten Sie unbedingt einen guten echten Reiswein verwenden.*
Unten: *Die fachgerechte Vorbereitung des Fisches*

Taihu Tza Yü
Taihu Fisch süß-sauer

In der Nähe des Taihu-Sees nimmt man für dieses Gericht den dortigen Graskarpfen, der hier nicht erhältlich ist. Ich nehme statt dessen Felchen oder Barsch.

Zutaten:
1 Süßwasserfisch (500 g)
1 Eßlöffel Reiswein
1 Eßlöffel Reisweinessig
1 Teelöffel frischer Ingwer (gerieben)
1 Eßlöffel Frühlingszwiebeln (fein gehackt)
Salz, Pfeffer
Öl zum Fritieren
1 Eigelb, Stärke

Soße:
3 Eßlöffel Reisweinessig
3 Eßlöffel Zucker
3 Eßlöffel Tomatenmark
1 Eßlöffel dunkle Sojasoße
2 Eßlöffel Brühe
1 Teelöffel Stärke

Garnitur:
Öl zum Braten
2 Knoblauchzehen (zerdrückt)
Salz
1/4 Tasse Schalotten (gehackt)
1/4 Tasse grüne Paprikaschoten (in feine Streifen geschnitten)
1 kleine rote Pfefferschote (quer in Ringe geschnitten)
1 Eßlöffel Koriander (fein gehackt)

Zubereitung:
Erst den Fisch säubern und auf beiden Seiten im Abstand von ca. 3 cm diagonal bis zu den inneren Gräten einschneiden. Reiswein, Essig, Ingwer, Zwiebel mit Salz und Pfeffer mischen und mit dieser Marinade den Fisch innen, außen und besonders in den Einschnitten sorgfältig einreiben und 1/2 Stunde stehen lassen. Inzwischen alle Soßenzutaten mischen und das Öl zum Fritieren erhitzen. Das Eigelb verrühren und den Fisch außen und in den Schnitten einpinseln und dann mit Stärke bestreuen, auch in den Einschnitten. Den Fisch (am besten mit dem Bauch nach unten) auf einen Drahtkorb legen, bei mittlerer Hitze 6 Minuten fritieren und dann auf vorgewärmte Platte geben.
Die Soßenmischung in eine Pfanne geben, zum Kochen bringen und über den Fisch löffeln.
Zum Schluß bereiten Sie die Garnitur: Wenig Öl in der Pfanne gut erhitzen, mit den Knoblauchzehen herumreiben und diese wieder herausnehmen. Eine Prise Salz in die Pfanne streuen und die Schalotten, Paprika- und Pfefferschoten 1/2 Minuten braten und dann über den Fisch verteilen. Den mit Koriander bestreuten Fisch zu Tisch geben.

Taihu-Fisch in einer süß-sauren Soße, der Sie außerdem noch Erbsen und gehackte Senffrüchte beifügen können.

Huo Twei Tzao Do
Schinken und Bohnen

Ein einfaches und schnell gekochtes Gericht, besonders wenn Sie in Ihrem eigenen Gemüsegarten eine breite Bohnensorte, die sich am besten eignet, haben sollten; und die Bohnenkerne sollten noch grün, aber trotzdem schon groß sein, wenn Sie sie verwenden. Anstelle des rohen Schinkens nehme ich gelegentlich auch mal Kassler oder gekochten Schinken.

Zutaten:
250 g magerer roher Schinken (schwach geräuchert)
Öl zum Braten
200 g grüne Bohnenkerne
1 Teelöffel frischer Ingwer (fein gewürfelt)
2 Eßlöffel Reiswein
1 Teelöffel Orangensaft
1 Teelöffel Stärke (mit 5 Eßlöffeln Brühe angerührt)
Fünfgewürzpulver

Zubereitung:
Schneiden Sie den Schinken in gleichmäßige Würfel. Dann wird Öl in der Pfanne erhitzt und die Bohnenkerne eine halbe Minute angeraten. Den Schinken und Ingwer dazugeben, alles gut durchmischen und eine weitere halbe Minute braten. Nachdem Sie die Pfanne vom Feuer genommen haben, träufeln Sie erst den Reiswein, dann den Orangensaft darüber. Die Pfanne wieder auf eine kleine Flamme stellen und die angerührte Stärke untermischen. Das Gericht mit dem Fünfgewürzpulver kräftig abschmecken, auf eine Platte geben und anrichten.

Links: *Schinken und Bohnen. In Ningpo, der alten Salzstadt, wird dieses Gericht mit chinesischen Würstchen zubereitet.*

Yü Boa Scha
Shrimps in der Schale

Zutaten:
600 g Shrimps
Öl zum Braten
2 Knoblauchzehen (zerdrückt)

Soße:
2 Eßlöffel helle Sojasoße
2 Eßlöffel Reiswein
1 Eßlöffel Reisweinessig
1 Eßlöffel Zucker
2 Scheiben frischer Ingwer (fein gehackt)
3 Eßlöffel Brühe
1 Teelöffel Stärke
Prise Salz, Pfeffer

Zubereitung:
Die Shrimps gut waschen. Anschließend den Kopf entfernen und den Darm herausziehen.
Die Zutaten für die Soße mischen.
Öl in der Pfanne erhitzen und die Knoblauchzehen herumreiben, leicht anbraten, dann aber aus der Pfanne nehmen. Die Shrimps hineingeben und bei guter Hitze 1 Minute braten. Jetzt die Hitze reduzieren und die Soßenmischung zugeben. Bei kleiner Hitze alles noch 3–4 Minuten köcheln lassen. Nehmen Sie nun die Shrimps aus der Soße und türmen Sie sie auf eine vorgewärmte Platte. Die Soße wird in Schälchen dazu serviert.

Lo Tze Dou Fu
Bohnenquark mit Schweinefleisch

Zutaten:
300 g Bohnenquark
2 schwarze Pilze
Salz
2 Knoblauchzehen (fein gehackt)
1 Eßlöffel Frühlingszwiebeln (gehackt)
150 g mageres Schweinefleisch (fein gehackt)
1 Eßlöffel roher Schinken (gehackt)
Öl zum Braten
1 Tasse Lauch (in kurze Streifen geschnitten)
Pfeffer

Soße:
¾ Tasse Brühe
1 Eßlöffel Bohnenpaste
1 Eßlöffel Reiswein
1 Eßlöffel dunkle Sojasoße
1 Teelöffel Stärke

Zubereitung:
Den Bohnenquark in Würfel schneiden. Pilze aufweichen, Stiele abschneiden und die Kappen in Streifen schneiden. Die Einweichbrühe (¼ Tasse) mit den Zutaten für die Soße mischen.
Erhitzen Sie jetzt Öl in der Pfanne, das Sie etwas salzen. Knoblauch, Zwiebeln und Pilze 20 Sekunden anbraten. Schweinefleisch und Schinken zugeben und ½ Minute braten. Die Soße angießen, aufkochen lassen, Bohnenquark und Lauch unterheben und zugedeckt 3 Minuten bei kleiner Hitze kochen. Am Schluß das Gericht mit Pfeffer abschmecken und anrichten.
Sie können zu dem Gericht frischen, getrockneten oder Bohnenquark aus der Dose verwenden. Letzterer ist meist schon angebraten und gewürzt; den getrockneten weichen Sie über Nacht oder mindestens eine Stunde vor Gebrauch in warmem Wasser auf.

Frischer Bohnenquark auf einem chinesischen Marktstand

SCHANGHAI-KÜCHE

You Tze Dou Fu
Goldshrimps

Im Seengebiet von Hangtschou werden für diese Köstlichkeit Süßwassershrimps verwendet, die lebend in die Küche kommen. Selbstverständlich können Sie auch tiefgekühlte Shrimps verwenden, die Sie auftauen und vor der Zubereitung ebenfalls eine Weile marinieren lassen. Das Backpulver, das ich ausnahmsweise hier verwende, macht die Umhüllung locker und knusprig.

Zutaten:
500 g Shrimps
2 Eßlöffel Reiswein
1 Teelöffel frischer Ingwer (gerieben)
Salz, Pfeffer
2 Eiweiß (geschlagen)
1–2 Eßlöffel Maisstärke
1 Messerspitze Backpulver
Öl zum Fritieren

Zubereitung:
Die Shrimps aus der Schale nehmen und säubern. Dann werden sie mit dem Reiswein und Ingwer vermischt, mit einer Prise Salz und Pfeffer gewürzt und sollen 20 Minuten durchziehen. Inzwischen Eiweiß, Stärke und Backpulver mischen, eine Prise Salz und Pfeffer zugeben und den Teig 15 Minuten stehen lassen.
Öl in der Pfanne erhitzen. Wenn es raucht, die Shrimps in der Teigmischung wälzen, so daß sie ganz umhüllt sind und fritieren, bis sie goldgelb sind. Das dauert etwa 3 Minuten. Zu den Shrimps sollten Sie eine Dipsoße servieren.

Yü Tze Sen Tien
Bambusspitzen mit Fischrogen

Das Gericht bekommt eine besondere Note, wenn es mit Krabbenrogen bereitet wird, der jedoch hier eine Seltenheit sein dürfte.
Falls Sie gesalzenen Rogen verwenden, sollten Sie diesen gut wässern und 10–15 Minuten mit einem Teelöffel fein gehacktem Ingwer ansetzen.

Zutaten:
400 g Winterbambusspitzen
Öl zum Braten
100 g Fischrogen
1 Eßlöffel helle Sojasoße
3 Eßlöffel Reiswein
1 Teelöffel Stärke (mit Brühe angerührt)
Prise Salz, Zucker, Pfeffer

Zubereitung:
Die Bambussprossen in mundgerechte Stücke schneiden. Dann Öl in der Pfanne erhitzen und die Sprossen 2 Minuten braten. Den Rogen untermischen und noch eine halbe Minute weiterbraten. Mit der Sojasoße und dem Reiswein beträufeln, gut durchmischen, mit der Stärke binden, würzen und anrichten.

Links oben: *Shrimps in der Schale.*
Mitte: *Goldshrimps, die ihren Namen verdienen.*
Rechts: *Bambussprossen mit Fischrogen.*

SCHANGHAI-KÜCHE

Lu Schen Lo Pien
Schweinefleisch mit Spargel und Bambusspitzen

Zutaten:
200 g mageres Schweinefleisch
1 Eßlöffel helle Sojasoße
1 Teelöffel Stärke
1 Teelöffel Sesamöl
200 g frischer Spargel
¾ Tasse Wasser
200 g Winterbambusspitzen
Öl zum Braten
1 Teelöffel frischer Ingwer (fein gehackt)
1 Eßlöffel Schalotten (fein gehackt)
Salz, Pfeffer

Soße:
1 Eßlöffel Sojasoße
1 Teelöffel braune Bohnensoße
1 Eßlöffel Reiswein
1 Teelöffel Essig
1 Teelöffel Zucker
2 Teelöffel Stärke

Zubereitung:
Das Fleisch in Scheibchen schneiden, mit der Sojasoße, Stärke und Sesamöl mischen und 20 Minuten stehen lassen. Spargel schälen und in dem Wasser 10–15 Minuten knackig kochen. Herausnehmen, etwas abkühlen lassen und in mundgerechte Stücke schneiden.
Die Spargelbrühe mit den Soßenzutaten mischen. Dann die Bambusspitzen in mundgerechte Stücke oder Scheiben schneiden. Öl in der Pfanne erhitzen und den Ingwer mit den Schalotten scharf anbraten. Das Fleisch aus der Marinade nehmen und 2 Minuten mitbraten. Bambussprossen zugeben und eine weitere Minute braten. Jetzt die Hitze reduzieren und die Soße angießen. Nach dem Aufkochen den Spargel untermischen, mit Salz und Pfeffer würzen und anrichten.
Dieses sehr alte Gericht aus Hangtschou hat ein Pendant, das sich nur in einer Hauptzutat unterscheidet. Statt Schweinefleisch nimmt man Abalone (wie abgebildet.) Sie werden in Scheiben geschnitten, dürfen jedoch nicht gebraten werden, sonst werden sie zäh. Man gibt sie samt der Marinade, nachdem die Bambusspitzen angebraten sind, und die Soße angegossen ist, in die Pfanne und nimmt das Ganze nach dem Aufkochen sofort vom Feuer. Ich selbst bereite das Gericht mit Hühnerbrust nach dem Grundrezept.

Gai Län Dang Gu
Brokkoli mit Pilzen

Zutaten:
500 g Brokkoli
4–5 schwarze Pilze
1 Tasse Strohpilze oder Champignons
1 Frühlingszwiebel (gehackt)
2 Teelöffel Stärke
Öl zum Braten
Salz, Prise Zucker

Zubereitung:
Brokkoli in mundgerechte Stücke schneiden, die dicken Stengel schälen und in Streifen schneiden. Die Pilze weichen Sie ein und schneiden die Kappen in Streifen, die Strohpilze oder Champignons werden halbiert. Die Einweichbrühe gießen Sie zu der angerührten Stärke. Nun erhitzen Sie das Öl und braten die schwarzen Pilze und die Zwiebeln 1 Minute. Dann geben Sie den Brokkoli zu, nach einer weiteren Minute die übrigen Pilze und braten noch 2 Minuten. Die angerührte Stärke untermischen, würzen und wenn die Soße glasig wird, die Pfanne vom Feuer nehmen. Frische Champignons geben Sie mit den schwarzen in die Pfanne.

Hung Sao Niu Lo
Soja Rindfleisch

Zutaten:

500 g mageres Rindfleisch
1 Eßlöffel Sesamöl
1 Teelöffel frischer Ingwer (gerieben)
Öl zum Braten

Sud:

1 Schalotte (in kurze Stücke geschnitten)
2 Scheiben frischer Ingwer
1 Sternanis
1 Eßlöffel brauner Zucker
1 Teelöffel Pfefferkörner
5 Eßlöffel dunkle Sojasoße
2 Eßlöffel Reiswein
1 Tasse Wasser

Zubereitung:

Das Fleisch mit Sesamöl und Ingwer kräftig einreiben und massieren, und so einen Tag oder noch besser über Nacht kühl stellen.
Am Tag der Zubereitung Öl stark erhitzen und das Fleisch ringsum anbräunen. Die Zutaten für den Sud mischen. Dann den Sud zum Fleisch geben und zugedeckt bei kleiner Flamme 1½ bis 2 Stunden köcheln lassen. Bei Bedarf etwas Wasser nachgießen. Das gare Fleisch wird in dünne Scheiben geschnitten und auf einer Platte angerichtet. Aus einem Teil des Suds bereiten Sie eine Soße. Dazu den Sud nochmals aufkochen lassen, mit etwas Stärke binden und die Soße über das Fleisch löffeln.

Soja Rindfleisch sollte mindestens einen Tag marinieren

Schaoschin Wein und Dschinhua Schinken

Neben dem berühmten Schaosching-Wein aus dem gleichnamigen Städtchen in der Provinz Tschekiang gibt es dort eine weitere Spezialität, den Jinhua-Schinken. Er kann geschmacklich nicht mit den hier bekannten, meist geräucherten Sorten verglichen werden. Die besondere, seit Generationen überlieferte Zubereitungsart verleihen ihm einen Geschmack, der bis heute noch von keinem der zahlreichen Nachahmer übertroffen wurde. Vielleicht liegt es auch an der besonderen Schweinerasse, die extra für die Zubereitung dieses Schinkens gezüchtet wird. Das zarte Fleisch ist prächtig rot und die Schinkenstücke heißen deshalb auch noch »Feuerbeine«. Es ist durchaus möglich, daß diese Spezialität eines Tages auch hier zu bekommen ist, dann sollten Sie sie unbedingt kosten.

SCHANGHAI-KÜCHE

Gerichte aus Fukien und Kiangsi

Die Meinungen, ob die Küche dieser beiden Provinzen noch zur Schanghai-Küche oder schon zur Kanton-Küche zählt, ob man ihr eine charakteristische Eigenständigkeit zugestehen oder sie als Übergang von der östlichen zur südlichen Küche betrachten muß, gehen auseinander. Es ist müßig, sich darüber den Kopf zu zerbrechen, wo die Grenzen zu ziehen sind. Letzten Endes bestimmt dies jeder einzelne Koch, der seinen Gerichten die persönliche Geschmacksnote gibt.

Fukien ist bekannt für seine exzellente Sojasoße, die natürlich den Charakter der dortigen Küche beeinflußt hat. Aus dieser Gegend stammt auch die Methode des Rotkochens; die Verwendung von Zucker als Gewürz ist dort ebenfalls zu Hause, wodurch die Speisen zweifellos interessante Geschmacksnuancen erhalten. Zahlreiche Flüsse, Seen und das Meer liefern reichlich frische Schätze für hervorragende Gerichte.

Die Geflügelzucht nimmt einen bedeutenden Platz in der Landwirtschaft ein, die Kiangsi-Gänse sind für ihre Fleischqualität in ganz China bekannt. Bambussprossen gedeihen neben vielen anderen Gemüsesorten gut und üppig und zu den Besonderheiten der Fukien-Küche gehört auch noch die Verwendung von Rotweinpaste. Ja sogar die bekannten Glas- und Reisnudeln sollen hier erfunden worden sein. Schade also, daß diese abwechslungsreiche Küche außerhalb Chinas recht wenig bekannt geworden ist.

Dschien Pai Guo
Gegrillte Brustrippchen

Ausschlaggebend für den Geschmack dieses beliebten Partygerichts ist die Marinade, für deren Zusammensetzung es zahlreiche Varianten gibt.

Die Rippenstücke werden zum Marinieren von der Fleischseite her zwischen den einzelnen Rippen fast bis zur Haut eingeschnitten, damit die Marinade besser einwirken kann. Sie werden am Stück etwa 1¼ Stunden geröstet und erst zum Servieren mundgerecht gehackt. Reichen Sie dazu Dipsoßen. Ich begieße sie

gerne mit einer Soße, die ich folgendermaßen zubereite:

Zuerst strecke ich die übrige abgetropfte Marinade mit etwas Brühe und Sojasoße. Dann brate ich fein gehackten Knoblauch und einige Stückchen Schalottenstengel an, lösche mit der Soße und binde sie mit angerührter Stärke.
Für die Marinade verrate ich Ihnen ein Rezept, wie ich sie selbst mit Vorliebe anwende:

Marinade:

Salz, Zucker, Pfeffer
Fünfgewürzpulver
1 Eßlöffel dunkle Sojasoße
2 Eßlöffel Reiswein

Die Rippenstücke leicht mit Salz und Zucker einreiben, mit Pfeffer und Fünfgewürzpulver bestreuen und 2 Stunden stehen lassen. Dann mischen Sie Sojasoße mit Reiswein und pinseln die Stücke damit ein. Weitere 2 Stunden stehen lassen und dabei noch einige Male mit der Marinade einpinseln.

Links und oben: *Gegrillte Brustrippchen mit verschiedenen Soßen*

SCHANGHAI-KÜCHE

Futschou Ya
Futschou-Ente

Zutaten:
1 Ente (1500 g)
2 Schalotten (in Stücke geschnitten)
3 Scheiben frischer Ingwer
1 Tasse Hühnerbrühe
5 Eßlöffel dunkle Sojasoße
3 Eßlöffel Reiswein
2 Eßlöffel brauner Zucker
2 Sternanis
1 Teelöffel chinesischer Zimt

Zubereitung:
Die Ente säubern. Schalotten und Ingwer in eine Kasserolle geben und die Ente, mit der Brust nach unten, draufsetzen. Die restlichen Zutaten mischen, über die Ente gießen und jetzt muß sie bei mittlerer Hitze zugedeckt 1¼ Stunden kochen. Ab und zu sollten Sie die Ente wenden und mit ihrer Brühe begießen. Dann ziehen Sie die Kasserolle vom Feuer, nehmen den Deckel ab und lassen die Ente in der Brühe 15 Minuten abkühlen. Danach schöpfen Sie das Fett von der Brühe, geben die Kasserolle mit der Ente wieder auf den Herd und lassen sie offen noch ca. 15 Minuten kochen. Dabei die Ente laufend mit der Soße übergießen. Nun ist die Ente fertig und Sie können sie in mundgerechte Stücke zerlegen und anrichten. Die durchgeseihte Soße wird zum Schluß über das Fleisch gelöffelt.

Tang Tze Dschien
Huhn auf Zucker geräuchert

Das Gericht ist ein typisches Beispiel, mit welcher Phantasie in Fukien Zukker verwendet wird. Die Zubereitung erfordert einige Erfahrung, denn der Zucker darf nicht anbrennen oder gar verkohlen. Gut gelungen schmeckt dieses Huhn sowohl köstlich, wie außergewöhnlich.

Zutaten:
1 Brathuhn (1200 g)
2 Eßlöffel Reiswein
Salz
2 Schalotten
1 Teelöffel chinesischer Zimt
2 Sternanis
½ Tasse brauner Zucker
1 Eßlöffel Sirup
2 Eßlöffel helle Sojasoße
einige Tropfen Sesamöl

Zubereitung:
Das Huhn säubern, mit Reiswein einreiben und innen und außen mit Salz bestreuen. In die Bauchhöhle die Schalotten stopfen und dann das Huhn in einer Schüssel 30 Minuten dämpfen. Den Dämpfer vom Feuer nehmen und das Huhn 20 Minuten halb zugedeckt stehen lassen.
Einen großen Topf mit Folie auslegen. Auf die Folie Zimt, Sternanis, Zucker und Sirup verteilen. Ein passendes Gestell oder einen kleinen Rost mit Füßchen in den Topf stellen und darauf das Huhn legen. Den Topf gut zudecken und 20 Minuten bei mittlerer Flamme erhitzen (wie schon erwähnt, darf der Zucker nicht anbrennen, also lieber schwächer erhitzen und dafür länger einwirken lassen.) Wenn Sie den Topf vom Feuer genommen haben, lassen sie ihn noch ca. 15 Minuten zugedeckt stehen.
Das Huhn herausnehmen und mit der Mischung aus Sojasoße und Sesamöl einpinseln. Nun wird es in mundgerechte Stücke geschnitten und je nach Verwendung heiß oder kalt serviert.
In jedem Fall sollten Sie folgende saure Sojasoße zum Dippen dazu reichen.

Zutaten:
3 Eßlöffel dunkle Sojasoße
2 Eßlöffel Reisweinessig
1 Teelöffel Zucker
½ Teelöffel frischer Ingwer (fein gehackt)

Die Zutaten mischen und erhitzen, aber nicht kochen.

Oben: *Die mundgerecht angerichtete Foutschou-Ente*

SCHANGHAI-KÜCHE

Tzao Dan Pong Scha
Eier mit Krabben

Zutaten:

5 Eier
1 Eßlöffel dunkle Sojasoße
½ Tasse Champignons
1 Stück Bambussprossen
150 g Krabben (ohne Schale)
1 Eßlöffel Frühlingszwiebel (fein gehackt)
1 Teelöffel frischer Ingwer (fein gehackt)
1 Eßlöffel Reiswein
Salz, Pfeffer, Prise Zucker
Öl zum Braten
Koriander

Zubereitung:

Die Eier schlagen und mit der Sojasoße mischen. Die Champignons werden in Scheiben, die Bambussprossen in Streifen geschnitten. Die Krabben mit Zwiebeln, Ingwer und Reiswein mischen, mit Salz, Pfeffer und Zucker würzen und 15 Minuten stehen lassen.
Dann Öl in der Pfanne erhitzen und die Krabben 1½ Minuten braten (Krabben aus der Dose sollten Sie nur erhitzen). Nun die Eier zugeben, gut mit den Krabben vermischen und nach dem Stocken vom Feuer nehmen. Das Gericht auf eine vorgewärmte Platte geben und mit Koriander garniert oder mit gehacktem Koriander bestreut, servieren.

Tzu Li
Rotgekochte Schweinezunge

Zutaten:
400 g Schweinezunge
1 l Wasser
2 Eßlöffel Reisschnaps

Sud:

2 Tassen Wasser
3 Eßlöffel dunkle Sojasoße
5 Eßlöffel Reiswein
2 Teelöffel Zucker
1 Sternanis
½ Teelöffel Anispfeffer
2 Teelöffel Stärke (mit Wasser angerührt)

Zubereitung:

Das Wasser zum Kochen bringen, die Zunge mit dem Reisschnaps hineingeben und 5 Minuten kochen. Nehmen Sie nun die Zunge heraus und geben Sie sie für 1 Minute in kaltes Wasser, damit Sie mühelos die Haut abziehen können. Nun die Zutaten für den Sud (ohne Stärke) mit der Zunge zum Kochen bringen und bei kleiner Hitze 1½ Stunden zugedeckt kochen.
Wenn die Zunge weich ist, wird sie aus dem Sud genommen und in Scheiben geschnitten. Den Sud (es sollte etwa noch eine ¾ Tasse Brühe bleiben) mit Stärke binden und über die Zunge gießen.

Lo Se Tzao Mien
Schweinefleisch mit Nudeln und Gemüse

Zutaten:
300 g mageres Schweinefleisch
20 g Glasnudeln
Öl zum Braten
1 Tasse junge Erbsenschoten
1 Tasse Bohnensprossen (in Streifen geschnitten)
1 Eßlöffel frischer Koriander (fein gehackt)
Pfeffer
einige Tropfen Sesamöl

Marinade:

1 Knoblauchzehe (fein gehackt)
1 Eßlöffel Schalotten (fein gehackt)
1 Eßlöffel Kaoliang
Salz, Pfeffer, Prise Zucker

Soße:

3 Eßlöffel dunkle Sojasoße
2 Eßlöffel Reiswein
1 Teelöffel Zucker
1 Teelöffel Stärke (mit 5 Eßlöffel Brühe angerührt)

Zubereitung:

Das Fleisch in feine Streifen schneiden, mit den Zutaten für die Marinade mischen und 20 Minuten stehen lassen. Die Glasnudeln fingerlang schneiden und nach Anweisung kochen oder brühen.
Währenddessen Öl in der Pfanne erhitzen und die Erbsenschoten 1 Minute braten. Die Bohnensprossen zugeben und 2 Minuten weiterbraten. Die abgetropften Glasnudeln und den Koriander untermischen und alles zugedeckt warm halten. Zwischendurch mischen Sie die Soßenzutaten. Nun wieder Öl in einer Pfanne stark erhitzen und das Fleisch mit der Marinade 2 Minuten braten. Die Hitze reduzieren und die Soße über das Fleisch gießen. Nachdem Sie mit Pfeffer gewürzt und Sesamöl darübergeträufelt haben, nehmen Sie die Pfanne vom Feuer. Richten Sie Nudeln mit dem Gemüse auf einer Platte an, und geben Sie das Fleisch darüber.

Links: Ei mit Krabben, auch »Cassia-Krabben« genannt, und ein Zweig der Cassia-Pflanze, nach deren gelben Blüten die Cassiagerichte ihren Namen haben.

Die Wein- und Tee-Provinzen Fukien und Kiangsi

Das Klima und die geologische Beschaffenheit des Bodens bilden bei beiden Provinzen ideale Voraussetzungen für den Teeanbau. Zahlreiche hervorragende Sorten finden von dort ihren Weg zu den Teeliebhabern auf der ganzen Welt und gehören mit zu den wichtigsten Exportartikeln der beiden Provinzen. Nur einige wichtige aus dem umfangreichen Sortiment will ich Ihnen nennen: Panyong, Lapsang, Paklum und Soutschong aus Fukien, der Ningtschau aus Kiangsi und der Wuyi-Klippen-Tee aus den gleichnamigen Bergen, die die Grenze zwischen beiden Provinzen bilden. Aus dem Klippen-Tee wird auch der bekannte Wuyi-Narzissen-Tee hergestellt. Der Tee wächst dort teilweise an fast unzugänglichen Stellen, so daß die Teebauern auf die schlaue Idee kamen, Affen zum Pflücken abzurichten, die tatsächlich bis vor nicht allzulanger Zeit diese halsbrecherische Arbeit besorgten. Aus Longyan, im südlichen Fukien kommt auch der Tschen Gang, ein Reiswein, der dem berühmteren Schaoschng durchaus ebenbürtig ist. Außerdem gibt es in Fukien viele Arten von Fruchtweine; am bekanntesten ist der Litschi-Wein aus den Früchten einer der ältesten Obstbaumarten Chinas. In Putian, einer Provinz Fukiens, steht ein über tausend Jahre alter Litschibaum, der noch heute jährlich Früchte trägt.

Die Wuyi Berge und eine alte Darstellung, wie Affen zum Teepflücken abgerichtet werden.

SCHANGHAI-KÜCHE

Tsching Dschao Dschieh Tschou
Hühnerbrust mit Paprika

Zutaten:
400 g Hühnerbrust
1 Eiweiß
1 Teelöffel Stärke
1 rote Paprikaschote
1 grüne Paprikaschote
Öl zum Braten und Fritieren
2 Eßlöffel Reiswein
Salz, Pfeffer
Prise Zucker

Zubereitung:
Die Hühnerbrust würfeln, das Eiweiß mit der Stärke gut durchschlagen, mit dem Fleisch mischen und 20 Minuten stehen lassen. Die Paprikaschoten in kleine Würfel oder Streifen schneiden. Danach Öl zum Fritieren erhitzen und das Hühnerfleisch so kurz fritieren, so daß es gerade weiß wird. Das Fleisch herausnehmen und abtropfen lassen. Nun wenig Öl in der Pfanne erhitzen, salzen und die Paprika 1 Minute braten. Jetzt wird das Fleisch untergemischt, noch 1 Minute mitgebraten, dann mit Reiswein beträufelt und nachgewürzt.

Dscho Tzao Nge Pien
Gänsebrust in roter Weinpaste

Zutaten:
300 g Gänsebrust ohne Haut
2 Eßlöffel rote Reispaste (oder 2 Eßlöffel roter Reiswein und 1 Eßlöffel rote Bohnenpaste)
1 Eßlöffel Schaosching Wein
1 Teelöffel Gänseschmalz
½ Eiweiß
1 Eßlöffel Stärke
1 Teelöffel Zucker
Salz, Pfeffer
300 g Bambussprossen
Öl zum Fritieren und Braten
½ Tasse Brühe
2 Teelöffel Stärke (mit wenig Wasser angerührt)
5 Eßlöffel Reiswein
3 Eßlöffel blanchierte Mandeln (gehackt)

Zubereitung:
Die Gänsebrust in dünne kurze Streifen schneiden. Reispaste, Wein, Schmalz, Eiweiß und Stärke mischen, mit Zucker, Salz und Pfeffer würzen, die Gänsebrust untermischen und 1 Stunde kühl stellen. Währenddessen die Bambussprossen in dünne Scheiben schneiden.
Öl zum Fritieren erhitzen und die Gänsebrust 1 Minute fritieren. Geben Sie die Streifen entweder einzeln ins Öl oder trennen Sie sie beim Fritieren. Das Fleisch herausnehmen, abtropfen lassen, in wenig erhitztem Öl in der Pfanne kurz braten und die halbe Tasse Brühe darübergießen. Nachdem Sie alles gut durchgerührt haben, mit der Hälfte der angerührten Stärke binden. Das Fleisch dann auf einer heißen Platte in der Mitte anrichten und warm stellen.
In derselben Pfanne wieder etwas Öl erhitzen, salzen und die Bambussprossen 1 Minute braten. Den Reiswein darüberträufeln, dann die restliche Stärke einrühren. Nach insgesamt 2 Minuten Kochzeit die Pfanne vom Feuer nehmen und die Bambussprossen um das Fleisch anrichten. Die Bambussprossen mit den gehackten Mandeln bestreuen.

Links: *Hühnerbrust mit Paprika*

Za Yieh Dan
Tee-Eier

Tee-Eier wirken sehr dekorativ. Durch den Tee verfärben sie sich außen leicht braun und durch die fein angeschlagene Schale ist das Eiweiß mit einer dunklen Netzzeichnung überzogen. Obendrein haben sie noch ein feines Aroma nach Sternanis und Zimt.

Zutaten:
6 Eier
1 Eßlöffel roter Tee
1 Stück Zimt
1 Sternanis
2 Eßlöffel helle Sojasoße
Salz, Zucker

Zubereitung:
Die Eier hart kochen und abkühlen lassen. Nun die Schale ringsherum anschlagen, die Eier aber nicht schälen. Eier in einen Topf legen, und soviel Wasser zugeben, daß sie bedeckt sind, und den Tee mit die übrigen Gewürze zugeben. Die Eier nun bei kleiner Hitze 1 Stunde köcheln.
Nachdem sie abgekühlt sind schälen und halbiert oder geviertelt servieren.

Ähnlich werden Soja-Eier gemacht. Man läßt den Tee weg, nimmt zu dem Wasser neben den Gewürzen ½ Tasse dunkle Sojasoße und kocht in diesem Sud die allerdings schon ganz geschälten Eier etwa ½ Stunde.

Tee-Eier sind eine dekorative Vorspeise

Kunstgewerbe in Fukien und Kiangsi

China ist das traditionelle Land des Kunstgewerbes. Manche Fertigungstechnik hat sich in Jahrhunderten nicht geändert und häufig hat man den Eindruck, daß vom chinesischen Kunstgewerbe der technische Fortschritt bis heute ganz bewußt ignoriert wurde.
Fukien und Kiangsi sind bekannt für Holz- und Steinschnitzereien, für Lackarbeiten, Filigran- und Einlegearbeiten mit Metall und Emaille, für Flecht- und Schnitzarbeiten aus Bambus und nicht zuletzt für Porzellan, dessen älteste und bedeutendste Produktionsstätte in Dschingdetschen, einem Städtchen in der Kiangsi-Provinz, ist. Dschingdetschen war schon in früheren Jahrhunderten führendes Porzellanzentrum Chinas. Es hatte nur einen Konkurrenten: die bereits im 10. Jahrhundert weltberühmte Keramikmanufaktur von Pengtscheng in der Provinz Hopei. »Im Norden Pengtscheng, im Süden Dschingdetschen«, hieß es seit früheren Zeiten. Während die Töpferei in China Jahrtausende alt ist, wurde das echte Porzellan erst nach der Zeitenwende erfunden, vermutlich während der Tang Dynastie im 7. Jahrhundert, oder frühestens im 3. Jahrhundert. Bekanntlich wird Porzellan aus Kaolin hergestellt, das Wort kommt von Kao Ling, »Hoher Hügel«, der Name eines Berges bei Dschingdetschen.
Neben der Herstellung von Geschirr für den täglichen Gebrauch mit reizvollen

Dekors traditioneller Stilistik verdienen auch Ziergegenstände, z. B. chinesische Nippesfiguren, Erwähnung. In Huischan am Taihu-See werden neben den traditionellen, bis ins 14. Jahrhundert zurückgehende keramischen Plastiken und Figürchen hergestellt, die in überaus ansprechender Weise das Moderne mit dem Traditionellen in Form und Farbe verbindet.
Das kunstgewerbliche Institut in Hangtschou befaßt sich in der Hauptsache mit der Pflege der Holz- und Steinschnitzkunst. Tschingtian in der Provinz Tschekiang und Schouschan in Fukien sind die Hauptorte dieser Kunstgewerbeart.

SCHANGHAI-KÜCHE

Se Dsching Fen
Zehn-Juwelen-Reis

Zutaten:
4 schwarze Pilze
6–8 kleine Muscheln
Öl zum Braten
1 Schalotte (quer in kurze Stücke geschnitten)
1/2 Tasse mageres Schweinefleisch (in kleine Würfel geschnitten)
1 Hühnerbrust (in dünne Streifen geschnitten)
50 g roher Schinken (in dünne Streifen geschnitten)
1 Eßlöffel Reiswein
1 Eßlöffel Sojasoße
3 Tassen gekochter Reis
1 Tasse Hühnerbrühe
1/2 Tasse Bambussprossen (in dünne Scheiben geschnitten)
1/2 Tasse Wasserkastanien (in Scheiben geschnitten)
2 Eßlöffel grüne Erbsen
Salz
Fünfgewürzpulver

Zubereitung:
Die Pilze einweichen, anschließend die Stiele entfernen und die Kappen in Streifen schneiden. Die Einweichbrühe aufbewahren. Die Muscheln außen kräftig abbürsten und in kochendes Wasser geben. Wenn sie sich geöffnet haben, das Fleisch herauslösen. (Die verschiedenen Zutaten sollten Sie, wie oben angegeben, entsprechend vorbereiten.)
Nun erhitzen Sie Öl in einer möglichst großen Pfanne. Nachdem die Schalotte kurz angebraten wurde, geben Sie das Schweinefleisch dazu und braten es 1 Minute mit. Sie löschen mit der Pilzbrühe (nicht mehr als 1/4 Tasse) ab. Wenn die Brühe verdampft ist, geben Sie sofort die Hühnerbrust und den Schinken in die Pfanne und lassen wieder alles eine Minute braten. Jetzt träufeln Sie Reiswein und Sojasoße darüber und mischen den gekochten Reis unter. Die Hühnerbrühe wird angegossen und nachdem Sie alles einmal aufkochen ließen, heben Sie die Bambussprossen, Wasserkastanien und Pilze unter. Bei kleiner Hitze soll alles nun zugedeckt 30 Minuten kochen. Ca. 5 Minuten vor Ende der Garzeit geben Sie die Muscheln und die Erbsen dazu, würzen mit Salz und Gewürzpulver und häufen den Reis, den Sie sofort servieren sollten, auf eine tiefe, vorgewärmte Platte.
Das Gericht können Sie auch auf der Grundlage von Reisnudeln zubereiten. Die abgekochten Nudeln werden gebraten und dann mit den übrigen Zutaten, die vorher länger gegart werden müssen, vermischt. Die Mischung selbst nur noch 2–3 Minuten braten lassen.

Unten: Links der Zehn-Juwelen-Reis und rechts das Gericht mit Nudeln zubereitet. Im Hintergrund rohe Reisnudeln.

SCHANGHAI-KÜCHE

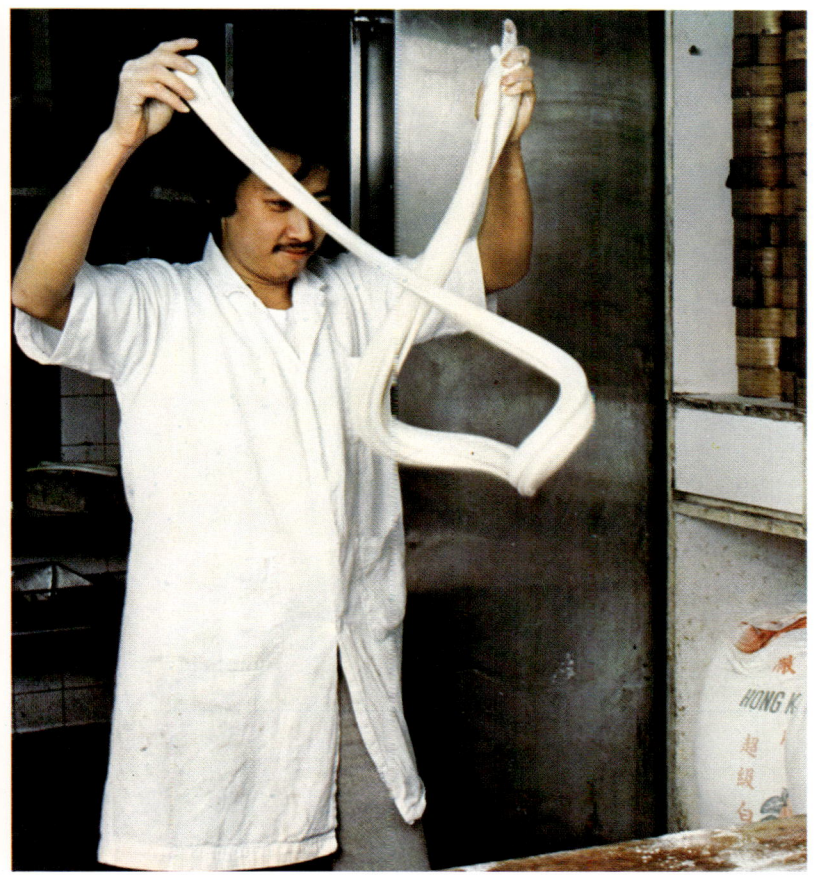

Die Herstellung hausgemachter chinesischer Nudeln ist schon eine Sehenswürdigkeit für sich.
Und so geht das vor sich:
Erst wird aus dem zähen Teig eine lange Rolle geformt. Die Rolle wird an jedem Ende mit der Hand gehalten und durch Schwingen (siehe links) in die Länge gezogen, so weit die Arme reichen. Dann werden die beiden Enden wieder in eine Hand genommen, das andere Ende, der nun zwei um die Hälfte verkürzten Rollen, in die andere Hand. Und wieder wird geschwungen und gezogen, und das wiederholt sich, bis aus der Rolle ein Bündel Fäden geworden ist. Die Rollen bzw. Fäden werden nun immer wieder mit Mehl bestäubt, damit sie nicht zusammenkleben. Am Schluß werden nur noch die beiden Enden (siehe rechts) durchgeschnitten, und die Nudeln können jetzt getrocknet oder gleich gekocht werden.

Lo Tze Mien
Nudeln mit brauner Soße

Dieses alte chinesische Nudelgericht könnte als Urahn der italienischen Pasta asciuta gelten. Wie in Italien werden auch in China regional verschiedene Fleischzutaten, so zum Beispiel in den Küstengebieten Muscheln oder Krabben, verwendet. Nur das Tomatenmark entfällt in China. Ich mische zu der Fleischsoße manchmal noch 1-2 Teelöffel süße Chilisoße.

Links: *Nudeln in brauner Soße sind in China ein Geburtstagsessen. Die Länge der Nudeln sollen ein langes Leben symbolisieren.*

SCHANGHAI-KÜCHE

Zutaten:
250 g chinesische Eiernudeln (Yee Fu)
2 schwarze Pilze
Öl zum Braten
1 Knoblauchzehe (fein gehackt)
150 g mageres Schweinefleisch (fein gehackt)
5 Eßlöffel Brühe
1 Eßlöffel Reiswein
2 Eßlöffel braune Bohnensoße
1 Eßlöffel Hoisin-Soße
1 Teelöffel Stärke (mit wenig Wasser angerührt)
Salz, grüner Pfeffer, Prise Zucker

Zubereitung:
Die Nudeln nach Anweisung auf der Packung abkochen, durchspülen und zum Abtropfen beiseite stellen. Die Pilze einweichen, harte Stiele wegschneiden, die Kappen fein schneiden und die Pilzbrühe beiseite stellen.
Jetzt Öl in der Pfanne erhitzen, den Knoblauch anbraten, die Pilze zugeben und 1 Minute braten. Fleisch zugeben, und sobald es sich verfärbt hat, mit der Pilzbrühe löschen. Die Hitze reduzieren, dann nacheinander Brühe, Reiswein, Bohnen- und Hoisin-Soße einrühren, die Soße mit der Stärke binden und mit den Gewürzen abschmecken. Zum Schluß die Nudeln unterheben, gut durchmischen und sofort servieren.

Fan Tze Tsin Dän
Nudeln mit Eiern

Zutaten:
50 g Glasnudeln
100 g Krabben aus der Dose
2 Eßlöffel Reiswein
1 Frühlingszwiebel (gehackt)
3 Eier
Salz
2 Eßlöffel helle Sojasoße
1 Teelöffel Sesamöl

Zubereitung:
Die Glasnudeln schneiden Sie in etwa fingerlange Bündel und weichen sie 20 Minuten in warmem Wasser ein. Die Krabben werden gespült und mit dem Reiswein mariniert. Nun mischen Sie Nudeln, Frühlingszwiebel, Krabben und die geschlagenen Eier, salzen und geben alles in eine Schüssel. Die Mischung 15 Minuten dämpfen, dann mit Sojasoße und Sesamöl beträufeln und servieren.

Ningpo Tzao Dou Fu
Bohnenquark Ningpo

Zutaten:
300 g Bohnenquark
100 g Schweinefleisch
1 kleiner Lauchstengel
3 schwarze Pilze
3 Eßlöffel schwarze Bohnen (aus der Dose)
Öl zum Braten und Fritieren
1 Eßlöffel grüner Pfeffer
3 Eßlöffel Brühe
1 Eßlöffel Reiswein
2 Eßlöffel helle Sojasoße
1 Teelöffel Stärke (mit 3–4 Eßlöffel Wasser angerührt)
Fünfgewürzpulver
1 Teelöffel Zucker
Sesamöl

Zubereitung:
Den Bohnenquark in Stücke schneiden, das Schweinefleisch würfeln, den Lauch in Diagonalstückchen schneiden. Die Pilze einweichen, Stiele wegschneiden und die Kappen in Streifen schneiden. Die Einweichbrühe beiseite stellen. Dann die Bohnen mit Wasser durchspülen.
Öl zum Fritieren erhitzen und den Bohnenquark fritieren, bis er außen leicht braun wird. Nehmen Sie ihn vorsichtig heraus und lassen Sie ihn gut abtropfen. Nun wird wenig Öl in der Pfanne erhitzt und das gewürfelte Schweinefleisch 1 Minute gebraten. Geben Sie jetzt Lauch, Pilze und die schwarzen Bohnen dazu und lassen Sie alles weitere 3 Minuten braten. Die Hitze reduzieren und nacheinander den grünen Pfeffer, Brühe, Reiswein und Sojasoße zugeben, dann den fritierten Bohnenquark untermischen. Nun die Stärke einrühren, mit Gewürzpulver und Zucker würzen, die Pfanne vom Feuer nehmen und das Gericht auf einer Platte anrichten. Nun wird es mit wenig Sesamöl beträufelt, ehe Sie es servieren.

SCHANGHAI-KÜCHE

Se Tze Do
Löwenköpfe

Hinter den bekannten Löwenköpfen verstecken sich eigentlich Fleischbällchen, die mit Kohlblättern umlegt werden. Mit einiger Phantasie, und wenn sie dekorativ angerichtet sind, können sie als Köpfe mit Mähnen definiert werden.

Zutaten:
150 g roher Schinken
300 g Schweinefleisch
2 Teelöffel Ingwer
1 Schalotte
2 Eßlöffel Reiswein
2 Eßlöffel Brühe
1 Eßlöffel dunkle Sojasoße
1 Eßlöffel Maisstärke
Salz, Zucker
Fünfgewürzpulver
1 Ei
Maisstärke zum Wälzen
Öl zum Fritieren und Braten
250 g Chinakohl

Soße:
2 Eßlöffel dunkle Sojasoße
2 Eßlöffel Reiswein
½ Tasse Brühe
1 Teelöffel Maisstärke
Salz
Pfeffer

Zubereitung:
Zuerst machen Sie die Fleischbällchen. Dazu werden Schinken, Schweinefleisch, Ingwer und die Schalotte fein gehackt und mit Reiswein, Brühe, Sojasoße, Maisstärke und den Gewürzen vermengt. Den Fleischteig formen Sie dann zu 4–5 Bällchen, die Sie ein wenig flachdrücken. Falls der Teig nicht fest genug ist, mischen Sie noch etwas Brühe und Stärke unter. Die Bällchen wälzen Sie erst in dem geschlagenen Ei und dann in der Maisstärke.
Nun erhitzen Sie Öl zum Fritieren und geben die Bällchen in das Fett. Nach einer Minute nehmen Sie sie heraus und entfetten sie auf Küchenkrepp.
Nun wird der Kohl zubereitet. Die großen Blätter werden einmal durchgeschnitten, kleine Blätter lassen Sie ganz. Den Kohl waschen und abtropfen lassen. Nun 2 Eßlöffel Öl in einer Kasserolle erhitzen, etwas Salz einstreuen und die Kohlblätter darin 1 Minute braten. Die Soßenzutaten, die Sie vorher vermischen, dazugießen. Nun nehmen Sie die Hälfte des Kohls aus der Kasserolle, verteilen den verbliebenen gleichmäßig auf dem Boden und legen darauf die fritierten Fleischbällchen, die mit dem entnommenen Kohl bedeckt werden. Die Kasserolle zudecken und alles bei kleiner Hitze 20 Minuten ziehen lassen. Wenn nötig, noch Brühe angießen.

Huo Twei Tschok
Schinken und Reisbrei

Zutaten:
1 Tasse Glutinreis
3 Tassen Hühnerbrühe
200 g Jinhua-Schinken (roher Schinken, Parma o. ä.)
2 Eßlöffel Frühlingszwiebeln (fein gehackt)
1 Eßlöffel dunkle Sojasoße
1 Eßlöffel Rotweinpaste
Salz
Pfeffer

Zubereitung:
Den Reis spülen und mit der Hühnerbrühe zum Kochen bringen. Den Schinken in feine Streifen schneiden. Sobald der Reis die Brühe aufgesogen hat, nehmen Sie ihn vom Feuer. Den nur halbgegarten Reis vermischen Sie mit dem Schinken, den Frühlingszwiebeln, der Sojasoße und Rotweinpaste und würzen die Mischung mit Salz und Pfeffer. Dann geben Sie den Brei in eine gefettete Schüssel, die Sie 30 Minuten in den Dämpfer stellen. Nach der Dämpfzeit heben Sie die Schüssel heraus und stürzen den Reisbrei auf eine vorgewärmte Platte.

Links oben: *Bohnenquark Ningpo*
Links unten: *Löwenköpfe*
Oben: *Schinken mit Reisbrei*

SCHANGHAI-KÜCHE

Bai Tzai Lo Pien
Schweinefleisch mit Chinakohl

Zutaten:
300 g mageres Schweinefleisch
1 Eßlöffel dunkle Sojasoße
1 Eßlöffel Reiswein
1 Teelöffel Stärke
2 schwarze Pilze
6 Champignons
250 g Chinakohl
1 Eßlöffel Stärke (mit einer Tasse Wasser angerührt)
Öl zum Braten und Fritieren
2 Eßlöffel Schalotten (fein gehackt)
1 Teelöffel grüner Pfeffer
2 Eßlöffel Reiswein
1 Teelöffel Sesamöl
Salz, Pfeffer, Prise Zucker

Zubereitung:
Das Fleisch in kleine Scheibchen schneiden, diese mit Sojasoße, Reiswein und Stärke mischen und ½ Stunde stehen lassen. Die schwarzen Pilze einweichen. Anschließend die Stiele wegschneiden und die Kappen in Streifen teilen. (Pilzbrühe beiseite stellen.) Die Champignons in Scheiben schneiden. Den Kohl in kurze Streifen schneiden, in der Stärkebrühe gründlich schwenken und dann abtropfen lassen.
Jetzt das Öl zum Fritieren erhitzen und das Fleisch 1 Minute fritieren. Nach dem Herausnehmen abtropfen lassen. Wenig Öl in der Pfanne erhitzen, die Schalotten mit dem grünen Pfeffer kurz anbraten, den Kohl zugeben und bei guter Hitze 2 Minuten braten, dabei nach Belieben etwas salzen. Das Schweinefleisch untermischen und eine weitere Minute braten. Die Pilzbrühe angießen, dann den Reiswein, und zum Schluß das Sesamöl darüberträufeln. Das Gericht mit Salz, Pfeffer und Zucker abschmecken und anrichten.

Die Bilder zeigen den ganzen Vorgang der Zubereitung.
Links: das Scheiden des Fleisches und das Marinieren.
Rechts: das Braten des Kohls und des Fleisches sowie das Mischen der Zutaten.
Rechts unten: schließlich das fertige Gericht.

SCHANGHAI-KÜCHE

147

CHINESISCHER TEE

CHINESISCHER TEE

Chinesischer Tee

Kaiser Schen Nang, der von 2757–2697 v. Chr. regierte, war nicht nur Abstinenzler, sondern auch offenbar ein sehr heikler Herrscher. Um seinen Durst zu löschen, trank er Wasser, jedoch dieses nur abgekocht. Als man ihm im Garten wieder einmal sein Leib- und Magengetränk abkochte, wehte der Wind ein Teeblatt in den kleinen Kochkessel und sogleich entströmte ihm ein köstliches Aroma. Von da an trank der Kaiser das Wasser nie mehr pur. Der »Dscha« (Tee) war geboren.

Dies ist die chinesische Entstehungsgeschichte des Tees, die – wie so häufig in Fällen, bei denen keine genaue geschichtlichen Tatsachen vorhanden sind – mit ein bißchen Poesie ausgeschmückt wurde.

220 v. Chr. wurde in China dann eine Teesteuer eingeführt, denn dieses Getränk war zu dem wichtigsten in China geworden und ist es bis heute geblieben. Auch die zahlreichen Gelegenheiten, bei denen Tee getrunken wird, haben sich kaum geändert. Lu Yün hat diese Anlässe in seiner Teefibel, dem »Dscha Dsching«, das um die 780 n. Chr. veröffentlicht wurde, ausführlich festgehalten.

Es dauerte aber noch lange, ehe 1610 die holländische Ostindien-Kompagnie die erste Teeladung nach Europa brachte.

Im Gegensatz zu hiesigen Gebräuchen wird in China der Tee etwas schwächer und ohne Zucker getrunken.

CHINESISCHER TEE

Die Beschreibung der Zubereitung des Tees, angefangen beim richtigen Gefäß, über das am besten geeignete Wasser, bis zur Teezeremonie, würde allein ein ganzes Buch füllen. Hier sollen nur die wichtigsten Teesorten und ihre chinesischen Anbaugebiete aufgeführt werden.

Schwarzer Tee
Der fermentierte, gerollte Tee ist in zahlreichen Qualitäts- und Geschmacksabstufungen zu haben. Die Fermentation verringert den Gerbstoffgehalt und läßt andererseits die Aromastoffe sich entfalten. Er ist also kräftig im Geschmack.

Grüner Tee
Er ist nicht fermentiert, wodurch das Teein voll erhalten bleibt. Trotz seines milderen Aromas ist er anregender als schwarzer Tee.
Die grünen Blätter werden Wasserdampf oder trockener Hitze ausgesetzt, gerollt und dann getrocknet.

Oolong Tee
Dieser Tee ist halb fermentiert und vereinigt die Eigenschaften des schwarzen und grünen Tees. Ein Getränk für Kenner.

Weißer Tee
Eine Spezialität aus Fukien. Er wird weder gerollt noch fermentiert, hat aber ein besonders zartes Aroma.

Aromatisierter Tee
Schwarzer oder Grüner Tee von bester Qualität wird mit stark duftenden Blüten aromatisiert, wie z. B. mit Blüten von Rosen, Chrysanthemen, Lychie, Cytruspflanzen und Magnolienarten. Am bekanntesten ist der Jasmin-Tee, der hauptsächlich aus der Provinz Fukien kommt. Seine Entstehung geht auf die Sung und Ming Dynastie zurück (960–1644).
Die Herstellung eines guten Jasmin-Tees erfordert viel Erfahrung. Die chinesische Jasminblüte öffnet sich abends und gibt dabei den intensivsten Duft ab. In diesem Stadium werden die stark duftenden Blüten zu dem getrockneten Schwarzen oder Grünen Tee gegeben, der dann das Aroma dieser Blüten annimmt. Der Vorgang wird je nach Qualität des Tees mehrmals mit den frischen, sich gerade öffnenden Blüten wiederholt. Auch geräucherter Tee gehört zu dieser Gruppe.

Vorhergehende Seiten: Teepflückerinnen bei Dämmerung und das vielfältige Tee-Angebot in einem chinesischen Teeladen.
<u>Links oben:</u> *Die Zeichnung aus dem 19. Jahrhundert zeigt einen Teepavillon in Schanghai.*
<u>Links Mitte:</u> *Teehäuser im heutigen China*
<u>Links unten:</u> *Chinesisches Teegeschirr. Einzelpersonen wird der Tee in Tassen mit Deckeln angebrüht und serviert. Zum Nachgießen steht ein Thermosbehälter mit heißem Wasser bereit. Der zweite Aufguß soll den ersten an feinem Aroma sogar übertreffen.*
<u>Rechts oben:</u> *Schon im alten China hat sich die Tasse Tee zum unentbehrlichen Begleiter eines Schwätzchens, einer Unterhaltung oder einer Besprechung entwickelt und ist es bis heute geblieben.*

Ziegeltee

Das ist zu Platten gepreßter Grüner oder Schwarzer Tee. Neben den groben und feinen Blättern werden auch kleine Zweige und der Dust mit verwendet. Dieser Tee wurde früher viel nach Tibet und Rußland exportiert. Bei der Teezubereitung schneidet man sich einfach ein Stück von der Platte.

Die Hauptanbaugebiete in China sind Fukien mit den Orten Panyong, Paklum, Lapsang und Souchong. In der Provinz Anhui wächst der beste bei Kiemun. Szetschuan ist bekannt für seinen aromatischen Schwarzen Tee, genauso wie die benachbarten Provinzen Yünnan und Kweitschao. Der bekannteste aus Kwantung ist der Yingteh, die Provinz Hupeh hat den I Dschong, Kiangsi seinen ausgezeichneten Ningdschou und außerdem gedeihen in den Provinzen Hunan und Kwangsi sehr gute Teesorten. Auch auf Taiwan wird Tee angepflanzt. Die Anbauflächen dieser südöstlichen Provinzen Chinas wurden in den letzten Jahren ständig erweitert und damit auch der Export des chinesischen Tees. Während chinesischer Tee früher verhältnismäßig selten hier zu haben war, findet ihn der Kenner und Liebhaber heute in reichlicher Auswahl.

Tee wird in China bei jeder Gelegenheit getrunken, jedoch kaum während der Mahlzeiten, sondern vorher, meist aber danach.

Daß Tee zum Lieblingsgetränk der Chinesen geworden ist, liegt nicht zuletzt an seiner gesundheitsfördernden Wirkung, die man schon in früheren Zeiten erkannt hat. Tee enthält etwa 300 Substanzen, hauptsächlich das desinfizierende und entzündungshemmende Tannin. Andere regen die Herztätigkeit an und halten die Blutgefäße elastisch. Die Alkaloide wirken belebend auf das Zentralnervensystem, die Nierenfunktion und fördern den Stoffwechsel. Eine weitere Substanz spaltet tierisches Fett; deshalb trinken die Volksgruppen in China, die fettreich essen, auch überdurchschnittlich viel Tee.

Trinke Tee mit Deinem Gast
Trinke Tee mit Deiner Liebsten
Trinke Tee im Bambushain an einem Frühlingsabend

Lu Yün

Ich entdeckte den ganzen köstlichen Duft des Frühlings in einer Tasse Jasmintee

Die Szetschuan-Küche

Mittelpunkt der westlichen Küche, zu der man auch die Provinzen Yünnan, Kweitschao und Hunan rechnet, ist Szetschuan (Sichuan). Diese dichtbevölkerte Provinz hat nahezu einhundert Millionen Einwohner.
Am Oberlauf des größten Flusses von China, westlich des riesigen Yangtze-Tieflandes liegt das Becken von Szetschuan, die Reiskammer Chinas. Schwer passierbare Gebirgsketten umschließen ringsum das Becken, das vor Millionen Jahren einmal ein Binnenmeer gewesen ist. Im Westen türmen sich die osttibetischen Hochgebirge bis auf siebentausend Meter Höhe, die östliche Barriere bilden mehrere parallel verlaufende Gebirgsketten des Taihang-Shan und der verlängerten mongolischen Binnenschwelle. Im Norden schützt der Chinling-shan und Nan-shan vor den eisigen Stürmen Sibiriens und im Süden grenzen die verkarsteten Stufen des Hochlands von Kweitschao das Becken ab. Die Abgeschlossenheit dieser natürlichen Festung hatte über Jahrhunderte auch eine Isolierung und damit verbundene Rückständigkeit zur Folge. Erst in den letzten Jahrzehnten wurde der Bau von leistungsfähigen Verkehrswegen zu den benachbarten Provinzen energisch in Angriff genommen.
Das Klima in dem ringsum geschützten »Roten Becken« begünstigt außerordentlich die Flora und ließ die Provinz zu einem landwirtschaftlichen Überschußgebiet werden. Kurzen milden Wintern folgen lange feuchtwarme, fast schon tropische Sommer. Jeder Fußbreit des Bodens wird genutzt, in unermüdlicher Arbeit haben die Bauern Reisterrassen angelegt, die sich malerisch bis zu fünfzig Stufen die Berghänge hinaufschichten. In diesem »Land des Überflusses«, wie es auch genannt wird, gedeihen alle subtropischen Nutzpflanzen. Die angrenzenden Gebiete, die auch zur westlichen Küche zählen, sind von der Natur weniger begünstigt, besonders Kweitschao, wo der Regen schnell in den Karstböden versickert.
Auch der Westen Chinas weist imponierende Sehenswürdigkeiten und landschaftliche Schönheiten auf, die den Besucher immer wieder faszinieren: die über zweitausendjährige Hauptstadt Tschengtu der Provinz Szetschuan, mit seinen berühmten Brokatwebereien, Tschungking, die Stadt am Yangtze, die sich aus hoffnungsloser Rückständigkeit zu einer fast aus den Nähten platzenden Industriestadt entwickelt hat. Da ist Leshan mit dem in den Fels gehauenen siebzig Meter hohen Buddha, die Emei-Berge und seine Tempel und Klöster, da sind die Yangtze-Schluchten, durch die sich der gewaltige Fluß zwängt und der imposante »Steinwald« bei Kunming in der Provinz Yünnan.
Von der Szetschuan-Küche wird im allgemeinen angenommen, daß sie äußerst würzig und scharf ist. Dies trifft auch für die häusliche Küche zu, bei der Chili und Pfeffer reichlich verwendet werden. Doch bei Banketts werden auch weniger scharf gewürzte Speisen gereicht. Scharfe Würzpflanzen wachsen reichlich und man hat sie primär zur Konservierung von Lebensmittel benötigt, die bei dem dortigen Klima unumgänglich ist. Und die Menschen haben sich an die Schärfe gewöhnt, wobei auch der gesundheitliche Aspekt sicher eine Rolle spielt.

Links: *Typische Landschaft Szetschuans mit seinen Reis- und Gemüsefeldern.*
Unten: *Die Yangtze-Schluchten bei Feng-hieh*

SZETSCHUAN-KÜCHE

SZETSCHUAN-KÜCHE

Links oben: Zahlreiche Palmenarten wachsen im Szetschuanbecken und im südwestlichen China.
Links unten: Bambus wird zusammen mit anderen Baumarten gern als Schattenspender um die Häuser gepflanzt. Die Bambuswälder im Südwesten sind die Lebensgrundlage der selten gewordenen Pandabären.
Mitte: Ein Bauern- und Fischerdorf in der Provinz Yünnan. Die Karstberge bieten kaum eine Möglichkeit der Kultivierung.
Unten: Die Märkte Szetschuans bieten eine Fülle von Gemüse und Früchten. Auf dem untersten Bild werden z. B. frische Bambussprossen angeboten, die es hier leider nur in Dosen gibt.

Do Tze Lo Pien
Leber mit schwarzen Bohnen

Zutaten:
500 g Schweineleber
1 Eßlöffel Reiswein
1 Teelöffel Chilisoße
1 Teelöffel Stärke
100 g schwarze Bohnen (aus der Dose)
Öl zum Fritieren und Braten
2 Eßlöffel Frühlingszwiebeln (grob gehackt)
1 Teelöffel Szetschuanpfeffer (gestoßen)
1 Eßlöffel helle Sojasoße
1 Prise Chili
3–4 Eßlöffel Brühe

Zubereitung:
Die Leber säubern und in Streifen schneiden. Mit dem Reiswein, der Chilisoße und der Stärke mischen und 20 Minuten stehen lassen. Die gesalzenen Bohnen abspülen. Öl zum Fritieren erhitzen und die Leber 10 Sekunden fritieren, so daß die Umhüllung fest wird und die Stücke nicht mehr zusammenkleben. Nach dem Herausnehmen abtropfen lassen oder mit Küchenkrepp entfetten. Wenig Öl in der Pfanne erhitzen, die Bohnen und Zwiebeln anbraten, dann die Leber zugeben und 1 Minute mitbraten. Nacheinander Pfeffer, Sojasoße und Chili untermischen, die Brühe darüberträufeln und das Gericht auf einer Platte anrichten.

Die Bohnen, die trotz des Spülen noch salzig sind, erübrigen ein weiteres Salzen des Gerichts. Statt getrocknetem Chilipulver können Sie auch frische, fein geschnittene Pepperonischoten verwenden.

Szetschuan Tza Scha
Szetschuan Krabben

Zutaten:
400 g Krabben (ohne Schalen)
3–4 Pfefferschoten
5 dünne Scheiben frischer Ingwer
½ Eiweiß
1 Teelöffel Reiswein
1 Teelöffel Stärke
Öl zum Fritieren und Braten
½ Tasse grüne Erbsen
(aus der Dose)
Salz
Pfeffer

Soße:
1 Eßlöffel Reiswein
½ Teelöffel Stärke (mit 3 Eßlöffel Wasser angerührt)

SZETSCHUAN-KÜCHE

Szetschuan Yao Hua
Nieren Szetschuan

Zutaten:
4 Schweinsnieren
1 Eßlöffel Reiswein
Salz, Pfeffer, Stärke
4–6 schwarze Pilze
Öl zum Braten
1 Eßlöffel Frühlingszwiebeln (fein gehackt)
1 Teelöffel frischer Ingwer (gerieben)
1 Knoblauchzehe (fein gehackt)
1 Tasse Bambussprossen (in Scheibchen geschnitten)

Soße:
1 Eßlöffel helle Sojasoße
1 Eßlöffel braune Bohnensoße
1 Eßlöffel Reiswein
1 Teelöffel Zucker
1 Eßlöffel Essig
½ Teelöffel Szetschuan-Pfeffer (gemahlen)
Chilisoße nach Belieben
2 Teelöffel Stärke (mit Wasser angerührt)

Zubereitung:
Die Nieren waschen, einmal längs durchschneiden. Die inneren Sehnen und Häute entfernen. Die Oberfläche außen in engem Abstand kreuzweise einschneiden. Die Nierenhälften gut salzen, mit der Hand drücken und reiben, dann mit Wasser abspülen. Die Hälften quer in Scheiben schneiden und mit reichlich kochendem Wasser übergießen. Nach einigen Minuten herausnehmen und gut abtropfen lassen. Die Nieren mit Reiswein mischen, salzen, pfeffern und 15 Minuten stehen lassen.
Die Pilze werden gewaschen und eingeweicht. Anschließend die Stiele abschneiden und die Kappen in Streifen schneiden. (Pilzbrühe beiseite stellen.) Die Zutaten für die Soße mischen.
Die marinierten Nieren mit Stärke bestreuen, damit sie ringsum bedeckt sind. Öl in der Pfanne erhitzen, die Nieren bei mittlerer Hitze 1 Minute braten. Aus der Pfanne nehmen und beiseite stellen. Wieder Öl in der Pfanne erhitzen, Frühlingszwiebeln, Ingwer und Knoblauch kurz anbraten, die Bambussprossen und Pilze zugeben und 1 Minute braten. Die Pilzbrühe (½ Tasse) angießen, aufkochen lassen und dann die Nieren wieder in die Pfanne geben und alles gut vermischen. Nun die Soße unterrühren und weiterbraten, bis sie dick wird. Die Nieren gleich servieren.

Zubereitung:
Die Krabben säubern und waschen; falls Sie Dosenware verwenden, müssen sie gut gespült werden. Die Pfefferschoten in Stücke schneiden. Die Krabben mit den Schotenstücken und den Ingwerscheiben mischen und 2–3 Stunden kühl stellen, dabei ab und zu durchmischen. Dann die Pfefferschoten und den Ingwer herausnehmen, die Ingwerscheiben noch feiner schneiden und nur die Hälfte der Pfefferschoten verwenden und diese in kleine Karos schneiden. Beides beiseite stellen. Jetzt werden Eiweiß, Reiswein und Stärke gemischt und die Krabben darin gewälzt, so daß sie ringsum eingehüllt sind. Anschließend mischen Sie die Soßenzutaten.
Öl zum Fritieren erhitzen und die Krab-

Oben: *Nieren Szetschuan*
Links: *Leber mit schwarzen Bohnen, darüber Szetschuan-Krabben und rechts Szetschuan-Ente (Rezept S. 159).*

ben 1 Minute fritieren, herausnehmen und abtropfen lassen. Öl zum Braten erhitzen, Ingwer und Pfefferschoten kurz anbraten, die Hitze reduzieren und nacheinander Krabben, die abgetropften Erbsen und die Soße untermischen. Nachdem Sie alles mit Salz und Pfeffer abgeschmeckt haben, häufen Sie das Gericht auf eine vorgewärmte Platte.

Das Zerlegen einer Ente

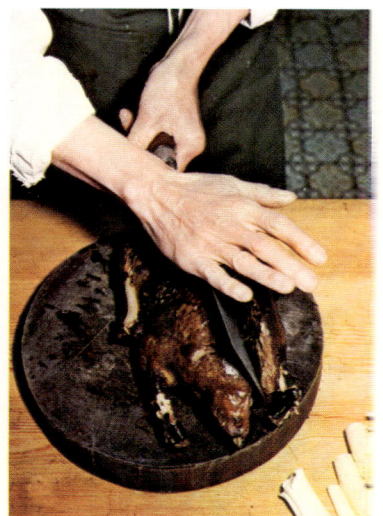
Die Ente längs in vier Teile schneiden

Jedes Viertel quer in Scheiben schneiden

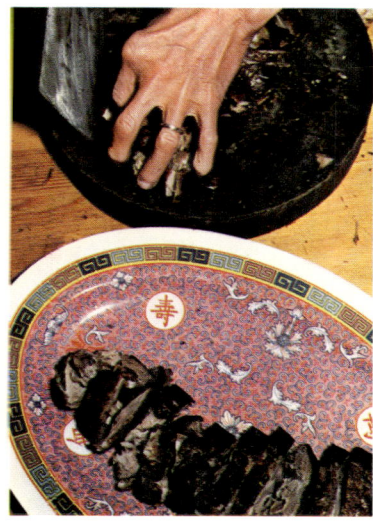
In der ursprünglichen Form anrichten

Szetschuan Tza Ya
Szetschuan-Ente

Zutaten:
1 Ente (1500 g)
2 Eßlöffel Salz
1 Eßlöffel Szetschuan-Pfeffer
1 Teelöffel schwarze Pfefferkörner
2 Sternanis
1 3-cm-Stück chinesischer Zimt
1 Teelöffel Fünfgewürzpulver
3 Scheiben frischer Ingwer
1 Schalotte
2 Eßlöffel dunkle Sojasoße
2 Eßlöffel Reiswein
1 Eiweiß
2 Eßlöffel Stärke
Prise Salz, Zucker
Öl zum Fritieren

Zubereitung:
Die Ente erst säubern, dann Hals, Flügelspitzen und überschüssiges Fett wegschneiden und dies zusammen mit den Innereien anderweitig verwenden. Salz, die beiden Pfeffersorten, Anis und Zimt in einer Pfanne ohne Öl erhitzen, bis die Mischung Aroma entwickelt. In einen Mörser geben, zerstoßen und mit dem Gewürzpulver mischen. Die Ente damit innen und außen einreiben. Die Gewürzmischung fest andrücken, damit sie haften bleibt.

In das Innere der Ente den Ingwer und die Schalotte geben. Die Ente in Alufolie einwickeln, gut verschließen und über Nacht kühl stellen.

Vor der weiteren Zubereitung die losen Teile der Gewürzmischung leicht abpinseln (ein Teil darf haften bleiben). Die Ente dann in eine Schüssel legen und eineinhalb Stunden dämpfen. Nach der Dämpfzeit herausnehmen und völlig abkühlen lassen. Der sich gebildete Fleischsaft kann anderweitig verwendet werden.

Die erkaltete Ente einige Male mit der dunklen Sojasoße einpinseln und 1–2 Stunden zum Trocknen aufhängen. Anschließend Reiswein, Eiweiß und Stärke mischen, würzen und damit die Ente außen einpinseln.

Nun wird Öl erhitzt und die Ente fritiert, bis sie außen schön bräunt. Da sie vom Dämpfen schon weich ist, müssen Sie vorsichtig mit ihr umgehen. Ich empfehle Ihnen daher, sie zum Fritieren in einen Drahtkorb zu legen und zum Wenden herauszunehmen.

Die knusprige Ente zerlegen und dekorativ anrichten. Dazu können Sie verschiedene Dipsoßen und Gewürze, wie z. B. Wasserkresse-Dip, Pfeffersoße, Szetschuan-Pfeffersalz reichen; auch fritierte Scheiben von gedämpftem Brot (Rezept Seite 54) schmecken vorzüglich.

Links: Die Szetschuan-Ente wird nach dem Dämpfen fritiert und bekommt so eine knusprige Haut.

SZETSCHUAN-KÜCHE

Tschengtu Tzao Scha
Sellerie-Shrimps

In Tschengtu verwendet man für das Gericht getrocknete Shrimps, die über Nacht gewässert werden, und für die Schärfe sind die Pfefferschoten zuständig, die dort mitgegessen werden. Ich verwende frische Shrimps, entferne die Schoten und gebe dem Rezept dadurch einen milderen, eher kantonesischen Anstrich.

Zutaten:
250 g frische Shrimps (ohne Schale)
1 Eßlöffel Reiswein
1 Teelöffel frischer Ingwer
(fein gehackt)
150 g Bleichsellerie
2 Pfefferschoten
1 kleine Karotte
1 kleines Stück Bambussprossen
Öl zum Braten
2 Eßlöffel grüne Erbsen
½ Teelöffel Stärke
Salz, Pfeffer

Zubereitung:
Die Shrimps säubern und waschen. Anschließend mit Reiswein und Ingwer 20 Minuten marinieren. Bleichsellerie in kurze Stücke schneiden und die Pfefferschoten einmal längs durchschneiden. Beides zusammen in möglichst wenig Wasser 5 Minuten kochen. Die Selleriestücke herausnehmen, die Kochbrühe beiseite stellen und die Pfefferschoten wegwerfen. Nun die Karotte und Bambussprossen in Scheibchen schneiden.
Öl in der Pfanne erhitzen und die Karotten- und Bambusscheiben 1 Minute bei guter Hitze braten. Dabei etwas salzen. Die Shrimps mit der Marinade zugeben, 3 Minuten braten und dann die Erbsen und den Sellerie untermischen. Die Stärke mit 4 Eßlöffeln der Kochbrühe anrühren und in die Pfanne träufeln. Nochmals alles gut durchmischen, abschmecken und anrichten.

Unten: *Sellerie-Shrimps*
Rechts: *Die gelatineartigen Silberohren*

SZETSCHUAN-KÜCHE

Ying Dschüh Ning Er
Silberohren mit Mandarinen

Silberohren sind Baumpilze von heller Farbe, stark gekräuselt und eine Spezialität aus Szetschuan. Sie werden hauptsächlich für Suppen und Süßspeisen, wie in dem folgenden Rezept, verwendet und gelten in China als eine Art Tonikum.

Zutaten:
20 g getrocknete Silberohren
2 Mandarinen
5 Eßlöffel weißer Kandiszucker
2 Eßlöffel Litschi-Wein

Zubereitung:
Die Silberohren müssen Sie mindestens 1 Stunde in Wasser einweichen. Das Wasser wird weggeschüttet und die harten Strünke der Pilze werden abgeschnitten.
Die Mandarinen schälen, dann die Häute und Kerne der Segmente entfernen, das Fruchtfleisch zerdrücken und mit dem gestoßenen Zucker vermischen. Nun die Mischung leicht erwärmen, bis sich der Zucker aufgelöst hat.
Die Silberohren geben Sie in eine Schüssel, beträufeln sie mit dem Wein und geben sie dann eine gute Stunde in den Dämpfer. Nach dem Herausnehmen heben Sie die gezuckerten Mandarinen unter und servieren diese Süßspeise in zarten Schälchen.

Tschüh Huo Kuo
Chrysanthemen-Feuertopf

Zutaten für 4 Personen:
200 g Hühnerbrust
100 g Geflügelleber
200 g frisches Fischfilet
200 g Muscheln
150 g Shrimps (ohne Schalen)
200 g Fischbällchen (nach dem Rezept Seite 52 bereitet)
1–2 Stengel Mangold
50 g Glasnudeln
4 gebackene kleine Omeletts (aus 3–4 Eiern)
4 kleine frische Pepperoni
8 Tassen Hühnerbrühe (mit Sojasoße, Salz und Pfeffer gewürzt)
Blätter einer Chrysanthemenblüte
1 Bund Koriander (fein geschnitten)
fertige Dip-Soßen

SZETSCHUAN-KÜCHE

Rechts: *Der Chrysanthementopf. Er ist, wie ich schon beim Mongolentopf erwähnte, ebenfalls kein ausgesprochenes Gericht der Szetschuan-Region. Auch in Südchina wird er, wenn auch etwas milder, zubereitet. Die Verwendung der Chrysanthemenblüten ist etwas problematisch, denn sie werden hier häufig mit Insektizide behandelt und könnten dadurch das ganze herrliche Essen verderben.*
Sie sollten deshalb, wenn Sie nicht darauf verzichten wollen, nur Blüten aus dem eigenen Garten verwenden. Die Zutaten, die ich Ihnen im Rezept nenne, werden Sie hier sicherlich alle bekommen. In China, besonders in den Küstenregionen, werden sie gerne noch durch Fischmägen und Seegurken (Bêche de mer) angereichert.

Zubereitung:
Eigentlich müßte ich hier von Vorbereitung sprechen, denn diese ist für Sie die Hauptarbeit.
Schneiden Sie erst die Hühnerbrust, Geflügelleber und das Fischfilet in mundgerechte Stücke. Die Muscheln werden gebürstet, kurz gekocht, bis sich die Schalen öffnen und dann herausgelöst; die Shrimps gesäubert. Einen Teil dieser vorbereiteten Zutaten, ebenfalls einige Fischbällchen, die ganzen Mangoldstengel, die Glasnudeln, und obenauf die kleinen Omeletts, schichten Sie nun in den Feuertopf, bis er gefüllt ist (die restlichen Zutaten richten Sie auf einer Platte zum Nachfüllen an). Geben Sie nun auch die Pepperoni dazu, die für die Schärfe sorgen.
Inzwischen bringen Sie die gewürzte Hühnerbrühe am Herd zum Kochen. Diese gießen Sie nun über die Zutaten in den Feuertopf, den Sie vorher natürlich auf das entzündete Rechaud gestellt haben. Die Brühe müssen Sie am Köcheln halten. Zum Schluß streuen Sie die Chrysanthemenblüten darüber.
Und nun beginnt das Eßvergnügen. Jeder nimmt sich von den gegarten Zutaten, die schon nach ca. 7–10 Minuten gegessen werden können, bestreut sie mit Koriander oder ißt sie mit den bereitgestellten Dip-Soßen. Wenn alle Zutaten verzehrt sind, füllen Sie die restlichen in den Feuertopf nach.
Und ganz zum Schluß reichen Sie die köstliche Brühe mit den noch umherschwimmenden Resten.

Hunan Dou Fu Tzao Yü
Fisch mit Bohnenquark

Zutaten:
*400 g Schwanzstücke eines Süßwasser-Fischs (Forellen, Felchen)
2 Eßlöffel Reiswein
Salz
1 Eßlöffel Chilisoße
300 g Bohnenquark-Schnitten
Öl zum Fritieren
Stärke*

Soße:
*5 Eßlöffel Brühe
1 Eßlöffel dunkle Sojasoße
2 Teelöffel Chilisoße
1 Teelöffel Zucker
1 Teelöffel Stärke (mit Wasser angerührt)*

Zubereitung:
Den Fisch mit dem Reiswein beträufeln und 20 Minuten stehen lassen. Zwei Teelöffel Salz und die Chilisoße mit einer dreiviertel Tasse Wasser mischen und darin den Bohnenquark mindestens ½ Stunde einlegen. Die Bohnenquark-Schnitten müssen von der Marinade bedeckt sein.
Öl erhitzen, die Fischstücke leicht salzen, mit wenig Stärke bestreuen und 4–5 Minuten fritieren. Dann auf eine vorgewärmte Platte geben.
Die Quarkschnitten aus der Marinade nehmen, gut abtropfen lassen, ebenfalls mit Stärke bestreuen und 3 Minuten im gleichen Öl fritieren; ebenfalls auf der Platte mit dem Fisch anrichten.
Die Zutaten für die Soße mischen und in einer kleinen Pfanne aufkochen lassen. Wenn die Soße sämig wird, nach Belieben nachwürzen, eventuell zusätzlich mit Brühe strecken und dann über den angerichteten Fisch und Bohnenquark gießen oder getrennt in Schälchen reichen.

Unten: Fisch mit Bohnenquark
Rechts: Der dekorativ angerichtete Fisch in scharfer Tomatensoße

Dscha Tze Yü
Fisch mit scharfer Tomatensoße

Zutaten:
*1 Süßwasser-Fisch (500 g)
Reiswein-Essig
1 Eigelb
Salz, Szetschuanpfeffer, Chili
1 Knoblauchzehe
1 Frühlingszwiebel
1 Karotte
1 Stück Bambussprossen
1 Pepperoni
Öl zum Fritieren und Braten, Stärke*

Soße:
*½ Tasse Hühnerbrühe
1 Eßlöffel Reiswein
2 Eßlöffel Essig*

SZETSCHUAN-KÜCHE

2 Eßlöffel Tomatenmark
1 Teelöffel dunkle Sojasoße
1 Eßlöffel brauner Zucker
2 Teelöffel Stärke (mit wenig Wasser angerührt)

Zubereitung:

Den Fisch ausnehmen, säubern, beidseitig diagonal einschneiden und innen und außen mit dem Essig einreiben. Jetzt muß er 10 Minuten marinieren. Inzwischen das Eigelb mit etwas Salz, Pfeffer und Chili verrühren, den Fisch damit innen und außen einstreichen und wieder 15 Minuten stehen lassen.
Inzwischen Knoblauch und Frühlingszwiebel fein hacken, die Karotte und Bambussprossen in dünne Scheiben schneiden und die Pepperoni grob hacken.

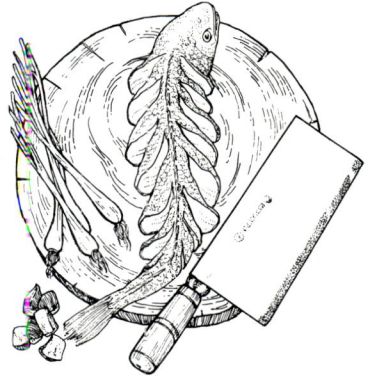

So sollte der rohe Fisch eingeschnitten werden

Die Zutaten für die Soße ohne die Stärke mischen.
Öl erhitzen, den Fisch in Stärke wälzen und 5–6 Minuten fritieren. Der Fisch nach dem vorsichtigen Herausnehmen abtropfen lassen und warm halten.
Wenig Öl in der Pfanne erhitzen, Knoblauch anbraten, das Gemüse zugeben und 2 Minuten braten. Die Soße dazu gießen und bei kleiner Hitze 1 Minute köcheln. Mit der Stärke binden und nachwürzen. Den Fisch anrichten, die Soße darübergießen und dann sofort servieren.

Ban Ya
Gepreßte Ente

Zutaten:
1 Ente (1500 g)
5 Eßlöffel dunkle Sojasoße
1 Teelöffel brauner Zucker
3 Sellerieblätter mit Stengel
3 Schalotten (gehackt), Stärke
Öl zum Fritieren
Szetschuanpfeffer (gestoßen)

Soße:
3 Eßlöffel Reisweinessig
2 Eßlöffel helle Sojasoße
1 Teelöffel Chilisoße
2 Eßlöffel Zucker
½ Teelöffel Stärke (mit wenig Wasser angerührt)

Zubereitung:
Die Ente säubern. Sojasoße und Zucker mischen und damit die Ente innen und außen gründlich einreiben. Dann legen Sie die Ente in eine Schüssel, bedecken sie mit einem Teil der Sellerieblätter und den Schalotten. Den anderen Teil geben Sie in die Bauchhöhle. Stellen Sie die Schüssel 20 Minuten in den Dämpfer. Danach nehmen Sie die Ente heraus und lassen sie etwas abkühlen.
Vom Rücken her lösen Sie nun auf beiden Seiten das Fleisch mit der Haut von der Karkasse; die Bein- und Flügelknochen jedoch im Fleisch lassen. Die zusammenhängenden Entenhälften mit den Händen auf einem Küchenbrett kräftig pressen, bis sie wie ein etwa 2 cm dicker Fladen aussehen. Nun werden sie beidseitig mit Stärke und dem Pfeffer bestreut und nochmals 10 Minuten gedämpft. Nach dem Herausnehmen wieder abkühlen lassen.
Dann Öl erhitzen und die Ente fritieren, bis sie schön braun ist. Die Zutaten für die Soße (ohne Stärke) mischen, in einem kleinen Pfännchen aufkochen lassen und mit der angerührten Stärke binden. Die Ente entweder im Ganzen anrichten, oder in mundgerechte Stücke schneiden, und mit der Soße beträufeln. Die Soße können Sie auch separat als Dip servieren.
Reichen Sie als Beilage gedämpfte Brötchen nach dem Rezept auf Seite 54.

La Tze Dschieh
Pikantes Hähnchen

Zutaten:
1 Hähnchen (1000 g)
1 Eßlöffel Reiswein
1 Eßlöffel helle Sojasoße
2 Teelöffel Stärke
1 Stück Bambussprossen
2 Pfefferschoten oder Pepperoni
1 Frühlingszwiebel
Öl zum Braten
1 gehackte Knoblauchzehe
½ Teelöffel Sesamöl

Soße:
5 Eßlöffel Reiswein
5 Eßlöffel dunkle Sojasoße
1 Teelöffel Szetschuanpfeffer

Links: *Gepreßte Ente, garniert mit gedämpften Brötchen.*
Rechts oben: *Pikantes Hähnchen*

Zubereitung:

Das Hähnchen in mundgerechte Stücke schneiden. Reiswein, Sojasoße, Stärke und Pfeffer mischen und darin die Fleischstücke 20 Minuten einlegen, ab und zu durchmischen. Währenddessen die Zutaten für die Soße mischen. Die Bambussprossen in Stücke, Pepperoni quer und Frühlingszwiebeln diagonal schneiden.

Reichlich Öl in der Pfanne erhitzen und die Fleischstücke 10 Minuten braten, dann herausnehmen, abtropfen lassen und mit Küchenkrepp entfetten. Das Öl bis auf einen geringen Rest, aus der Pfanne gießen, den Knoblauch schnell anbraten, dann die Fleischstücke wieder hineingeben, erhitzen und mit der Soße löschen. Nun das Gemüse unterheben und zugedeckt bei mittlerer Hitze 5 Minuten kochen. Ab und zu durchmischen und, falls zuviel der Flüssigkeit einkocht, ein wenig Wasser nachgießen. Die Pfanne vom Feuer nehmen, das Gericht mit Sesamöl beträufeln und anrichten.

Ich bereite nach diesem Rezept auch Wildtauben, nehme jedoch nur die fleischigen unteren Hälften. Den oberen Teil hacke ich klein und verwende ihn zum Kochen von Brühe oder Soßen. Bei zarten Jungtieren – man erkennt sie an den dicken Schnäbeln und der hellen Haut – kann die Kochzeit etwas gekürzt werden. Alte Tiere sind für das Gericht nicht geeignet.

La Dschiä Tze
Auberginen mit scharfer Soße

Zutaten:

400 g Auberginen
Saft einer Zitrone, Salz
Öl zum Braten
½ Tasse Bambussprossen (in Streifen geschnitten)
½ Tasse Bohnensprossen
1 Eßlöffel Essig
1 Teelöffel Sesamöl
2 Schalotten (fein gehackt)

Soße:

3 Knoblauchzehen (fein gehackt)
1 Teelöffel Ingwer (fein gehackt)
1 Eßlöffel scharfe Bohnenpaste
1 Eßlöffel Sojasoße
1 Teelöffel Zucker
¾ Tasse Brühe

Zubereitung:

Die Auberginen werden erst geschält (bei jungen ist dies nicht nötig), dann in Streifen geschnitten, gesalzen und mit dem Saft der Zitrone beträufelt. Nun müssen sie ½ Stunde stehen, dann werden sie mit Wasser gut abgespült und getrocknet.

Öl in der Pfanne erhitzen und die Auberginenstreifen 2 Minuten braten, aus dem Fett nehmen und beiseite stellen. Jetzt die Bambus- und Bohnensprossen in die Pfanne geben, salzen und 1½ Minuten braten. Ebenfalls beiseite stellen. Für die Soße wieder etwas Öl in der Pfanne erhitzen, Knoblauch und Ingwer kurz anbraten, dann die Bohnenpaste, Sojasoße, Zucker und Brühe zugeben und durchrühren. Alle Gemüse dazu geben und gut durchmischen. Die Pfanne vom Feuer nehmen, Essig und Sesamöl darunter mischen und das Gericht auf einer Platte anrichten. Zum Schluß die gehackten Schalotten darüberstreuen.

So werden Auberginen vor- und zubereitet

SZETSCHUAN-KÜCHE

Tschungking Tzao Niu Lo
Rindfleisch Tschungking

Zutaten:
*400 g mageres Rindfleisch
(oder Hirschfleisch)
1 Eßlöffel Szetschuanpfeffer
1/2 Tasse Reiswein
1 Schuß Mao Tai
Stärke
Öl zum Braten
1 Teelöffel Chilipaste
eventuell etwas Brühe
1 eingelegte rote Paprikaschote
1 eingelegte grüne Paprikaschote
Salz
1 Teelöffel Sesamöl*

Zubereitung:
Das Rindfleisch wird in mundgerechte Stücke geschnitten und mit dem Pfeffer in einer Schüssel gemischt. Dann begießt man es mit dem Reiswein und Mao Tai, so daß das Fleisch gerade bedeckt ist und stellt es für 2 Tage in den Kühlschrank.

Am Tag der Zubereitung das Fleisch aus der Marinade nehmen und gut abtropfen lassen. Die Marinade beiseite stellen. Die Fleischstücke in Stärke wälzen und abklopfen; es soll nicht zuviel Stärke am Fleisch sein. Dann wird Öl in der Pfanne erhitzt und das Fleisch ringsum bei guter Hitze angebraten. Nachher die Hitze reduzieren, mit der Marinade ablöschen, die Chilipaste untermischen und alles bei kleiner Hitze 1 Stunde schmoren. Dabei, wenn nötig, etwas Brühe zugeben. Die Paprika, die Sie in mundgerechte Stücke schneiden, werden erst am Schluß zugegeben. Das Rindfleisch mit Salz abschmecken, das Sesamöl darüberträufeln und anrichten.
In dem schwächer besiedelten Bergland, von dem das Szetschuanbecken umgeben ist, gibt es sehr viel Wild, das dort nach diesem Rezept zubereitet wird.

Yao Tze Tang
Leberpaste-Suppe

Zutaten:
*500 g Geflügelleber
2 Eßlöffel frischer Ingwer
3 Eßlöffel Schalotten
3 Eier
Salz, Pfeffer, Chili
6 Tassen gewürzte Hühnerbrühe
1 Eßlöffel Reiswein
frischer Koriander (gehackt)*

Zubereitung:
Die Leber ganz fein hacken oder im Mixer pürieren. Das Leberpüree durch ein grobes Leinentuch in eine Schüssel drücken, damit die Gewebefasern und ähnliches im Tuch bleiben.
Ingwer und Schalotten mit 4 Eßlöffel Wasser ebenfalls im Mixer zerkleinern, durchsieben und die Flüssigkeit mit dem Leberpüree vermischen. Die Eier verquirlen, kräftig würzen und zusammen mit dem Reiswein und einer halben Tasse der Brühe unter die Leber mischen. Die Schüssel mit der Lebermischung in einen Dämpfer setzen und bei mäßiger Hitze etwa 15 Minuten dämpfen. Die Masse ist nun fest und wird in eine Suppenterrine gestürzt und kreuzweise durchgeschnitten, so daß mundgerechte Stücke entstehen. Die restliche Hühnerbrühe erhitzen, über die Leber gießen und die mit Koriander bestreute Suppe servieren.

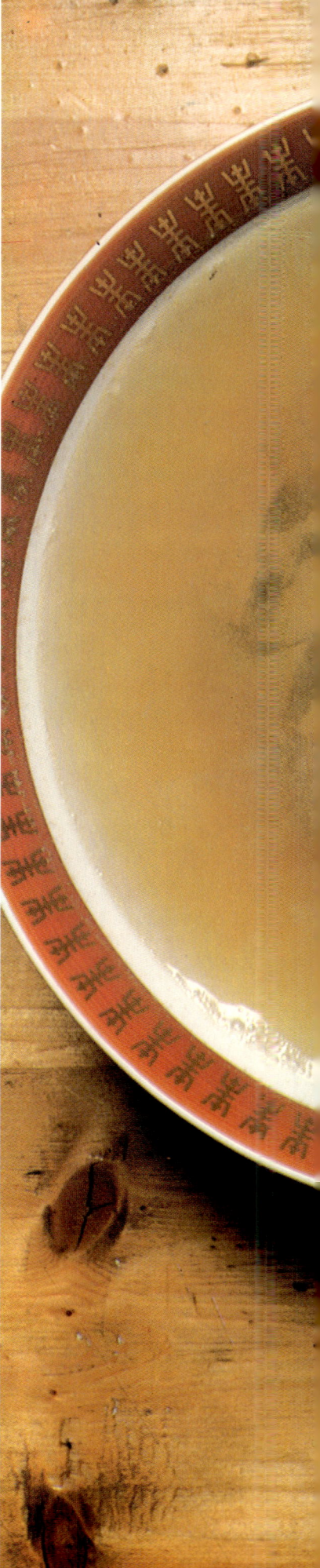

SZETSCHUAN-KÜCHE

Oben: *Die gestürzte Leberpaste wird in Stücke geschnitten*
Mitte: *Die angerichtete Leberpaste-Suppe*
Linke Seite: *Rindfleisch auf Tschungking-Art*

Tza Dschieh
Gebratenes Huhn

Zutaten:
400 g Hühnerfleisch
2 Eßlöffel helle Sojasoße
1 Eßlöffel Reiswein
2 Teelöffel Stärke
1 Eßlöffel Frühlingszwiebeln
1 Eßlöffel frischer Ingwer
4 Knoblauchzehen
1 rote Pfefferschote
1 grüne Pfefferschote
Öl zum Fritieren und Braten
Salz
½ Teelöffel Sesamöl

Soße:
2 Eßlöffel Reiswein
2 Eßlöffel helle Sojasoße
1 Eßlöffel scharfe Bohnenpaste
1 Teelöffel Zucker
½ Teelöffel Szetschuanpfeffer
1 Teelöffel Stärke (mit ¼ Tasse Wasser angerührt)

Zubereitung:
Das Hühnerfleisch in mundgerechte Stücke schneiden. Sojasoße Reiswein und Stärke mischen, das Fleisch dazu geben und 20 Minuten stehen lassen. Das Fleisch muß vollkommen von der Marinade eingehüllt sein. Inzwischen die Zutaten für die Soße mischen und alle Gemüse fein hacken. Öl zum Fritieren erhitzen und das marinierte Hühnerfleisch 2 Minuten fritieren, herausnehmen und abtropfen lassen.
Wenig Öl in der Pfanne erhitzen, salzen und Zwiebel, Ingwer, Knoblauch und Pepperonischoten kurz anbraten. Das Hühnerfleisch zugeben und alles gut durchmischen. Nach ½ Minute die Soße zugeben und 1 Minute braten. Dann die Pfanne vom Feuer nehmen, das Sesamöl über das Gericht träufeln und auf einer vorgewärmte Platte servieren.
Szetschuan-Gerichte mit Pfeffer- oder

SZETSCHUAN-KÜCHE

Tung Gu Tzao Lo Pien
Schweinefleisch mit Pilzen

Zutaten:
300 g mageres Schweinefleisch
1 Eßlöffel Reiswein
1 Eßlöffel Stärke
10 g schwarze Baumohren
(Mu Err)
2 Eßlöffel Sesamöl
1 Teelöffel Szetschuanpfeffer (gestoßen)
2 Frühlingszwiebeln (in feine Streifen geschnitten)
Öl zum Braten
2 Eßlöffel helle Sojasoße
½ Teelöffel Stärke (mit 3 Eßlöffel Brühe angerührt)
Salz, Pfeffer

Zubereitung:
Das Fleisch in feine Streifen schneiden, mit dem Reiswein 20 Minuten marinieren und dann mit der Stärke vermischen. Die Pilze mindestens 1 Stunde einweichen und quellen lassen. Das Einweichwasser wegschütten. Nun Sesamöl in der Pfanne erhitzen, die Pilze und den Szetschuanpfeffer hineingeben und 3 Minuten braten, dabei nach Belieben salzen. In einer anderen Pfanne Öl erhitzen und die Frühlingszwiebeln anbraten. Das Fleisch zugeben und 3 Minuten braten. Danach die Hitze reduzieren, die Sojasoße und die angerührte Stärke dazumischen und mit Salz und Pfeffer würzen. Die Pilze unterheben und anrichten.

Chilischoten sind naturgemäß sehr scharf. Wenn Sie dies nicht mögen oder vertragen, können Sie auch nur Paprikaschoten verwenden. Allerdings verändert sich dann der charakteristische Geschmack.

Links oben: Gebratenes Hühnerfleisch und Schweinefleisch mit Pilzen
Rechts: Die Sojasoße kommt erst zum Schluß an das Schweinefleisch

SZETSCHUAN-KÜCHE

Szetschuan Zeng Yü
Gedämpfter Fisch Szetschuan

Zutaten:
1 Fisch von 600 g (Karpfen, Hecht, Felchen)
1 Teelöffel frischer Ingwersaft
Salz
1 Pepperonischote
5 Eßlöffel Erdnußöl
1 Eßlöffel Schalotten (fein gehackt)
1 Knoblauchzehe (fein gehackt)
1 Teelöffel Ingwer (fein gehackt)
1 Teelöffel Stärke (mit wenig Wasser angerührt)

Soße:
1 Eßlöffel braune Bohnensoße
1 Eßlöffel helle Sojasoße
2 Eßlöffel Reiswein
½ Teelöffel Anispfeffer
1 Teelöffel Chilisoße

Zubereitung:
Den Fisch ausnehmen und säubern. Innen und außen mit dem Ingwersaft einreiben und leicht salzen.
Legen Sie nun den Fisch auf eine Platte. Die Pepperonischote werden in 3–4 Streifen geschnitten und in das Innere des Fisches gelegt. Nun wird der Fisch 15 Minuten gedämpft.
In der Zwischenzeit die Zutaten für die Soße mischen. Dann den Fisch herausnehmen und die sich gebildete Brühe zu der Soßenmischung geben. Das Erdnußöl stark erhitzen und den Fisch mit dem heißen Öl übergießen. Dieses Öl wieder in die Pfanne geben, erhitzen und Schalotten, Knoblauch und Ingwer kurz anbraten. Das Gemüse mit der Soßenmischung löschen, 1 Minute köcheln lassen und mit der angerührten Stärke binden. Die fertige Soße über den angerichteten Fisch gießen.

Oben: *Fisch Szetschuan*
Unten und rechts oben: *Bohnenquark Ma Po. Die Buddhisten sind Vegetarier und kennen eine Menge wohlschmeckender Rezepte für die Zubereitung von Bohnenquark mit Gemüsen. Sie sind geradezu Experten, aus Bohnenquark Gerichte zu zaubern, bei denen man kaum merkt, daß das Fleisch fehlt.*

SZETSCHUAN-KÜCHE

Ma Po Dou Fu
Bohnenquark Ma Po

Das Originalrezept-Gericht stammt aus einem buddhistischen Kloster bei Tschunking.

Zutaten:
300 g Bohnenquark
2 Frühlingszwiebeln
2 schwarze Pilze
½ Tasse Wasserkastanien (fein gehackt)
1 Teelöffel Chilipaste
1 Teelöffel Sesampaste
Öl zum Braten
1 Teelöffel frischer Ingwer (fein gehackt)
1 Knoblauchzehe (fein gehackt)
1–2 Pepperonischoten (gehackt)
1 Teelöffel grüner Pfeffer
2 Eßlöffel dunkle Sojasoße
3 Eßlöffel Reiswein
Salz

Zubereitung:
Den Bohnenquark würfeln, die Zwiebeln quer in kurze Stücke schneiden. Nun weichen Sie die Pilze ein, schneiden die harten Stiele weg; die Kappen werden fein gehackt (die Einweichbrühe aufbewahren). Die Pilze mit Kastanien, Chili- und Sesampaste mischen.
Öl zum Braten in einer Pfanne erhitzen und darin Ingwer und Knoblauch kurz anbraten. Nun kommen die Zwiebeln und Pepperoni dazu, alles wird vermischt, ehe Sie die Bohnenquarkwürfel dazugeben und diese 3 Minuten mitgebraten werden. Danach heben Sie die Pilz-Kastanien-Mischung unter, reduzieren die Hitze und träufeln die Pilzbrühe darüber. Nun werden nacheinander der grüne Pfeffer, die Sojasoße und der Reiswein dazugegeben, alles gut miteinander vermischt. Das Gericht auf eine Platte geben und abschmecken.

SZETSCHUAN-KÜCHE

Tzao Dou Fu Do
Grüne Bohnen mit Bohnenkuchen

Zutaten:
400 g grüne Bohnen
Öl zum Braten
2 Knoblauchzehen (fein gehackt)
½ Tasse Brühe
1 Eßlöffel fermentierter Bohnenkuchen (zerdrückt)
Zucker, Salz

Zubereitung:
Die Bohnen säubern und in fingerlange Stücke schneiden. Dann werden sie in kochendem Wasser 3 Minuten blanchiert. Lassen Sie sie noch etwas ziehen; dann mit kaltem Wasser abgeschreckt. Öl in der Pfanne erhitzen, Knoblauch anbraten, dann die Bohnen zugeben und 1 Minute braten. Die Brühe dazu gießen und bei mittlerer Hitze 3 Minuten zugedeckt kochen. Mischen Sie jetzt den Bohnenkuchen unter und nach dem Würzen lassen Sie die Bohnen weitere 2–3 Minuten offen braten.
Grüne Bohnen haben je nach Sorte verschiedene Garzeiten. Die angegebene Kochzeit muß deshalb unter Umständen verlängert werden. Besonders breite Bohnen können Sie zusätzlich noch in Streifen schneiden.
Die chinesischen Bohnen sind sehr dünn und gut 30 cm lang. Sie haben keine Fäden, so daß ich fast vergessen hätte, darauf aufmerksam zu machen, die Fäden zu ziehen, falls Sie eine Sorte verwenden, die noch mit dieser lästigen Faser behaftet ist.

Suen La Tang
Sauer-scharfe Suppe

Zutaten:
100 g mageres Schweinefleisch
1 Eßlöffel Mehl
Salz, Pfeffer
Öl zum Braten
6 Tassen Hühnerbrühe
½ Tasse Bambussprossen (in feine Streifen geschnitten)
1 Stück Lauch (diagonal in Scheiben geschnitten)
3 aufgeweichte Pilze (in Streifen geschnitten)
10 g Glasnudeln
50 g Krabben
2 Eßlöffel Maisstärke (mit etwas Wasser angerührt)
2 Eßlöffel Sojasoße
2 Eßlöffel Essig
3 Eier
Chilisoße

Zubereitung:
Das Fleisch müssen Sie zuerst in dünne Streifen schneiden. Vermischen Sie nun das Fleisch mit Mehl, Salz und Pfeffer. Dann erhitzen Sie Öl in einem Topf, in dem Sie die Fleischstreifen kurz anbraten (20 Sekunden). Die Hühnerbrühe zugeben, zum Kochen bringen und nacheinander Gemüse, Pilze, Glasnudeln und Krabben beigeben, dann die Stärke, Sojasoße und den Essig. Die Eier verquirlen, in die Suppe rühren, und 2 Minuten kochen. Nach Geschmack mit Salz, Pfeffer und Chilisoße abschmecken.
Noch ein Tip: Achten Sie darauf, daß die Brühe, während Sie die Einlagen beifügen, immer kocht.

Links oben: *Grüne Bohnen mit Bohnenkuchen, ein vegetarisches Gemüsegericht.*
Rechts: *Sauer-scharfe Suppe aus Szetschuan ist heute in ganz China beliebt.*

SZETSCHUAN-KÜCHE

SZETSCHUAN-KÜCHE

Tscha Tze Scha
Shrimps mit scharfer Tomatensoße

Zutaten:
700 g Shrimps (in der Schale)
Öl zum Fritieren und Braten
1 Teelöffel scharfe Bohnenpaste oder Chilipaste
1 Eßlöffel Mao Tai
4 Eßlöffel Tomatenmark
Salz, Prise Zucker
1 Eßlöffel frischer Ingwer (gehackt)
1 Eßlöffel Schalotten (fein gehackt)
3 Knoblauchzehen (fein gehackt)
1 Teelöffel Stärke (mit Wasser angerührt)

Zubereitung:
Die Shrimps waschen; die Schalen am Kopf und die Beine wegnehmen und den Darm herausziehen.
Öl erhitzen und die Shrimps in den Schalen 2 Minuten fritieren. Nach dem Herausnehmen abtropfen lassen.
Bohnenpaste, Mao Tai und Tomatenmark mischen, mit Salz und Zucker würzen. Nun Öl in einer Pfanne erhitzen, darin Ingwer, Schalotten und Knoblauch anbraten und die Pastenmischung dazugeben. Nach dem Sie alles gut vermischt haben und die Soße heiß ist, geben Sie die Shrimps in die Pfanne. Sie müssen die Pfanne dabei herumschwenken, damit die Shrimps von der Soße überzogen sind. Zuletzt die angerührte Stärke untermischen, nochmal abschmecken und anrichten.

Links oben: *Shrimps mit Tomatensoße*
Mitte: *Ochsenschwanzsuppe mit Gemüse*
Rechts: *Ameisen auf dem Baum*

Niu Wei Tang
Ochsenschwanzsuppe

Zutaten:
750 g Ochsenschwanz
(in Stücke gehackt)
Öl zum Braten
5 Tassen Wasser
1 Eßlöffel schwarze Bohnen
1 Stück Mandarinenschale
3 Scheiben frischer Ingwer
1 Eßlöffel dunkle Sojasoße
1 Schalotte
(fein geschnitten)
Salz
einige Tropfen Sesamöl

Zubereitung:
Die Ochsenschwanzstücke 2 Minuten in kochendes Wasser geben und nach dem Herausnehmen mit kaltem Wasser abspülen. Öl in der Pfanne stark erhitzen und die Ochsenschwanzstücke braun anraten. Das Wasser angießen und zusammen mit den Bohnen, der Mandarinenschale und dem Ingwer zum Kochen bringen und bei kleiner Hitze 1 1/2 Stunde kochen. Mandarinenschale entfernen und das von den Knochen gelöste Fleisch wieder in die Brühe geben, ebenfalls die Sojasoße und Schalotten. Mit Salz nachwürzen und die Suppe nach 2 Minuten vom Feuer nehmen. Mit Sesamöl beträufelt anrichten.

SZETSCHUAN-KÜCHE

Ma Yi Sang Su
Ameisen auf dem Baum

Zutaten:
250 g Glasnudeln
250 g mageres Rinderhack
1 Eßlöffel helle Sojasoße
1 Eßlöffel Reiswein
1 Teelöffel Sesamöl
1 Teelöffel Stärke
Öl zum Braten
1 Frühlingszwiebel (fein gehackt)
1 Eßlöffel scharfe braune Bohnensoße
1 gute Prise Zucker
1 Tasse Brühe

Zubereitung:
Die Nudeln in heißem Wasser einweichen, dann das Wasser abgießen und die Nudeln in fingerlange Stücke schneiden. Das Hackfleisch mit Sojasoße, Reiswein, Sesamöl und Stärke mischen und mindestens 20 Minuten stehen lassen.
Nun Öl in der Pfanne erhitzen, die Frühlingszwiebel anbraten, dann das Fleisch zugeben und 1 Minute scharf braten. Jetzt wird die Bohnensoße und der Zucker untergemischt, dann werden die Nudeln zugegeben. Nach einer Minute pfannenbraten löschen Sie mit der Brühe ab und lassen alles noch 1 Minute weiterbraten. Das Gericht, wie oben abgebildet anrichten.

Ma Tieh Dschieh Kwai
Huhn mit Pilzen und Wasserkastanien

Zutaten:
400 g Hühnerfleisch
1 Eßlöffel Chilisoße
½ Tasse halbierte Strohpilze
3–4 schwarze Pilze
Öl zum Braten
Salz, Fünfgewürzpulver
½ Tasse Wasserkastanien
(in Scheiben geschnitten)
1 Eßlöffel grüne Erbsen
1 Frühlingszwiebel (fein gehackt)
1 Eßlöffel grüner Pfeffer
1 Teelöffel Stärke (mit 5 Eßlöffel Brühe angerührt)
Sesamöl

Zubereitung:
Das Hühnerfleisch wird in mundgerechte Stücke geschnitten. Mit der Chilisoße vermischt muß es 20 Minuten durchziehen. Inzwischen die beiden Pilzsorten einweichen und anschließend die Kappen in Streifen schneiden Pilzbrühe aufbewahren).
Nun Öl in einer Pfanne erhitzen, das Fleisch 3 Minuten braten, dann würzen und auf eine Platte geben. In der Pfanne wieder Öl erhitzen und die Wasserkastanien 1 Minute braten, jetzt die Pilzstreifen und die Erbsen zugeben, 3 Minuten mitbraten und den Pfanneninhalt zum Fleisch auf die Platte geben. Nun ein drittes Mal wenig Öl erhitzen und die Frühlingszwiebel anbraten, den grünen Pfeffer zugeben und mit der Pilzbrühe löschen. Dann geben Sie die bereits gebratenen Zutaten dazu, reduzieren die Hitze und mischen alles gut durcheinander. Falls zuviel Flüssigkeit verdampft ist, noch etwas Brühe zugeben. Nach 5 Minuten rühren Sie die Stärke ein, schmecken nochmals ab und geben alles auf eine vorgewärmte Platte. Das Sesamöl wird jetzt darübergeträufelt.

SZETSCHUAN-KÜCHE

Lo Tze Tzao Yang Zung
Schweinefleisch mit Zwiebeln

Zutaten:
350 g Schweinefleisch
250 g Zwiebeln
Öl zum Braten
1 Eßlöffel Reiswein
1–2 Pepperoni
½ Teelöffel Sesamöl

Soße:
3 Eßlöffel Wasser
2 Eßlöffel Tomatenmark
1 Eßlöffel Essig
1 Teelöffel Chilisoße
1 Eßlöffel Sojasoße
1 Teelöffel Stärke
1 Teelöffel grüner Pfeffer

Zubereitung:
Das Schweinefleisch in mundgerechte Stücke schneiden. Die Zwiebeln vierteln (kleine Zwiebeln nur halbieren) und die Stücke noch einmal quer durchschneiden. Die Zwiebelschichten auseinander nehmen. Die Pepperoni in Stücke schneiden.

Nun genügend Öl in der Pfanne erhitzen und das Fleisch in ca. 2 Minuten bräunen, aus der Pfanne nehmen und beiseite stellen. Öl bis auf ein Minimum aus der Pfanne leeren und die Zwiebeln bei guter Hitze braten, bis sie beginnen, sich leicht zu bräunen. Das Fleisch und die Pepperoni zugeben, den Reiswein darüber träufeln und gut durchmischen.
Jetzt geben Sie die vorher gemischten Soßenzutaten zum Fleisch und lassen alles nach einmaligem Aufkochen bei kleiner Hitze zugedeckt 10 Minuten köcheln. Die Pfanne vom Feuer nehmen, das Sesamöl darüber träufeln und das Gericht servieren.

Schweinefleisch mit Zwiebeln: Anstelle der scharfen Pepperoni können Sie auch die milderen Paprikaschoten verwenden.

Pa Zung Yang Lo
Hunan-Lamm mit Lauch

Zutaten:
400 g mageres Lammfleisch (Keule)
4 schwarze Pilze
1 Stange Lauch
3 Pepperonischoten (oder getrocknete Chilischoten)
3 Knoblauchzehen
3 Eßlöffel Reiswein
3 Eßlöffel Sojasoße
Öl zum Fritieren und Braten
½ Tasse Bambussprossen (in dünne Scheiben geschnitten)
1 Teelöffel Stärke (mit 3 Eßlöffel Brühe und
1 Eßlöffel scharfer brauner Bohnensoße angerührt)
Fünfgewürzpulver, 1 Prise Zucker
1 Eßlöffel frischer Koriander (fein gehackt)

Marinade:
1 Eiweiß
1 Eßlöffel Stärke
1 Teelöffel Sesamöl
1 Eßlöffel Reiswein
Salz, Pfeffer

Zubereitung:
Das Lammfleisch in mundgerechte Würfel schneiden. Die Zutaten für die Marinade mischen und das Fleisch darin ½ Stunde marinieren; dabei ab und zu wenden.

Die Pilze einweichen, dann die harten Stiele entfernen und die Kappen in Streifen schneiden. Die Einweichbrühe beiseite stellen. Den Lauch in etwa 4 cm lange feine Streifen schneiden. Die Pepperoni quer in Ringe schneiden und den Knoblauch grob hacken. Reiswein, Sojasoße und Pilzbrühe (etwa ½ Tasse mischen.
Nun Öl zum Fritieren stark erhitzen und die Fleischwürfel 1 Minute fritieren. Nach dem Herausnehmen gut abtropfen lassen. 2 Eßlöffel Öl in der Pfanne erhitzen, den Knoblauch kurz anbraten, dann nacheinander im Abstand von 15 Sekunden die Pilze, den Lauch, die Bambussprossen und am Schluß die Pepperoni. Das Fleisch in die Pfanne geben, 2 Minuten mitbraten und das Ganze mit der Soße ablöschen. Nach kurzem Weiterbraten die angerührte Stärke einrühren und mit Fünfgewürzpulver und Zucker würzen. Das Fleisch mit Koriander bestreuen und sehr heiß servieren.
Wenn Sie für dieses Gericht Hammelfleisch verwenden, entfernen Sie beim Schneiden des Fleisches das Fett. Ich beize das geschnittene Fleisch dann über Nacht mit feingehacktem Knoblauch, frischem Ingwer, am besten gerieben, und einem Schuß Kao Liang. In der Marinade können Sie dann der Reiswein weglassen und das Fleisch in den übrigen Zutaten marinieren.

Dung Schun Dschieh Pien
Hühnerfleisch mit Bambussprossen

Zutaten:
300 g Hühnerfleisch
1 Stück Winterbambussprossen
1 rote und grüne Pepperoni
Öl zum Fritieren und Braten
Salz, 1 Eßlöffel grüner Pfeffer
1 Eßlöffel Reiswein
1 Eßlöffel Zucker

Marinade:
1 Teelöffel Maisstärke
½ Eiweiß
1 Eßlöffel Reiswein
Salz

Zubereitung:
Das Hühnerfleisch schneiden Sie in feine Streifen, dann mischen Sie die Zutaten für die Marinade und lassen die Fleischstreifen ½ Stunde kühlgestellt darin marinieren. Inzwischen schneiden Sie die Bambussprossen in Streifen oder dünne Scheiben und die Pepperoni in feine Streifen.
Nun Fritieröl erhitzen und das Hühnerfleisch kurz fritieren, bis es nicht mehr roh aussieht.
Anschließend erhitzen Sie Öl in einer Bratpfanne, streuen etwas Salz ein und braten die Bambussprossen 1 Minute. Die gebratenen Sprossen aus der Pfanne nehmen, wieder etwas Öl erhitzen und nun den grünen Pfeffer kurz anbraten, das Hühnerfleisch und die Pepperoni dazugeben, 2 Minuten mitbraten und danach die Bambussprossen wieder beifügen und den Reiswein darüber träufeln. Nachdem Sie mit Zucker und Salz gewürzt haben, wird alles gut durchgemischt und Sie können das Gericht servieren.

Oben: *Hühnerfleisch mit Bambusstreifen verdient es, so appetitlich dekoriert und angerichtet zu werden.*

Teepflückerinnen in der Provinz Yünnan, nahe der burmesischen Grenze. In diesem Landesteil leben an die 20 Volksgruppen, die zu den zahlreichen nationalen Minderheiten Chinas zählen.

Das bis zu zweitausend Meter hoch ansteigende Hochland von Yünnan, unterbrochen von tief eingeschnittenen Flußtälern, ist eines der südlichen Grenzländer Chinas. Das feucht-heiße Klima und die Höhenlage begünstigen den Anbau von Tee, der dort zu einer Sorte mit kräftigem Aroma heranwächst. Nicht minder berühmt ist der Yünnan-Schinken, am ehesten noch vergleichbar mit dem hier bekannten Parma-Schinken. Eine Spezialität der Provinz ist der Yünnan-Topf, ein irdener Dämpfer von verblüffender Einfachheit und Wirkung. Das Wasserbad, in das der Topf gestellt wird, gibt die Unterhitze und der durch die zentrale Kamindüse in den Topf eindringende Dampf die Oberhitze. Er ist hervorragend für Gerichte geeignet, die ein verhaltenes und behutsames Garen verlangen.

Ich verwende diesen sehr praktischen und energiesparenden Topf nicht nur für Yünnan-Gerichte; neben der Wok ist er mein meist benutzter Kochtopf. Oft habe ich mich schon immer gewundert, daß dieser Topf hier noch nicht kopiert wurde.

SZETSCHUAN-KÜCHE

den etwas kürzer als die Flügel selbst geschnitten und in jeden Flügel wird ein Zwiebelstengel gesteckt. Die Paprikaschoten schneiden Sie in Stücke, die Karotte in dünne Scheiben.
Nun Öl erhitzen und die Flügel 8–10 Minuten darin fritieren, bis sie braun sind. Außerdem in einer Pfanne Öl erhitzen. Paprikaschoten und Karotten gut anbraten. Die vorher gemischten Soßenzutaten zu dem Gemüse in die Pfanne geben. Nun lassen Sie alles aufkochen. Danach nehmen Sie die Pfanne vom Feuer und richten die Flügel zusammen mit der Soße auf einer Platte an.

Yünnan Dschieh Kao
Junges Huhn im Yünnantopf

Zutaten:
1 junges, frisches Landhuhn (ca. 800 g)
3 Eßlöffel Reiswein
2 Eßlöffel helle Sojasoße
4 schwarze Pilze
1 Schalotte (grob geschnitten)

Zubereitung:
Das Hühnchen säubern, waschen und in 8 Teile zerlegen. Die Stücke mit dem Reiswein und der Sojasoße beträufeln und 20 Minuten stehen lassen. Inzwischen die Pilze einweichen, dann die harten Stiele wegschneiden und die Kappen in Streifen schneiden. Das Einweichwasser aufbewahren.
Nun schichten Sie das Hühnchenfleisch mit der Marinade, den Pilzstreifen und den Schalotten in den Yünnantopf und gießen die Pilzbrühe dazu. Füllen Sie ein Dampfgefäß mit genügend Wasser, in das Sie dann den Topf stellen und das Gericht ca. 45 Minuten dämpfen lassen. Nach der Dämpfzeit lassen Sie den Topf noch 10 Minuten fest verschlossen stehen.

Hao You Dschieh Yip
Hühnerflügel mit scharfer Austernsoße

Zutaten:
12 Hühnerflügel (nur das Mittelstück)
2 Eßlöffel dunkle Sojasoße
Stärke
5–6 kleine Frühlingszwiebeln
1 große grüne Paprikaschote
1 Karotte
Öl zum Braten und Fritieren

Soße:
3 Eßlöffel Brühe
2 Teelöffel Austernsoße
1 Teelöffel Szetschuanpfeffer
½ Teelöffel Chilipaste
1 Teelöffel Stärke (mit wenig Wasser angerührt)
Salz

Zubereitung
Die Knochen aus den Flügeln lösen und das Fleisch innen und außen mit der Sojasoße einpinseln. Die Soße 15 Minuten einwirken lassen. Danach die Flügel außen mit Stärke bestreuen.
Die weißen Stengel der Zwiebeln wer-

Oben: *Huhn im Yünnantopf*
Unten: *Hühnerflügel mit Austernsoße*

181

SZETSCHUAN-KÜCHE

Tang Dschan Ya Pien
Ingwerente

Zutaten:
1 junge Ente (1200 g)
50 g frischer Ingwer (in Scheiben geschnitten)
½ Tasse Reiswein
Öl zum Fritieren und Braten
4 schwarze Pilze
1 Knoblauchzehe (fein gehackt)
1 Schalotte (in Stücke geschnitten)
½ Tasse Karotten (in Scheiben geschnitten)
5 Eßlöffel Sojasoße
1 Teelöffel Chilisoße
Kohlblätter zum Garnieren

Zubereitung:
Die Ente waschen, säubern und abtrocknen. Dann erhitzen Sie eine Tasse Wasser und lassen darin die Ingwerscheiben bei kleiner Hitze zugedeckt kochen. Die Ingwerbrühe vermischen Sie mit dem Reiswein und in diesem Sud wird die Ente eine Stunde eingelegt. Dabei sollten Sie sie immer wieder wenden. Inzwischen lassen Sie die Pilze weichen, entfernen dann die harten Stiele und schneiden die Kappen in größere Stücke. Nun wird die Ente fritiert. Lassen Sie die Marinade gut abtropfen und dann geben Sie die Ente in das heiße Öl und fritieren solange, bis sie braun ist. Anschließend legen Sie die Ente in eine Schüssel, begießen Sie mit der Marinade und lassen sie ca. 1½ Stunden dämpfen. Währenddessen erhitzen Sie Öl in der Pfanne, braten den Knoblauch kurz an, geben dann die Schalotte und die Karotten dazu und lassen das Gemüse mit der angegossenen Brühe aufkochen. Nachdem Sie auch noch die Pilze, Sojasoße, Zucker und die Chilisoße untergemischt haben, lassen Sie die Soße zugedeckt 20 Minuten kochen.
Die fertig gedämpfte Ente richten Sie, in der Mitte geteilt, auf einer mit blanchierten Kohlblättern belegten, vorgewärmten Platte an. Dann messen Sie von der Dämpfbrühe eine halbe Tasse ab, geben diese zu der Soße und nach nochmaligem Aufkochen gießen Sie einen Teil der Soße mit den Gemüsen über die Ente. Die restliche Soße reichen Sie getrennt in Schälchen.

Links: *Ingwerente*
Rechts unten: *Betrunkenes Huhn*

SZETSCHUAN-KÜCHE

MAO TAI

Der Schnaps trägt den gleichen Namen, wie ein Städtchen im Norden der Provinz Kweitschao. Ein Kaufmann aus der Provinz Schensi hatte sich in Mao Tai 1704 niedergelassen und wollte dort einen Schnaps brennen, der dem in seiner Heimat berühmten Sifeng gleichkam. Daraus wurde dann der heute nicht minder berühmte Mao Tai, beliebt und wegen seiner Wirkung bei chinesischen Banketts auch gefürchtet.

Mao Tai wird aus Kao Liang (Sorghum) und noch einigen anderen Getreidesorten in einem etwas umständlichen Verfahren hergestellt. Er wird dabei mehrere Male separiert und nach dem Nachgären wieder destilliert. Dann muß er mindestens drei Jahre in Fässern lagern, bevor er in die typischen Flaschen abgefüllt werden kann.

Wie bei seinem berühmten Bruder, dem Sifeng, wird zum Ansetzen der Maische besonderes Wasser aus einem nahen Bergbach verwendet. Mit 55 % Alkohol hat er eine respektable Stärke, die schon mancher unterschätzt hat.

Links: Felder mit Kao Liang Pflanzen, die dem Mais ähneln.
Oben: Das Abpacken der typischen Flaschen und darunter das Etikett des Mao Tai.

Dschwei Dschieh
Betrunkenes Huhn

Zutaten:
400 g gekochte Hühnerbrust
1 Pepperoni (fein gehackt)
½ Tasse Reiswein
2–3 Eßlöffel Mao Tai
Salz

Zubereitung:
Die Hühnerbrust in Scheiben schneiden und, wenn nötig, leicht salzen. Mit der Pepperoni mischen und in einen Topf mit Deckel schichten. Den Alkohol darübergießen und im Kühlschrank 2 Tage ziehen lassen.
Servieren Sie das Fleisch als Vorspeise.

Die Kanton-Küche

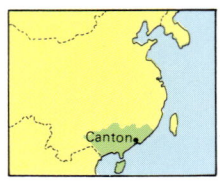

Tonangebender Mittelpunkt der südchinesischen Küche, zu der man die Provinzen Kwangtung, Kwangsi und die Insel Hainan rechnet, ist Kanton, (chinesisch Kwangtschau) gleichzeitig die Hauptstadt der Provinz Kwangtung. Die Millionenstadt liegt am Perl-Fluß (Sikiang), der unweit südlich der Stadt zwischen Hongkong und Macao ins Südchinesische Meer mündet. Kanton war früher neben Schanghai die größte Hafenstadt Chinas und die Stadt, die als erste mit europäischen Kaufleuten und Seefahrern in Berührung kam. Bereits 1516 kamen die Portugiesen, später die Briten, Holländer und Franzosen. Mit der Gründung und Entwicklung der britischen Kronkolonie Hongkong wurde Kanton in seiner Bedeutung als südchinesische Hafenstadt zurückgedrängt. Auch das am Delta des Perl-Flußes liegende portugiesische Macao führte immer mehr ein Schattendasein im Glanze Hongkongs; heute macht es den Eindruck eines fast verträumten Kolonialstädtchens, abseits des Weltgetriebes, des geschäftigen Gewimmels und Gedränges von Hongkong und Kanton. Die abwechslungsreiche Landschaft Südchinas wird geprägt durch das subtropische Klima. Es kennt keine Winter, und die Insel Hainan hat bereits tropische Vegetation. In den überwiegenden Agrarprovinzen ist deshalb das Angebot an Nahrungsmitteln von einer enormen Vielfalt und dementsprechend bunt ist auch die Palette der Kanton-Küche.

Von Kanton aus setzten im 19. Jahrhundert die ersten Auswanderungswellen ein und von diesen unternehmungslustigen Südchinesen lernte das Ausland die Kanton-Küche kennen, die bis heute noch eine Spitzenstellung einnimmt und für viele Ausländer überhaupt die chinesische Küche repräsentiert.

Neben dem reichen Angebot, das die Natur dort bietet, wird die Kanton-Küche, wie vielleicht kein anderes Gebiet in China, vom Taoismus und Buddhismus beeinflußt. Die ganze Kochtechnik berücksichtigt das Grundprinzip, die natürliche Beschaffenheit der Zutaten weitgehendst zu erhalten. Kurze Kochzeiten und damit zusammenhängend knapp gegarte Gerichte sind eines der Kennzeichen der Kanton-Küche, die Verwendung von viel Gemüse ein anderes.

Nirgends wird das kurze Pfannenbraten so häufig, aber auch so perfekt angewandt wie im Süden. Der Bambusdämpfer gehört neben dem Wok zu den meist gebrauchten Küchengeräten. Fett, vorwiegend Erdnußöl, wird äußerst sparsam und nur da verwendet, wo es zum Gelingen des Gerichts unbedingt notwendig ist. Anforderungen, die sonst nur an eine bekömmliche Diätküche gestellt werden, sind bei der Kanton-Küche schon fast eine Selbstverständlichkeit.

Oben: *Die berühmten chinesischen Würste werden zum Trocknen aufgehängt. Darunter ein Goldkarpfen, eine der zahlreichen Süßwasser-Fischarten in Südchina.*
Links: *Neben Reis werden im Süden eine Vielzahl von Gemüsesorten angebaut.*
Rechts: *Der Wasserbüffel ist der unentbehrliche Helfer der Reisbauern.*
Nach dem Dreschen muß der Reis in der Sonne getrocknet werden.
Folgende Seite: *Die Kalkberge am Li Fluß in Kwangsi*

KANTON-KÜCHE

Im Süden wird auch Ausgefallenes verzehrt, was Sie im übrigen China vergeblich auf der Speisekarte suchen würden und gerade Europäern nicht immer als Leckerbissen erscheint. Ich gehe, wenn ich nach Kanton komme, gerne in ein solches »Wild-Restaurant«, wo es diese regionalen Spezialitäten gibt. Gerichte mit Schlangenfleisch, Affen- und Hundefleisch, Wildkatzen, aber auch – und das ist der Hauptgrund meines Besuchs – köstlich zubereitete Wildvögel und sonstiges Getier, das auch hier sehr geschätzt wird. Und dann gibt es noch eine ungemein praktische und reizvolle Gepflogenheit kantonesischer Restaurants in ganz Südost-Asien, die »Dim Sum-Restaurants«. Dim Sum nennt man kleine Köstlichkeiten, meist gedämpft, auch pfannengebraten, die man um die Mittagszeit einnimmt. Sie werden in zahlreichen Variationen in kleinen Wagen durch das Lokal gefahren und man läßt sich geben, auf was man Lust hat. Der verführerische Duft, der die unermüdlich vorbeigeschobenen Wagen begleitet, läßt einen manchmal nur schwer ein Ende finden. Eine Einrichtung, die ich hier sehr vermisse, denn sie ist ideal für Leute, die es eilig haben. Ein Außenseiter in der Gegend von Kanton und Hongkong ist die Hakka-Küche, pikanter als die Kanton-Küche, mit interessanten Hausgerichten. Die Hakka sind ein Volksstamm, der im 13. Jahrhundert vor den Mongolen in den Süden geflohen ist, sich dort angesiedelt hat und wegen seines ausgeprägten Traditionsbewußtseins die eigene überlieferte Küche pflegt.

Oben links: *Eine Hakka Frau mit ihrem typischen Fransenhut.*
Schildkrötenfleisch zählt in Südchina als Delikatesse.
Rechts: *Ein chinesisches Lebensmittelgeschäft ist für den Fremden voll von interessanten und seltsamen Dingen.*

KANTON-KÜCHE

KANTON-KÜCHE

Dim Sum

Einen großen Anteil an dem reichen Sortiment der Dim Sum (eine Art Imbiß) haben die gefüllten Brötchen (Rezept Seite 62), die Eier- und Frühlingsrollen (Rezept Seite 50) und die Teigtaschen, die den süddeutschen »Maultaschen« einer Spezialität meiner Wahlheimat ähneln. Die gefüllten Nudeln gehören ebenfalls dazu und sind in drei Gruppen eingeteilt:

Die *Won Tan* ähneln den Ravioli und werden auch als Suppeneinlage gereicht.
Die *Shao Tze* sind größer als die Won Tan.
Die *Shao Mai* sind oben offene Teigkörbchen.
Während für die Hülle der Frühlingsrollen auch Omelett- oder Pfannkuchenteig üblich ist, wird für gefüllte Nudeln und Teigtaschen nur Nudelteig verwendet, der so dünn wie möglich ausgewellt sein muß.
Versuchen Sie also meine folgenden Dim Sum und die anschließenden Füllungsvorschläge:

Won Tan
Hülle: knetbarer Nudelteig (nach dem Rezept von Seite 52, Teig 3)
Größe der Fladen: ca. 6/8 cm Durchmesser
Menge: 500 g Füllung und 225 g Teig geben etwa 40 Won Tan
Verwendung: Suppeneinlage oder Dim Sum
Kochzeit: als Suppeneinlage 10 Minuten dämpfen oder 2 Minuten vorkochen und 6–8 Minuten in der Brühe kochen; als Dim Sum 3–5 Minuten fritieren
Füllmenge pro Wan Tan: etwa 1 Teelöffel; die Hülle muß ringsum gut geschlossen und unbeschädigt sein.

Shao Tze
Hülle: knetbarer Nudelteig
Größe der Fladen: ca. 10–12 cm Durchmesser
Menge: 500 g Füllung und 150 g Teig geben etwa 20 Shao Tze
Verwendung: Dim Sum gedämpft, gelegentlich fritiert, mit einer Dipsoße serviert.
Kochzeit: 20–25 Minuten dämpfen.
Füllmenge pro Shao Tze: etwa 2 Teelöffel; den Teig ringsum gut schließen und andrücken.

Shao Mai
Hülle: knetbarer Nudelteig
Größe der Fladen: 10–12 cm Durchmesser
Menge: 500 g Füllung und 100 g Teig geben etwa 12–14 Shao Mai
Verwendung: wie Shao Tze
Kochzeit: 20–25 Minuten dämpfen
Füllmenge pro Shao Mai: etwa 1–1½ Eßlöffel

Dim Sum-Füllungen

Füllung 1:
100 g Chinakohl
250 g Hühnerbrust
150 g Krabbenfleisch
1 Eßlöffel Reiswein
1 Eßlöffel helle Sojasoße
1 Eßlöffel Stärke
Salz, Fünfgewürzpulver

Chinakohl abbrühen. Hühner- und Krabbenfleisch sowie den Kohl fein schneiden, mit den übrigen Zutaten mischen und vor dem Füllen 15 Minuten in den Kühlschrank stellen.

Füllung 2:
100 g Spinat
350 g mageres Schweinefleisch
1 Ei
1 Eßlöffel Stärke
1 Eßlöffel Sojasoße
1 Teelöffel Öl

Spinat blanchieren und fein schneiden. Das Fleisch fein hacken und beides mit den anderen Zutaten gut mischen. Vor der Weiterverarbeitung 15–20 Minuten stehen lassen.
Eine Geschmacksbereicherung ergibt die Zugabe von 1 Eßlöffel fein gehacktem rohen Schinken.

Dim Sum von links oben im Uhrzeigersinn: *Fleischbällchen, gefüllte Brötchen, Shao Tze, Fleischreis in Lotusblättern, gefüllte Nudeln, Frühlingsrollen, gefüllte Nudeln, in der Mitte Fischbällchen in Papierteig*

KANTON-KÜCHE

Füllung 3:
200 g mageres Schweinefleisch
125 g Fleisch von Shrimps
oder Krabben (roh)
5 Wasserkastanien
½ Tasse fein gehackte Schalotten oder
Frühlingszwiebeln
1 Eßlöffel helle Sojasoße
Salz
(1 Eßlöffel Stärke bei Füllung für
Schao Mai)

Schweinefleisch, Shrimps und Wasserkastanien fein hacken, mit den übrigen Zutaten mischen und abschmecken.

Füllung 4:
(Diese Füllung eignet sich nur für Shao Mai)
400 g Fleisch von Shrimps
oder Krabben (roh)
1 Teelöffel frischer Ingwer (geriebener)
1 Eßlöffel Reiswein
1 Eßlöffel roher, fetter Schinken (fein gehackt)
Salz, Pfeffer
Öl zum Braten
1 Frühlingszwiebel (nur das Weiße, fein gehackt)
5 Wasserkastanien (fein gehackt)
50 g Bambussprossen (fein gehackt)
1 Eßlöffel helle Sojasoße
1 Eßlöffel Stärke
1 Eiweiß

Die Shrimps fein hacken und die übrigen Zutaten nach Angabe zerkleinern. Shrimps, Ingwer, Reiswein und den Schinken mischen und würzen. Öl in der Pfanne erhitzen, die Frühlingszwiebel kurz anbraten, dann die Wasserkastanien und Bambussprossen zugeben und 1 Minute braten. Die Sojasoße darüberträufeln und vom Feuer nehmen. Mit den Shrimps mischen und die Stärke unterrühren. Die Mischung 30 Minuten in den Kühlschrank stellen. Kurz vor Verwendung der Füllung das Eiweiß schlagen und vorsichtig unterheben.

Mitte: *Mango-Tapioka-Pudding*
Rechts: *Sa Dschi Ma, die deutsche wörtliche Übersetzung heißt »ein Stein, der auf einem Pferd reitet«.*

Füllung 5:
200 g Hühnerbrust
200 g Hühnerleber
1 Tasse Champignons (fein gehackt)
1 Eßlöffel Reiswein
1 Teelöffel Fünfgewürzpulver
Salz
1 Eßlöffel Schalotten (nur das Weiße, fein gehackt)
1 Eßlöffel frischer Koriander
oder Bund Petersilie (fein gehackt)
1 Eiweiß
1 Eßlöffel Stärke
1 Eßlöffel dunkle Sojasoße

Hühnerbrust und Hühnerleber fein hacken. Mit Champignons, Reiswein, Salz und Gewürzpulver mischen und 20 Minuten in den Kühlschrank stellen. Vor der Verwendung der Füllung Schalotten, Koriander oder Petersilie, Eiweiß, Stärke und Sojasoße untermischen.

Mon Go Fu
Mango-Tapioca-Pudding

Zutaten:
20 g Agar Agar, ½ Tasse Tapioca
200 g Zucker
¼ Tasse Kondensmilch
1 Tasse Mango (fein geschnitzelt)

Zubereitung:
Agar Agar ½ Stunde im Wasser einweichen, herausnehmen und ausdrücken. Vier Tassen Wasser zum Kochen bringen, die Tapioca langsam einrühren und bei mäßiger Hitze 5 Minuten kochen. Danach abseihen, in kaltes Wasser zum Abkühlen geben und wieder durchseihen. Nun wird Agar Agar mit ca. sechs Tassen Wasser zum Kochen gebracht, bis es sich aufgelöst hat. Den Topf vom Feuer nehmen und nacheinander Zucker, Milch und die Mangos zugeben und rühren, bis sich der Zucker ganz aufgelöst hat. Nun Tapioca einrühren und den Pudding in eine Kastenform gießen. Nach dem Abkühlen können Sie ihn in Portionen schneiden.

Sa Dschi Ma

Zutaten:
3 Tassen Mehl
2 Teelöffel Backpulver
4 Eier
Öl zum Fritieren
200 g Zucker
150 g Honig
¼ Tasse Wasser
½ Tasse Zitronensaft oder Orangensaft

Zubereitung:
Aus Mehl, Backpulver und den Eiern einen Teig von der Konsistenz eines Nudelteigs kneten und diesen 20 Minuten ruhen lassen. Danach wird er auf eine Stärke von etwa 3-4 mm ausgerollt. Schneiden Sie nun das Teigstück erst in 3 cm breite Streifen und diese Streifen quer in bandnudelbreite Stücke. Jetzt Fritieröl erhitzen und die Nudeln eine ¾ Minute fritieren und nach dem Herausnehmen gut abtropfen lassen. Honig, Wasser und Zitronensaft zum Kochen bringen und den Zucker darin auflösen. Diesen Sirup über die Nudeln gießen und schwenken, damit sie gut eingehüllt sind. Die Stücke kommen nun in eine gefettete Backform, werden etwas festgedrückt und erkalten lassen. Nach dem Herausstürzen schneidet man den Kuchen in Portionswürfel. Zusätzlich können Sie den Kuchen mit Sesamsamen oder Rosinen bestreuen.

Pai Zan Dschieh
Pochiertes Huhn

Dies ist die einfachste Art, ein Huhn zu garen. Die Kochtechnik gehört zum »Weißkochen«, also ohne Sojasoße. Das Fleisch wird meist kalt mit Dipsoßen gereicht oder weiter verwendet zu Gerichten, die vorgekochtes Fleisch erfordern, und die Brühe für Suppen und Soßen genommen.
Wenn möglich, sollten Sie für dieses Gericht nur junges Freilandgeflügel kaufen.

Zutaten:
1 junges Huhn (1200 g)
3 Scheiben frischer Ingwer
1 kleine Stange Lauch oder Frühlingszwiebel
3 Eßlöffel Reiswein
Salz

Zubereitung:
Das Huhn waschen und säubern. Genügend Wasser mit dem Ingwer und Lauch zum Kochen bringen. Das Huhn hineingeben (es muß mit Wasser bedeckt sein). Salz und Reiswein zufügen und wieder aufkochen. Nach 5 Minuten nehmen Sie den Topf vom Feuer und lassen das Huhn zugedeckt 1–2 Stunden im Sud stehen. Dann wird es, wie auf dem Foto zu sehen, in mundgerechte Stücke geschnitten und dekorativ auf einer Platte serviert.

Dou Tzi Dai Gu
Brustrippchen mit schwarzer Bohnensoße

Zutaten:
700 g fleischige Brustrippchen (vom Schwein)
2 Löffel schwarze Bohnen (Dose)
1 Knoblauchzehe (fein gehackt)
2 Eßlöffel dunkle Sojasoße
1 Teelöffel Stärke
1 Eßlöffel Zucker
1 Frühlingszwiebel

Zubereitung:
Die Rippchen erst in mundgerechte Stücke hacken und in eine Schüssel geben. Bohnen unter fließendem Wasser spülen, abtropfen lassen und zerdrücken. Dann werden sie mit Knoblauch, Sojasoße, Stärke und Zucker gemischt und diese Paste wird auf den Rippchen verteilt.
Nun geben Sie die Schüssel in einen Dämpfer und lassen die Rippchen 45–50 Minuten dämpfen. Danach werden sie möglichst heiß mit dem ausgetretenen Saft und der zerkleinerten Frühlingszwiebel bestreut angerichtet.

Links: *Pochiertes Huhn wird meist mit einer pikanten Soße angerichtet.*
Oben: *Brustrippchen in schwarzer Bohnensoße*

Yünnan Kuo Twei
Kohl mit Yünnan-Schinken

Zutaten:
300 g Chinakohl
5 Eßlöffel Brühe
1 Eßlöffel Reiswein
1 Eßlöffel helle Sojasoße
1 Teelöffel Stärke
Öl zum Braten
Salz, Pfeffer
200 g Yünnan- oder Parmaschinken
(in Scheiben)

Zubereitung:
Den Kohl säubern, in reichlich Wasser blanchieren und abschrecken. Vermischen Sie die Brühe mit Reiswein, Sojasoße und Stärke.
Nun wird Öl in der Pfanne erhitzt, das Gemüse darin kurz angebraten und dabei mit Salz und Pfeffer gewürzt. Mit der Soße löschen und die Schinkenscheiben auf das Gemüse legen. Die Pfanne zudecken und alles bei mäßiger Hitze 10 Minuten dünsten. Falls zu viel Flüssigkeit verdunstet, sollten Sie noch etwas Brühe oder Blanchierwasser zugeben.
Den Kohl mit den Schinkenscheiben auf einer Platte anrichten.

Oben: *Hier sehen Sie nochmals deutlich, wie die Stäbchen beim Essen gehalten werden.*
Rechts: *Kohl mit Yünnan-Schinken. Da Sie diesen Schinken bei uns nicht so leicht bekommen werden, können Sie das Gericht auch mit Parmaschinken zubereiten.*
Mitte: *Fisch mit Bohnenquark*
Rechts oben: *Gebratener Reis, ein Essen mit zahlreichen Variationen.*

Dou Fu Tzao Yü
Fisch mit Bohnenquark

Zutaten:
400 g Fischfilet
150 g frischer Bohnenquark
1–2 grüne Paprikaschoten
1 Karotte
3 schwarze Pilze
1 Lauchstange
1 Knoblauchzehe, Salz
Öl zum Braten
1/2 Tasse Brühe

KANTON-KÜCHE

Tzao Fen
Gebratener Reis

Ein alltägliches, bescheidenes Mahl – sozusagen jene sprichwörtliche Handvoll Reis, mit der sich ehemals der chinesische Kuli zufrieden gab. Dennoch war der Schale Reis immer noch etwas beigefügt, mal war es Gemüse, mal Fleisch oder Fisch. Für gebratenen Reis gibt es kein gebietstypisches Rezept, zumal meist Reste verwertet werden.

Zutaten:
1/4 Tasse Bambussprossen
1 kleine rote Paprikaschote
Öl zum Braten
2 Eßlöffel grüne Erbsen
Pfeffer, Salz
2 Tassen gekochter Reis
50 g Krabben (aus der Dose)
50 g gegartes Hühnerfleisch (geschnitzelt)
1 Ei

Zubereitung:
Bereiten Sie erst das Gemüse vor. Die Bambussprossen werden in dünne Scheiben und die Paprika in kleine Stücke geschnitten. Nun geben Sie Öl in die Pfanne und braten das Gemüse und die Erbsen 2 Minuten, ehe Sie mit Salz und Pfeffer würzen. Das Gemüse beiseite stellen. Jetzt kommt der Reis in die Pfanne und wird 2–3 Minuten gebraten, bis er »rieselt«. Nachher geben Sie die Krabben und das Hühnerfleisch dazu, mischen das Gemüse darunter und vermengen alles mit dem vorher geschlagenen Ei.
Nachdem Sie nochmals gut durchgerührt haben, ist der gebratene Reis fertig und kann serviert werden.

1 Eßlöffel helle Sojasoße
1 Eßlöffel Reiswein
2 Teelöffel Stärke (mit Wasser angerührt)
Pfeffer, Fünfgewürzpulver

Zubereitung:
Fischfilet in mundgerechte Stücke schneiden, den Bohnenquark würfeln. Der Paprika wird in Stücke, die Karotte in Scheiben geschnitten. Die Pilze einweichen, danach die harten Stiele wegschneiden und die Kappen in Streifen schneiden (Pilzwasser aufbewahren). Den Lauch in kurze Stücke schneiden.

Öl in der Pfanne erhitzen, mit der Knoblauchzehe herumreiben, etwas Salz einstreuen und den Fisch 1 Minute braten. Der Bohnenquark zugeben, eine Minute mitbraten und beides auf einer vorgewärmten Platte anrichten. Wieder Öl erhitzen, salzen, das vorbereitete Gemüse 2 Minuten braten und mit der Brühe löschen. Dann wird Sojasoße, Reiswein und die Pilzbrühe dazugemischt. Nach dem Aufkochen mit der Stärke binden und würzen.
Die Soße mit dem Gemüse über Fisch und Bohnenquark gießen.

KANTON-KÜCHE

Dung Gu Dschieh Kwai
Huhn mit Pilzen

Zutaten:
5 schwarze Pilze
1 Stück frischer Ingwer
500 g Hühnerfleisch mit Knochen
Salz
Fünfgewürzpulver
2 Eßlöffel Reiswein
1 Eßlöffel dunkle Sojasoße
1 Teelöffel Stärke
(angerührt)

Zubereitung:
Die Pilze einweichen, Stiele entfernen und die Kappen in Streifen schneiden (Pilzwasser aufbewahren). Ingwer in dünne Streifen teilen. Nun geben Sie das Fleisch, Pilze und Ingwer in eine Schüssel, würzen, gießen noch die Pilzbrühe darüber und lassen alles 25 Minuten dämpfen. Danach das Fleisch warm halten. Die Dämpfbrühe geben Sie in eine Pfanne und vermischen sie mit Reiswein und Sojasoße. Nach dem Aufkochen die Soße binden und über das Fleisch löffeln.

Kwangtschou Kao Ya
Kanton-Ente

Zutaten:
1 Ente (1500 g)
Salz
1 Eßlöffel dunkel Sojasoße
1 Eßlöffel Honig
1 Eßlöffel Stärke

Füllmarinade:
2 Tasse Hühnerbrühe
1 Eßlöffel Reiswein

KANTON-KÜCHE

2 Eßlöffel dunkle Sojasoße
1 Eßlöffel braune Bohnensoße
1 Teelöffel brauner Zucker
1 Teelöffel chinesischer Zimt
3 Scheiben frischer Ingwer
1 Schalotte (fein gehackt)
1 Knoblauchzehe (fein gehackt)

Soße:
1 Tasse Hühnerbrühe
2 Eßlöffel Honig
1 Eßlöffel Reisweinessig
1 Eßlöffel dunkle Sojasoße

Zubereitung:
Die Ente kurz in kochendes Wasser tauchen, dann gut abtrocknen und innen und außen leicht salzen. Sojasoße und Honig mischen, wenn nötig erwärmen, und damit die Ente außen mehrmals einpinseln oder einreiben; dazwischen immer wieder trocknen lassen.
Den Hals der Ente fest zubinden. Zutaten für die Füllmarinade mischen und in das Innere der Ente gießen. Die hintere Öffnung der Ente so fest zunähen, daß keine Flüssigkeit entweichen kann. Die Soßenzutaten vermischen; dann den Backofen auf 220° erhitzen und das Tropfblech mit 2 cm Wasser füllen. Die Ente auf dem Rost 20 Minuten backen, dann bei 180° eine weitere Stunde und bei 150° noch 10–20 Minuten. Die Ente immer wieder wenden und mit der Soße einpinseln.
Die Ente herausnehmen und hinten öffnen. Die Füllflüssigkeit durchsieben und in einer Pfanne mit der angerührten Stärke binden. Die Ente in mundgerechte Stücke schneiden und anrichten. Die Soße können Sie getrennt reichen.

Gu Lao Lo
Schweinefleisch süß-sauer

Dies ist wohl eines der hier bekanntesten und beliebtesten Gerichte. Wenn auch die Vorbereitung einige Mühe macht, Sie werden sehen, der Erfolg entschädigt Sie dafür.

Zutaten:
400 g Schweinefleisch
1 Eßlöffel dunkel Sojasoße
1 Eßlöffel Reiswein
Salz, Pfeffer
Fünfgewürzpulver
1 Ei
3 Eßlöffel Maisstärke
Öl zum Fritieren

Gemüse:
4 schwarze Pilze
1 Karotte (längs halbiert und in 2 cm lange Stücke geschnitten)
1 Knoblauchzehe (fein gehackt)
1 Zwiebel (in Viertel geschnitten und die Schalen geteilt)
1 grüne und rote Paprikaschote (in Stücke geschnitten)
½ Tasse Ananaswürfel
1 Tasse Bambussprossen (in Streifen geschnitten)
2 Eßlöffel Öl

Soße:
3 Eßlöffel Tomatenmark
3 Eßlöffel Essig
3 Eßlöffel Zucker
1 Eßlöffel Ananassaft
1 Teelöffel dunkle Sojasoße
1 Eßlöffel Maisstärke (in wenig Wasser angerührt)

Zubereitung:
Schneiden Sie erst das Fleisch in mundgerechte Würfel, die Sie dann mit Sojasoße, Reiswein, Salz und Pfeffer gut vermischen und so 20 Minuten marinieren lassen.
Die Gemüse bereiten Sie entsprechend den gemachten Angaben vor. Nur die Pilze müssen eingeweicht, dann die Stiele entfernt und die Kappen in Streifen geschnitten werden. Die Karottenstücke sollten Sie kurz blanchieren, damit sie nach dem kurzen Braten nicht mehr hart sind.
Nun nehmen Sie das Fleisch aus der Marinade und wälzen es in dem mit Maisstärke vermischten Ei. In erhitztem Fritieröl werden die Stücke einzeln fritiert, bis sie knusprig sind. Entfetten Sie die Fleischstücke auf Küchenkrepp.
Nun werden die Zutaten für die Soße (mit Ausnahme der Stärke) vermischt. Geben Sie Öl in eine Pfanne und braten Sie erst den Knoblauch an. Dann kommen alle Gemüse dazu und werden eine Minute mitgebraten. Danach gießen Sie die Soße darüber, und nachdem sie alles zugedeckt zum Kochen gebracht haben, binden Sie mit der Maisstärke und mischen nun auch die Fleischstücke darunter. Vor dem Anrichten nochmal abschmecken.
Übrigens können Sie das Gemüse, nachdem Sie das Fleisch fritiert haben, ebenfalls ca. 1 Minute fritieren. Nach dem Herausnehmen sollte es gut abtropfen, dann wird es dazugemischt.

Schweinefleisch süß-sauer
Links: *Huhn mit Pilzen*
Rechts oben: *Kanton-Ente*

Dou Fu Pien
Bohnenquarkschnitten

Zutaten:
300 g Scheiben Bohnenquark
1 Ei
½ Tasse Mehl
Salz
Maisstärke
Öl zum Fritieren

Füllung:
50 g Krabbenfleisch (fein gehackt)
50 g mageres Schweinefleisch (fein gehackt)
2 schwarze Pilze (aufgeweicht und die Kappen fein gehackt)
1 Eßlöffel Schalotten (fein gehackt)
1 kleine Pepperonischote (fein gehackt)
2 Eßlöffel Bambussprossen (fein gehackt)
1 Eßlöffel dunkle Sojasoße
1 Teelöffel Stärke
Salz, Pfeffer

Zubereitung:
Die Quarkscheiben mit einem scharfen Messer spalten, so daß Sie dünne Scheiben bekommen.
Aus Ei, Mehl und Salz einen flüssigen Teig rühren, eventuell ein wenig Wasser zugeben, denn der Teig sollte nicht zu dünn sein. Dann die Zutaten für die Füllung entsprechend vorbereiten und mischen.
Eine Platte mit Stärke bestäuben, die Hälfte der Quarkscheiben darauf legen und die Oberflächen leicht mit Stärke einstreuen. Nun geben Sie auf jede Scheibe eine Schicht Füllung und bedecken sie mit den übrigen Quarkscheiben. Die Pakete werden mit Teig umhüllt (vorsichtig handhaben, damit sie nicht auseinander brechen) und in heißem Öl im Fritiertopf bei mittlerer Hitze 6 Minuten goldbraun gebacken. Die gut abgetropften Schnitten kommen dann zum Servieren auf eine vorgewärmte Platte, die Sie zusätzlich mit blanchierten Kohlblättern auslegen können.

Pikant schmeckt dazu eine Soße aus folgenden Zutaten:
2 Eßlöffel dunkle Sojasoße mit 1 Eßlöffel Tomatenmark, einer fein gehackten Schalotte, einem Teelöffel Zucker und etwas Bohnenpaste mischen, kurz erhitzen und entweder getrennt reichen oder über die Quarkschnitten träufeln. Die Schnitten können auch 20–30 Minuten gedämpft werden.

Tzao Lung Scha
Gebratener Hummer Kanton

Zutaten:
1 lebender Hummer (ca. 300 g Fleisch)
Saft einer Zitrone
Öl zum Braten
2 Eßlöffel schwarze Bohnen (zerdrückt)
1 Knoblauchzehe (fein gehackt)
1 Teelöffel frischer Ingwer (fein gehackt)
125 g mageres Schweinefleisch (fein gehackt)
2 Eßlöffel Erdnußöl
einige Tropfen Sesamöl

Soße:
2 Eßlöffel Reiswein
4 Eßlöffel helle Sojasoße
1 Teelöffel Zucker
1 Prise Pfeffer
1 Tasse Hühnerbrühe
1 Eßlöffel Stärke

Eimischung:
2 Eier
3 Eßlöffel Hühnerbrühe
1 Prise Salz

Garnitur:
1 Zitrone (in Scheiben geschnitten)
1 Schalotte (in Streifen geschnitten)
Hummerschalen und -scheren

Zubereitung:
Den noch lebenden Hummer mit dem Kopf voraus in sprudelnd kochendes Wasser gleiten lassen. Nach einigen Minuten den Hummer aus dem Wasser nehmen, mit dem Rücken auf ein Brett legen und mit einem scharfen Messer oder Beil der Länge nach halbieren. Die Innereien (Leber, Darm) entfernen und nun das Fleisch aus dem Schwanz, den Scheren und dem Körper herauslösen. Das Hummerfleisch in mundgerechte Stücke schneiden und mit Zitronensaft beträufeln.
Für die Soße den Reiswein mit zwei Eßlöffeln Sojasoße, Zucker und Pfeffer mischen. In einer separaten Schale die Hühnerbrühe mit den restlichen zwei Eßlöffeln Sojasoße und der Stärke verrühren. Anschließend die Zutaten für die Eimischung gut schlagen.
Öl in einer großen Pfanne stark erhitzen und darin die Bohnen, den Knoblauch und Ingwer scharf anbraten. Wenn dies geschehen ist, das Schweinefleisch dazugeben und eine Minute braten. Nun kommt das Hummerfleisch dazu. Es wird vorsichtig unter die anderen Zutaten gehoben und das Ganze mit der Reisweinmischung beträufelt. Unter behutsamem Wenden alles eine weitere Minute braten und dann die Hühnerbrühe zugießen. Nach dem Aufkochen die Hitze reduzieren und das Gericht 2 Minuten köcheln lassen. Dabei das Fleisch vorsichtig wenden, damit es ringsum gut mit der Soße bedeckt ist. Die Pfanne vom Feuer nehmen, zwei Drittel der Eimischung über das Fleisch gießen, schnell mit einem Deckel zudecken und ohne Rühren eine Minute stehen lassen.
Währenddessen eine heiße Platte bereitstellen und den Pfanneninhalt, möglichst in einem Stück, daraufgleiten lassen. Nun erst kommt die restliche Eimischung darüber.
Schnell wird in einem Pfännchen das Erdnußöl stark erhitzt, bis es zu rauchen beginnt. In dieser Zeit träufelt man etwas Sesamöl über das Gericht und gießt zuletzt das heiße Öl darüber, um die Eimischung vollends zum Stocken zu bringen.

Rechts: *Die schwimmenden Restaurants in Hongkong sind bekannt für ihre frischen Krustentiere.*
Links oben: *Bohnenquarkschnitten*

Tang Schan Scha
Krabben mit Ingwer-Tomaten-Soße

Zutaten:
3–4 große Krabben
2 Eßlöffel Reiswein
2 Eßlöffel helle Sojasoße
1 Eiweiß
Stärke
Öl zum Fritieren

Soße:
1 Eßlöffel Schalotten (fein geschnitten)
1 Eßlöffel frischer Ingwer (fein gehackt)
2 Eßlöffel Tomatenmark
1 Eßlöffel Reiswein
1 Teelöffel Essig
5 Eßlöffel Hühnerbrühe
1 Teelöffel Stärke
1 Teelöffel Zucker
Salz, Pfeffer

Zubereitung:
Die Krabben in kochendem Wasser töten. Beine und Scheren wegschneiden, den Körper waagrecht spalten und das Fleisch herausnehmen. Eventuell vorhandene Krabbeneier beiseite legen. Das Fleisch wird in mundgerechte Stücke geschnitten und in Reiswein und Sojasoße 20 Minuten mariniert. Die Krabbenschalen, Füße und Scheren werden 10 Minuten in Wasser gekocht oder mit Öl

eingepinselt und 15 Minuten gedämpft. Die Zutaten für die Soße, mit Ausnahme der Schalotten, mischen.
Nun das Krabbenfleisch bereiten. Die Stücke werden in dem sämig geschlagenen Eiweiß gewendet, dann in der Stärke gewälzt oder fein damit bestäubt. Öl erhitzen und das Fleisch 2–3 Minuten fritieren. Nach dem Herausnehmen abtropfen lassen und auf einer Platte mit den Krabbenschalen den Scheren und Füßen (wie auf dem Foto zu sehen) anrichten und warmhalten.
Wenig Öl in der Pfanne erhitzen und die Schalotten anbraten. Die Soßenzutaten zugeben, abschmecken und kurz vor dem Aufkochen die eventuell vorhandenen Krabbeneier untermischen; falls notwendig, noch ein wenig Brühe zugeben. Etwas Soße über die angerichteten Krabben löffeln und den Rest getrennt reichen.

KANTON-KÜCHE

Bai Zai Yü
Fisch mit Selleriekohl

Zutaten:
2 schwarze Pilze
200 g Stangensellerie
1 Karotte
Öl zum Braten
½ Tasse Brühe
2 Eßlöffel helle Sojasoße
1 Eßlöffel Stärke
200 g Fischfilet (gedämpft oder gekocht)
Salz, Pfeffer

Zubereitung:
Die Pilze einweichen. Dann entfernen Sie die harten Stiele und halbieren die Kappen. Der Stangensellerie wird in Stücke geschnitten und die Karotte in möglichst dünne Scheiben. Danach erhitzen Sie Öl in einer Pfanne, streuen etwas Salz ein und braten die Pilze und das Gemüse an. Nachdem Sie mit der Brühe gelöscht haben, lassen Sie alles zugedeckt 4 Minuten bei schwacher Hitze dünsten. Das Gemüse heben Sie mit einem Schaumlöffel aus der Brühe und halten es auf einer vorgewärmten Platte warm. Nun rühren Sie die Sojasoße in die Gemüsebrühe, mischen die Stärke unter und lassen die Fischstücke darin einmal aufkochen. Nachdem Sie noch mit Salz und Pfeffer abgeschmeckt haben, geben Sie den Fisch und die Soße über das angerichtete Gemüse.

*Links unten: Krabben mit Ingwer-Tomatensoße.
Links oben: Fisch mit Sellerie, darüber Pilze in den Wolken
Rechts: In chinesischen Restaurants werden Fische und Krustentiere ausgestellt.*

Fu Yung Dung Gu
Pilze in den Wolken

Zutaten:
5 Eiweiß
1 Teelöffel Erdnußöl
150 g Krebsfleisch oder Fischfilet
1 Teelöffel frischer Ingwer (fein gehackt)
150 g Strohpilze (aus der Dose)
2 Eßlöffel Reiswein
1 Tasse Fischbrühe (mit 1 Teelöffel Stärke verrührt)
Salz, Pfeffer

Zubereitung:
Das Eiweiß mit dem Öl schlagen. Das Krebsfleisch oder Fischfilet fein hacken und mit dem Ingwer mischen. Dann werden die Strohpilze durchgespült, halbiert und mit dem Reiswein beträufelt. Erhitzen Sie nun die Brühe in einer Schüssel auf etwa 50°, vermischen Sie den Fisch mit dem Eiweiß und rühren die Mischung langsam in die Brühe. Dann werden die Pilze untergehoben und alles nach Belieben gewürzt. Die Schüssel stellen Sie in einen Dämpfer und lassen das Gericht 30 Minuten bei mäßiger Hitze zugedeckt dämpfen.

KANTON-KÜCHE

Tzao Üh Yü
Gebratener Tintenfisch

Zutaten:
400 g Tintenfisch
1 Teelöffel frischer Ingwer (gerieben)
1 Eßlöffel helle Sojasoße
1 Eßlöffel Reiswein
3–4 chinesische schwarze Pilze
Öl zum Braten
100 g Schweinefleisch (fein gehackt)
½ Tasse Bambussprossen (in Streifen)
½ Tasse Hühnerbrühe
1 Teelöffel Zucker
1 Teelöffel Essig
1 Eßlöffel Austernsoße
1 Teelöffel Stärke (mit Wasser angerührt)
Salz, Pfeffer

Hakka-Platte mit Fleischbällchen
Oben rechts: *Gebratener Tintenfisch*
Rechts: *Fischmarkt in Hongkong*

Zubereitung:
Den Tintenfisch ausnehmen, säubern, die Haut abziehen und gut waschen. Die Fleischstücke auf einer Seite mit ½ cm Abstand kreuzweise einschneiden und dann in mundgerechte Stücke schneiden. Einen Liter Wasser zum Kochen bringen und die Tintenfischstücke unter ständigem Rühren 1 Minute kochen, dann herausnehmen und abtropfen lassen. Ingwer, Sojasoße und Reiswein mischen, das Fischfleisch einlegen und 15 Minuten stehen lassen.
Pilze waschen und einweichen, dann die Kappen in Streifen schneiden und die harten Stiele entfernen (¼ Tasse der Einweichbrühe aufbewahren).
Öl in der Pfanne erhitzen, Salz einstreuen und das Schweinefleisch kurz anbraten, bis es die Farbe wechselt. Dann die Pilze und Bambussprossen zugeben und 1 Minute braten. Nun geben Sie den Tintenfisch mit der Marinade dazu und vermischen alles gut. Nach kurzem Weiterbraten gießen Sie die Hühner- und Pilzbrühe an und kochen das Ganze zugedeckt 1 Minute bei kleiner Hitze (den Tintenfisch nicht zu lange kochen).
Zum Schluß mischen Sie Zucker, Essig und Austernsoße dazu, würzen etwas nach und binden mit der Stärke.
Bei besonderen Anlässen servieren die Hakkas eine mit Pickles reich garnierte Platte. Neben dem gebratenen Tintenfisch gibt es noch Fleischbällchen.

Zutaten:
250 g mageres rohes Schweinefleisch
150 g gebratenes Schweinefleisch
50 g Krabben (ohne Schalen)
1 Teelöffel frischer Ingwer (fein gehackt)
1 Knoblauchzehe (fein gehackt)
1 Eßlöffel grüner Pfeffer
1 Frühlingszwiebel (fein gehackt)
1 Teelöffel Austernsoße
1 Eßlöffel dunkle Sojasoße
Salz, 1 Prise Zucker, Fünfgewürzpulver
1 Eiweiß
2–3 Eßlöffel Stärke
Öl zum Fritieren

Das rohe und gebratene Fleisch und die Krabben fein hacken. Die Zutaten in der angegebenen Reihenfolge gut durchmischen und 1 Stunde kühlstellen. Von der Mischung kleine Bällchen mit 3 cm Durchmesser formen und diese in heißem Öl knusprig fritieren.

Hakka Yü Tang
Hakka Fischsuppe

Zutaten:
500 g Meeresfrüchte (z. B. fleischige Fischsoße, ausgelöste Muscheln, Shrimps)
3 schwarze Pilze, 5 Tassen Brühe
2 Scheiben Ingwer
2 Tomaten (geschält)
2 Knoblauchzehen (zerdrückt)
1 Eßlöffel grüner Pfeffer
1 Eßlöffel dunkle Sojasoße
1 Eßlöffel Reiswein
1 Eßlöffel Sesamöl
Salz, Pfeffer, Fünfgewürzpulver

Zubereitung:
Die Meeresfrüchte gründlich waschen und säubern. Die Pilze abspülen und nur die harten Stiele entfernen.
Nun nehmen Sie einen großen Topf, geben die Fischsorten und Pilze hinein, gießen die Brühe darüber und geben nun alle weiteren Zutaten und die Gewürze dazu. Nachdem Sie alles zum Kochen gebracht haben, lassen Sie die Suppe bei kleiner Hitze zugedeckt 10 Minuten ziehen.
Vor dem Servieren sollten Sie sie nochmal nachwürzen und wie auf dem Foto mit Frühlingszwiebeln, Chili und frischem Koriander garnieren.

Oben: *Hakka Fischsuppe*

KANTON-KÜCHE

Links: *Der Koch eines Restaurants in Hongkong beim Zerlegen einer gebratenen Gans. Sie wird ebenso serviert wie die Peking-Ente (siehe Seite 43).*
Unten: *Im Süden und Osten Chinas gibt es in unmittelbarer Nähe der Großstädte Gänse- und Entenfarmen.*

In der Provinz Kiangsi und noch weiter im Süden werden neben Enten und Hühnern auch Gänse gezüchtet. Ihr Fleisch schmeckt ausgezeichnet, werden sie doch noch auf natürliche Weise großgezogen. Wie hier, ist auch in China die Gans ein Festtagsbraten, für den man gerne eine etwas aufwendigere Zubereitungsart wählt. Grundsätzlich werden sie jedoch wie Enten, also vorwiegend nach den Rezepten für die Peking- oder Kanton-Ente (Rezepte Seite 40 und 196), zubereitet.

Das Fleisch, das ja bei der Peking-Zubereitungsart an der Karkasse verbleibt, und bei einer Gans wesentlich mehr ist, gebe ich sofort in ein anderes, bereits vorbereitetes Gericht, wie zum Beispiel geschnitzelt in Gemüse, oder in mundgerechte Stücke geschnitten mit einer Dipsoße. Aufgewärmt allerdings verliert das Gänsefleisch viel von seinem Geschmack, und ich verwende es dann nur noch für die Füllung von Teigtaschen, Eierrollen oder gedämpften Brötchen. Auch kalt, in Scheiben geschnitten und als Vorspeise gereicht, ist einer aufgewärmten Verwendung unbedingt vorzuziehen. Als Dipsoßen können Sie ebenfalls die zu Entenfleisch passenden servieren. Eine Prise Chili mehr an der Soße ist bei dem fetteren Gänsefleisch zu empfehlen, und in China ist es außerdem üblich, bei solch schweren Gerichten zwischendurch einen kräftigen Schluck Kao Liang oder Mao Tai zu nehmen.

Da der Chinese aber im übrigen sehr diätbewußt ißt, sind diese nicht so häufigen Sünden leicht zu verkraften.

KANTON-KÜCHE

Ma Dschieh Lu Ge
Tauben im Grünen

Zutaten:
4 Tauben
150 g mageres Schweinefleisch
50 g Hühnerleber
1 Eßlöffel Geflügelfett, 1 Eigelb
1 Eßlöffel grüner Pfeffer
2 schwarze Pilze
Öl zum Braten
1 Eßlöffel Frühlingszwiebeln (fein gehackt)
1 Eßlöffel frischer Ingwer (fein gehackt)
½ Tasse Bambussprossen (gehackt)
½ Tasse Wasserkastanien (gehackt)
2 Eßlöffel helle Sojasoße
2 Eßlöffel Reiswein
Salz, Prise Zucker, Pfeffer
1–2 Teelöffel Stärke (angerührt)
Sesamöl

Zubereitung:
Das Taubenfleisch von Brust und Schenkeln lösen und zusammen mit dem Schweinefleisch und der Leber fein schneiden. Anschließend wird alles mit Geflügelfett, Eigelb und Pfeffer gemischt. Die Karkassen der Tauben werden gehackt, in etwas Öl gebraten, mit möglichst wenig Wasser gelöscht und man läßt sie ½ Stunde zugedeckt ziehen. Dann die Brühe durchseihen und beiseite stellen.
Pilze einweichen, die Stiele entfernen und die Kappen fein schneiden (das Einweichwasser aufheben). Jetzt wird das Fleisch in heißem Öl 2 Minuten gebraten und beiseite gestellt. Wieder Öl in der Pfanne erhitzen, die Frühlingszwiebeln anbraten, dann Pilze und Ingwer zugeben, 1 Minute braten, die Bambussprossen und Wasserkastanien untermischen und 1 Minute weiterbraten. Das Fleisch dazumischen, Reiswein und Sojasoße darüberträufeln und alles mit der Taubenbrühe und dem Pilzwasser ablöschen. Nach dem Würzen mit der Stärke binden, vom Feuer nehmen und mit Sesamöl beträufeln.
Dazu werden gebratene Reisnudeln und blanchierte Salatblätter gereicht.
Und so wird es gegessen:
Man nimmt jeweils mit den Stäbchen einen Bissen Fleisch und Nudeln, wickelt beides in ein Salatblatt und ißt es mit der Hand.
In China nimmt man dazu eine Salatsorte, ähnlich dem hier bekannten Chinakohl. Er schmeckt leicht säuerlich, ist aber hier noch nicht zu haben. Ich helfe mir folgendermaßen und nehme jungen Mangold und frischen Sauerampfer und blanchiere beides mit Salzwasser. Zum Essen nimmt man nun von beiden je ein Blatt zum Einwickeln der Fleischmischung. Um die Handhabung zu erleichtern, mache ich diese Päckchen schon in der Küche fertig und trage sie verzehrbereit auf.

Links: Tauben im Grünen
Mitte: Knuspriges Hähnchen
Rechts: Rindfleisch Hakka

Kwangtschaou Tza Dschieh
Knuspriges Hähnchen Kanton

Zutaten:
1 Hähnchen (1000 g)
1 Eßlöffel Salz
1 Teelöffel Fünfgewürzpulver
1 Bund Koriander
1 Eßlöffel Honig
1 Eßlöffel Essig
1 Eßlöffel Reiswein
1 Teelöffel Bohnenpaste
Öl zum Fritieren

Zubereitung:
Das Hähnchen waschen und trocknen. Salz in einem Pfännchen ohne Öl erhitzen. Das heiße Salz mit Gewürzpulver mischen und damit das Hähnchen innen einreiben. Den Koriander in die Bauchhöhle stopfen und die hintere Öffnung zustecken. Nun wird es mit kochendem Wasser, dem eine Prise Salz zugefügt ist, außen abgebrüht und dann abgetrocknet. Honig, Essig, Reiswein und Bohnenpaste mischen und damit das Hähnchen außen mehrmals einreiben und an der Luft einige Stunden trocknen lassen. Öl erhitzen. Das Hähnchen (ohne Koriander) bei mittlerer Hitze 15 Minuten fritieren. Die Hitze erhöhen und noch 5 Minuten bräunen. Das Hähnchen in mundgerechte Stücke zerlegen und anrichten.

Hakka Niu Lo
Rindfleisch Hakka

Zutaten:
400 g sehr mageres Rindfleisch
2-3 schwarze Pilze
Öl zum Braten
1 Knoblauchzehe (fein gehackt)
1 Teelöffel frischen Ingwer (feine gehackt)
1 Frühlingszwiebel (fein geschnitten)
1/2 Tasse Sellerie (fein geschnitten)
Salz, grüner Pfeffer

Soße:
3 Eßlöffel dunkle Sojasoße
1 Teelöffel Zucker
2 Eßlöffel Reiswein
4 Eßlöffel Brühe
1 Teelöffel Austernsoße

Zubereitung:
Zuerst schneiden Sie das Fleisch in feine Scheibchen. Dann die Pilze einweichen, Stiele entfernen und die Kappen in Streifen schneiden. Die Soßenzutaten vermischen und bereitstellen.
Öl in der Pfanne erhitzen, Knoblauch und Ingwer anbraten und das Fleisch 2 Minuten mitbraten. Nun mischen Sie die Zwiebel, den Sellerie und die Pilze unter und braten alles noch 1 Minute. Nachdem Sie die Soße darübergegossen haben, lassen Sie das Rindfleisch noch 2 Minuten dünsten, ehe Sie es würzig abschmecken.

Gou Ba
Reiskuchen

Zutaten:
2 Tassen Reis
3 Tassen Wasser

Zubereitung:
Den Reis durchspülen und mit dem Wasser zum Kochen bringen. Bei kleiner Flamme mindestens eine halbe Stunde zugedeckt weiterköcheln, bis am Boden und an den Seiten des Topfes eine dicke, braune Kruste gebildet hat. Nun löffeln Sie den nicht verkrusteten Reis heraus und lassen den Reishut noch 10 Minuten im Topf. Geben Sie acht, daß die Kruste nicht anbrennt. Nach dem Erkalten wird der Reishut in Stücke gebrochen und kann folgendermaßen verwendet werden:
Mit Salz bestreut zum Knabbern;
als Vorspeise dünn mit Leber-, Shrimps- oder Krabbenpaste bestrichen oder einfach nur mit einer Dipsoße (Chutney);
als zusätzliche Einlage für dünne Suppen.
Zum Nachtisch wird der Kuchen mit süßer Bohnen- oder Erdnußpaste bestrichen. Fein zerstoßen eignet er sich auch zum Panieren.

Sao Yü
Fisch in Kräutersoße

Zutaten:
1 Meeresfisch (möglichst eine Brasse)
Salz
1 Bund frischer Koriander
3 Scheiben frischer Ingwer
1 Teelöffel Pfefferkörner
½ Tasse Reiswein
1 Eßlöffel helle Sojasoße
Wasserkresse

Zubereitung:
Den Fisch ausnehmen, unter fließendem Wasser säubern, abtrocknen und innen und außen leicht salzen. Nachdem Sie ihn 10 Minuten stehen lassen, kommt er mit Koriander, Ingwer, Pfeffer und Reiswein in einen Topf und wird nur mit soviel Wasser bedeckt, daß er zu zwei Dritteln in dem Sud ist. Den Topf nun erhitzen, beim Erreichen des Siedepunkts vom Feuer nehmen und zugedeckt 10 Minuten stehen lassen. Dann den Fisch vorsichtig im Sud wenden und den Vorgang wiederholen. Danach heben Sie den Fisch heraus und geben ihn auf eine heiße Platte. Vom Sud nun ½ Tasse nehmen, mit der Sojasoße mischen und über den Fisch gießen. Servieren Sie ihn mit reichlich frischer Wasserkresse.
Sollte Sie weder frischen Koriander noch Wasserkresse bekommen, kann ich Ihnen nur ein anderes Rezept – vielleicht das folgende – empfehlen, denn diese beiden Kräuter garantieren das eigentliche Aroma.

KANTON-KÜCHE

Li Mong Yü
Fisch mit Zitronensoße

Zutaten:
1 Meeresfisch (500 g)
1 Löffel frischer Ingwer (geriebener)
Salz
¼ Tasse Fischbrühe
1 Löffel grüner Pfeffer
1 Chilischote (fein gehackt)
1 Riener Bund Zitronengras (geschnitten)
1 Löffel geriebene Zitronenschale

Zubereitung:
Den Fisch säubern und längs am Bauch aufschneiden. Nun wird er außen und innen gründlich mit dem Ingwer eingerieben, den man 10 Minuten einwirken läßt. Danach wird der Fisch leicht gesalzen und auf eine Platte gelegt, die zuerst mit der Hälfte des Pfeffers, der Chilischote und des Zitronengrases ausgelegt wird. Die andere Hälfte dieser Würzzutaten geben Sie auf den Fisch und verteilen darauf die geriebene Zitronenschale. So vorbereitet dämpfen Sie den Fisch 20 Minuten und servieren ihn gleich auf der Platte.

Links: *Frisch gefangene Fische auf dem Markt*
Unten links: *Fisch mit Kräutersoße*
Mitte: *Fisch mit Zitronensoße*
Rechts: *Fisch mit Paprika*

Tsching Tzao Yü
Fisch mit Paprika

Zutaten:
1 Meeresfisch (500 g)
1 Teelöffel frischer Ingwer (fein gehackt)
1 Eßlöffel Reiswein
1 große rote Paprikaschote
½ Tasse Strohpilze (oder Champignons)
1 Knoblauchzehe (zerdrückt)
1 Eßlöffel Schalotten (fein gehackt)
Öl zum Braten
1 Teelöffel Stärke (mit Wasser angerührt)
Salz, Pfeffer, Prise Zucker

Soße:
5 Eßlöffel Brühe
1 Eßlöffel Tomatenmark,
1 Eßlöffel dunkle Sojasoße, 1 Teelöffel Essig

Zubereitung:
Den Fisch säubern, innen und außen mit dem Gemisch aus Ingwer- und Reiswein einreiben und 15 Minuten stehen lassen. Die Paprika und Pilze schneiden Sie in Streifen. Dann mischen Sie die Soßenzutaten. Öl in der Pfanne erhitzen, die Knoblauchzehe herumreiben und wieder entfernen. Dann die Schalotten anbraten und den Fisch zugeben, beidseitig anbraten und danach zugedeckt bei kleiner Hitze 15–20 Minuten schmoren lassen. Den fertigen Fisch auf einer heißen Platte anrichten. Nun nochmal Öl erhitzen und die Paprika und Pilze 1 Minute bei guter Hitze braten, mit der Soße löschen, die Gewürze zugeben und mit der Stärke binden. Die Soße nochmal aufkochen und über den Fisch gießen.

KANTON-KÜCHE

Austernbank und Austernmarkt in Hongkong

Der größte Teil der Austern wird zu Austernsoße verarbeitet.

Fan Dschieh Fung Zang Tang
Tomatensuppe mit Hühnerfüßen

Zutaten:
12 Hühnerfüße
3 Tomaten
3–4 schwarze Pilze
einige Spinatblätter
6 Tassen Hühnerbrühe
2 Scheiben frischer Ingwer
½ Tasse Reiswein
3 Eßlöffel Tomatenmark
1 Eßlöffel Stärke (mit Wasser angerührt)
Salz, Pfeffer, Sesamöl

Zubereitung:
Die Hühnerfüße 1 Minute in kochendem Wasser brühen und dann sorgfältig säubern. Dabei die Krallen abkneifen und den Hauptknochen herausschneiden. Die so vorbereiteten Füße 1 Stunde dämpfen.
Dann die Gemüse vorbereiten: Die Tomaten blanchieren, dann schälen, in Stücke schneiden und die Kerne entfernen. Pilze einweichen, die harten Stiele entfernen und die Kappen in Streifen schneiden. Die Spinatblätter in Stücke schneiden. Die Hühnerbrühe mit dem Ingwer, den Pilzen und der Pilzbrühe zum Kochen bringen, die gedämpften Füße mit der Kondensbrühe zugeben und zugedeckt 15 Minuten ziehen lassen. Danach entfernen Sie die Ingwerscheiben und geben die Spinatblätter und Tomaten in die Suppe. Nach dem Sie den Reiswein, das Tomatenmark und die angerührte Stärke eingerührt haben, lassen Sie die Suppe noch 5 Minuten ziehen, ehe sie, mit Salz und Pfeffer abgeschmeckt und mit Sesamöl beträufelt, serviert wird.

KANTON-KÜCHE

Kwangtschau Tza Gan
Leber Kanton

Zutaten:
500 g Rinderleber
Öl zum Fritieren
Stärke

Marinade:
1 Eßlöffel Reiswein
2 Teelöffel Ingwer (gerieben)
1 kleine Frühlingszwiebel (mit dem Grün fein gehackt)
1 Knoblauchzehe (fein gehackt)
Fünfgewürzpulver, Salz

Soße:
2 Eßlöffel Reiswein
1 Eßlöffel dunkle Sojasoße
2 Teelöffel Zucker
1 Teelöffel Sesamöl
1 Teelöffel Austernsoße

Zubereitung:
Die Leber häuten und dann in 6–8 cm lange Streifen schneiden. Die Streifen in einer Schüssel mit kochendem Wasser übergießen und 5 Minuten stehen lassen. Danach das Wasser abschütten und die Leber gut abtrocknen.
Die Leber mit den Zutaten der Marinade gut vermischen und nun 15 Minuten stehen lassen. Währenddessen können Sie die Zutaten für die Soße mischen. Öl erhitzen, die Leber in der Stärke wälzen, so daß die Stückchen ringsum bedeckt sind. Dann werden sie in dem Öl 2 Minuten fritiert. Nach dem Herausnehmen sollten Sie das Fett gut abtropfen lassen.
Zum Schluß die Soße in einer Pfanne erhitzen und die Leber untermischen. Die Kanton-Leber auf einer Platte anrichten und hübsch garnieren.

Za Tzao Sei Lo
Gefüllte Paprika

Paprikaschoten mit einer Füllung sind in der europäischen Küche in ähnlicher Zubereitung bekannt. In China wird eine kleine Paprika-Art verwendet, deren gefüllte obere Hälfte gerade zwei Bissen ergeben.

Zutaten:
200 g Krabben
1 Löffel Reiswein
Salz, Pfeffer
Öl zum Braten
100 g mageres Schweinehackfleisch
50 g gehackte Leber
1 Eiweiß
1 Löffel Stärke
1 Löffel Schmalz
1 Knoblauchzehe
(fein gehackt)
1 Teelöffel frischer Ingwer
(fein gehackt)
Fünfgewürzpulver
6 kleine Paprikaschoten

Zubereitung:
Die Krabben werden mit dem Reiswein beträufelt, mit Salz und Pfeffer gewürzt und müssen nun 10 Minuten marinieren. Danach werden sie 1 Minute in gut erhitztem Öl gebraten. (Dieser Vorgang erübrigt sich bei vorgekochten Krabben.) Nun stellen Sie aus Hackfleisch, Leber, Eiweiß, Stärke, Schmalz, Knoblauch und dem Ingwer eine Paste her, die Sie ebenfalls mit Salz, Pfeffer und Gewürzpulver würzen. Nun schneiden Sie den Deckel der Schoten ab, und nachdem sie gesäubert sind, geben Sie zuerst die Krabben hinein und füllen darauf die Fleischmischung. Die gefüllten Schoten werden nun 15–20 Minuten gedämpft und dann auf einer vorgewärmten Platte mit einer gehackten Schalotte oder mit feinen Streifen aus gekochtem Schinken angerichtet.
Wenn Sie nur große Schoten bekommen, empfehle ich Ihnen, die Krabben mit der übrigen Füllung zu mischen und die gefüllten Schoten ca. 10 Minuten länger zu dämpfen. Sie sollten sie dann aufgeschnitten servieren.

Links unten: *Hühnerfüße mit Tomaten und Spinat ergeben eine außergewöhnliche Suppe.*
Rechts oben: *Leber Kanton*

Gefüllte Paprikaschoten sind auch in China bekannt

KANTON-KÜCHE

Dschieh Pien Tza Mien
Nudelnest

Ein beliebtes und vor allem sehr dekoratives Kanton-Gericht. Für die Nestfüllung können Sie entweder Geflügelfleisch, wie in dem Rezept, oder das Fleisch von Schalentieren nehmen.

Zutaten:
250 g Reisnudeln
Öl zum Fritieren und Braten
einige Blätter Spinat oder Selleriekohl
1 Knoblauchzehe (fein gehackt)

Füllung:

200 g Hühnerbrust
1 Eiweiß
1 Teelöffel Stärke
1 Eßlöffel Frühlingszwiebeln (fein gehackt)
1 Eßlöffel Reiswein
2 Eßlöffel helle Sojasoße
1 Teelöffel Stärke (mit wenig Wasser angerührt)
Salz, Pfeffer

Zubereitung:
Für die Füllung die Hühnerbrust in mundgerechte Stückchen schneiden. Eiweiß und Stärke mischen, sämig schlagen und das Fleisch darin wenden. Danach Öl erhitzen, die Hühnerbrust 2 Minuten fritieren und gut abtropfen lassen.
Die Reisnudeln sollten Sie am besten einen Tag vorher abkochen und in den Kühlschrank stellen, damit sie hart werden. Für die Herstellung des Nestes verteilen Sie die Nudeln in einem gelochten Fritierkorb, formen daraus ein Nest und tauchen den Einsatz dann vorsichtig in das stark erhitzte, fast kochende Fritieröl und lassen das Nest leicht bräunen. Dann heben Sie den Einsatz heraus, und nach dem Abtropfen setzen Sie das Nudelnest vorsichtig auf eine heiße Platte. Nun Öl in einer Pfanne erhitzen, den Knoblauch anbraten und zusammen mit den Gemüseblättern 2–3 Minuten braten. Die Blätter werden dann auf dem Boden des Nudelnestes verteilt. Danach machen Sie möglichst rasch die Füllung fertig. Die Frühlingszwiebel kurz anbraten, das fritierte Fleisch dazugeben, mit Reiswein, Sojasoße und der Stärke beträufeln und gut durchmischen. Nachdem Sie mit Salz und Pfeffer gewürzt haben, füllen Sie die Mischung in das Nudelnest.

Suhng Youke
Schweinefleisch Suhng

Zutaten:
250 g mageres Schweinefleisch
1 Schalotte oder Frühlingszwiebel
1 Stück Bambussprossen
100 g Wasserkastanien
150 g grüne Erbsenschoten
Salz, Pfeffer, Fünfgewürzpulver
50 g Glasnudeln
Öl zum Braten und Fritieren

Soße:

½ Tasse Hühnerbrühe
1 Eßlöffel Reiswein
1 Eßlöffel helle Sojasoße
2 Teelöffel Austernsoße
Prise Salz, Zucker
2 Teelöffel Stärke
einige gekochte Shrimps zum Garnieren

Zubereitung:
Das Schweinefleisch wird grob gehackt und gewürzt. Die Schalotten schneiden Sie in kleine Stücke, die Bambussprossen in feine Streifen und die Wasserkastanien in dünne Scheiben. Die Erbsenschoten waschen, sorgfältig Stiele und Spitzen abschneiden und halbieren. Dann mischen Sie die Zutaten für die Soße.
Nun erhitzen Sie wenig Öl in der Pfanne und braten das Fleisch etwa 1 Minute, bis es weiß wird und nehmen es aus der Pfanne. Wieder wenig Öl erhitzen, etwas Salz in die Pfanne streuen und die Schalottenstückchen anbraten. Im Abstand von einer halben Minute nacheinander die Bambussprossen, Wasserkastanien und die Erbsen untermischen. Nach einer weiteren Minute braten, geben Sie das Fleisch dazu und mischen alles gut durch. Dann gießen Sie die Soßenmischung dazu und würzen nach. Wenn die Soße dick und glasig ist, vom Feuer nehmen und auf einer heißen Platte warm stellen.
Nun erhitzen Sie Öl zum Fritieren, pflücken die Glasnudeln etwas auseinander und fritieren sie, bis sie aufgehen und leicht bräunen. Die Nudeln am Rand um die Fleischmischung anordnen, mit den Shrimps garnieren und servieren.

Vorhergehende Seite: Eine repräsentative Auswahl der Kanton-Küche: Links Knuspriges Hähnchen, hinten Rindfleisch Hakka-Art, vorne verschiedene Vorspeisen und rechts Nudelnester mit Füllung

KANTON-KÜCHE

Dung Gu Tzao Dan
Rührei mit Pilzen

Zutaten:

4-6 schwarze Pilze
½ Tasse Champignons oder Wolkenohren
5 Eier
1 Eßlöffel dunkle Sojasoße
Öl zum Braten
1 Knoblauchzehe (fein gehackt)
½ Teelöffel Ingwer (fein gehackt)
½ Tasse Bohnensprossen
Salz, Pfeffer

Zubereitung:

Zuerst die schwarzen Pilze einweichen. Anschließend messen Sie 3 Eßlöffel der Pilzbrühe ab und schneiden beide Pilzsorten in Scheiben. Die Pilzbrühe geben Sie zu den vorher verquirlten Eiern und mischen die Sojasoße dazu.
Öl in der Pfanne erhitzen, in der Sie dann den Knoblauch und Ingwer kurz anbraten und die Pilze zugeben. Nach einer Minute kommen die Bohnensprossen dazu, die eine weitere Minute braten sollen. Zum Schluß gießen Sie die Eier in die Pfanne und lassen sie braten, bis sie fest sind. Die Rühreier nach Belieben würzen und anrichten. Ich bestreue das fertige Gericht gerne mit fein geschnittenem frischen Koriander.

Ub Mi Scha Len
Garnelen mit Zuckermais

Zutaten:

400 g Garnelen
1 Teelöffel frischer Ingwersaft
1 Teelöffel Zitronensaft
200 g Zuckermaiskolben (Dose)
½ Tasse Reiswein
2 schwarze Pilze
1 Eiweiß
2 Teelöffel Stärke
Öl zum Fritieren und Braten
Salz, Pfeffer
frischer Koriander zum Garnieren

Zubereitung:

Von den Garnelen die Schale, Schwanzflosse und den Darm entfernen; große Garnelen in mundgerechte Stücke schneiden, kleine ganz lassen. Das Fleisch mit Ingwer- und Zitronensaft marinieren und 15 Minuten stehen lassen. Den Zuckermais aus der Dose abtropfen lassen, mit dem Reiswein begießen und ebenfalls 15 Minuten stehen lassen. Garnelen und Mais ab und zu wenden. Inzwischen die Pilze einweichen, dann die harten Stiele abschneiden und die Kappen in Stücke schneiden (Pilzbrühe aufbewahren).
Nun werden die Garnelen zubereitet. Erst Eiweiß mit einem Teelöffel Stärke mischen und sämig schlagen. Die Garnelen darin wenden und in heißem Öl 1 Minute fritieren, dann herausnehmen und abtropfen lassen. Den Mais aus dem Reiswein nehmen. Von dem Reiswein 4 Eßlöffel wegnehmen, diese mit 2 Eßlöffeln von der Pilzbrühe mischen und die Stärke darin anrühren. Wenig Öl in der Pfanne erhitzen, Salz einstreuen und die Pilze 1 Minute braten. Dann die Maiskölbchen zugeben und wenden, bis sie heiß sind. Die Garnelen unterheben und eine Minute mitbraten. Zum Schluß die Soße zugeben, nachwenden und die Pfanne nach dem Aufkochen vom Feuer nehmen. Das Gericht mit frischem Koriander garnieren und heiß servieren.

Links oben: Garnelen mit Zuckermais, daneben Rührei mit Pilzen

Huo Twei Dschieh Kwai
Junghuhn mit Schinken

Zutaten:

1 pochiertes junges Huhn (1000 g)
150 g roher Schinken (in Streifen geteilt)
einige Chinakohlblätter
1 Eßlöffel helle Sojasoße
1 Teelöffel Stärke (mit wenig Wasser angerührt)
1 Eßlöffel Kao Liang
Brühe
Salz, Pfeffer

Zubereitung:

Das Huhn nach dem Rezept Seite 193 garen und mit dem Küchenbeil in mundgerechte Stücke zerlegen. Entfernen Sie dann so gut wie möglich die Knochen. Das Fleisch auf einer Platte anrichten und mit Schinkenstreifen belegen. Die Kohlblätter kurz in heißem Wasser blanchieren (das Wasser aufheben), um das Fleisch legen und mit wenig Salz und Pfeffer bestreuen. Die Platte in den Dämpfer stellen und das Fleisch 15 Minuten dämpfen.
Nachher die Platte herausheben, die sich gebildete Brühe in eine Tasse abschütten und mit Sojasoße, ca. 2-3 Eßlöffeln Blanchierbrühe mischen und erhitzen. Die Soße mit der Stärke binden und, nachdem Sie sie vom Feuer genommen haben, noch den Kao Liang dazurühren. Die Soße über das angerichtete Huhn und den Kohl gießen.
Je nach Jahreszeit und Geschmack nehme ich auch mal Broccoli oder Mangold als Gemüse.

Junghuhn mit Schinken

Kao Ya
Ente fritiert und gedämpft

Zutaten:
1 Ente (ca. 1500 g)
1 Eßlöffel dunkle Sojasoße
Öl zum Fritieren
Enten-Innereien
1 Eßlöffel frischer Ingwer (grob gehackt)
Sternanis
1 Eßlöffel Reiswein
1 Eßlöffel helle Sojasoße
1 Teelöffel Honig
1 Eßlöffel Szetschuanpfeffer, 1 Prise Salz

Zubereitung:
Die Ente säubern und mit der Sojasoße eingepinselt eine Stunde an die Luft hängen.
Das Öl zum Fritieren der Ente erhitzen und die Ente darin solange fritieren, bis sie außen schön gleichmäßig braun ist. Nach dem Herausnehmen lassen Sie die Ente gut abtropfen und tauchen Sie dann gleich in eine Schüssel, die mit eiskaltem Wasser gefüllt ist. Nun legen Sie die Ente in eine andere Schüssel und bereiten sie zum Dämpfen vor.
Die Innereien werden in Scheibchen geschnitten und zusammen mit dem Ingwer und Sternanis ebenfalls in die Schüssel gelegt. Dann mischen Sie Reiswein, die helle Sojasoße und den Honig in einer Tasse und gießen diese Mischung über die Ente und die Innereien und bestreuen beides mit Szetschuanpfeffer und wenig Salz. Die Schüssel kommt nun in einen großen Topf und man läßt die Ente 1 Stunde dämpfen. Das Fleisch sollte noch fest sein.
Nachdem Sie die Ente herausgenommen haben, wird sie in Stücke zerlegt. Die sich gebildete Dämpfflüssigkeit gießen Sie durch ein feines Sieb und schöpfen anschließend das Fett ab. Die Entenstücke kommen nun wieder in die Schüssel und werden mit einer halben Tasse der Brühe nochmals 15–20 Minuten gedämpft.
Reichen Sie dazu, wie auf der Abbildung, verschiedene gedämpfte Gemüse und schwarze Pilze.

Links oben: *Ente fritiert und gedämpft*
Rechts: *Der Chinese bevorzugt bei mehreren Personen den runden Tisch. In die Mitte werden auf einen drehbaren Aufsatz die Speisen gestellt.*

Tza Schao
Schweinefleisch vom Rost

In den Städten Südchinas sieht man überall in den Garküchen, Imbißständen und Restaurants die appetitlich rotbraun gerösteten Enten und Schweinefleischstücke hängen. Sie werden von Röstküchen geliefert, die die Enten, Schweinehälften und Spanferkel nach entsprechender Vorbehandlung am Stück in großen Röstöfen garen. Man ißt das Fleisch kalt oder warm, dipt es in eine Soße oder vermengt es mit anderen Zutaten. Ganz hervorragend schmeckt auf diese Art zubereitetes Spanferkel. Sie sollten dafür in jedem Fall Fleisch mit Schwarte kaufen.

Zutaten:
500 g mageres Schweinefleisch oder Spanferkel mit Schwarte
1 Eßlöffel Kao Liang
3 Eßlöffel Reiswein
1 Prise Zucker, Fünfgewürzpulver
1 Eßlöffel rote Bohnenpaste
1 Teelöffel Sesamöl
3 Eßlöffel dunkle Sojasoße
Prise Zucker

Soße:
2 Eßlöffel dunkle Sojasoße
3 Eßlöffel Honig
Pfeffer

Zubereitung:
Das Fleischstück in ganz wenig Wasser auf der Schwartenseite vorkochen und dann in 3–4 cm dicke Streifen schneiden. Kao Liang und Reiswein mischen, mit Zucker und Gewürzpulver würzen, das Fleisch darin kneten und 20 Minuten stehen lassen. Inzwischen Bohnenpaste, Sesamöl, Sojasoße mischen und das Fleisch ringsum einpinseln.
Nun den Backofen auf 225° erhitzen und die Streifen 10 Minuten grillen, nochmals mit der Paste einpinseln und bei 190–200° weitere 15 Minuten rösten. Die Zutaten für die Soße mischen und erwärmen, bis der Honig sich aufgelöst hat. Die nun knusprig gerösteten Fleischstreifen werden in mundgerechte Stücke zerlegt und zusammen mit anderen Köstlichkeiten der Kantonküche angerichtet. Die Honigsoße wird in Schälchen separat gereicht.

KANTON-KÜCHE

Die Kantonesen sind sicher diejenigen unter den Chinesen, die dem Essen die meiste Aufmerksamkeit schenken und, soweit ich beobachten konnte, auch diesbezüglich sehr kritisch sind. Im Süden ist auch eher die Gewohnheit verbreitet, zum Essen etwas zu trinken. Im kantonesischen Restaurant bekommt man unaufgefordert vor und während des Essens Tee serviert, meist eine Oolongsorte.
Eine besondere Schwäche haben die Kantonesen für Kräuterschnäpse und medizinische Weine. Sehr populär sind Schlangen- und Tigerknochen-Weine. Auch Ginseng-Weine sind sehr beliebt, obwohl sie verhältnismäßig teuer sind.

Litschi Lo Kwai
Schweinefleisch mit Litschi

Zutaten:
300 g mageres Schweinefleisch
1 Teelöffel Reiswein
1 Eßlöffel Sojasoße
½ Teelöffel Anispfeffer
1 kleiner Lauch (unterer Teil)
150 g Litschi (Dose)
½ Eiweiß
2 Eßlöffel Stärke
Prise Salz
Öl zum Fritieren und Braten

Soße:
½ Tasse Litschisaft
1 Eßlöffel Zucker
1 Teelöffel Chilisoße
2 Eßlöffel Reiswein
1 Eßlöffel Tomatenmark
2 Eßlöffel Essig
2 Teelöffel Stärke

Zubereitung:
Das Schweinefleisch 1 Minute in Wasser kochen und nach dem Abtropfen in Würfel schneiden. Reiswein, Sojasoße und Anispfeffer mit den Fleischwürfeln mischen und 20 Minuten stehen lassen. In dieser Zeit den Lauch in Diagonalscheiben schneiden. Die Litschis aus der Dose abtropfen lassen, eine halbe Tasse des Litschi-Saftes abmessen und mit den übrigen Zutaten für die Soße mischen.

Nun Eiweiß und Stärke mischen, leicht salzen und darin das Fleisch wälzen, so daß die Stücke ringsum gut bedeckt sind. Jetzt das Öl erhitzen und das Fleisch bei guter Hitze 5 Minuten fritieren, dann herausnehmen und abtropfen lassen.
Wenig Öl in der Pfanne erhitzen und den Lauch ½ Minute braten. Mit der Soße löschen und diese kochen, bis sie andickt. Das Fleisch und die Litschis dazugeben, alles gut vermischen, je nach Geschmack nachwürzen und gleich anrichten.
Anstelle der Litschis können Sie auch Longans oder Loquats mit ihrem Saft verwenden.

Unten links: *Etikett eines guten Oolongtees,* daneben *verschiedene chinesische Spirituosen.*

Verzeichnis der Zutaten

Abalone: Eine an der Westküste der USA und um die japanischen Inseln vorkommende fleischige Tiefseemuschel. Es gibt sie hier hauptsächlich in Dosen, seltener getrocknet.

Agar Agar: Ein aus Meeresalgen hergestelltes Geliermittel.

Austernsoße: Eine dickflüssige, konzentrierte Würzsoße, die aus Austernextrakt, Sojasoße und Gewürzbeigaben hergestellt wird (im Kühlschrank lange haltbar).

Bambussprossen: Die elfenbeinfarbenen Schößlinge des Bambus. Am zartesten sind die Wintersprossen. Hier nur

in Dosen erhältlich. Bei täglich erneuertem frischem Wasser halten sie gut eine Woche im Kühlschrank.

Bohnenquark: Er wird aus Sojabohnenmilch hergestellt. In China nennt man das proteinreiche, viel verwendete Produkt auch »Fleisch ohne Knochen«. Es gibt ihn auch hier frisch, gesalzen, fermentiert, getrocknet und in Dosen.

Verschiedene Arten von Bohnenquark frisch und gepreßt

Bohnensoße: Dickflüssige Soßen verschiedener Geschmacksrichtungen und Konsistenz. Grundlage sind die gelben, roten und schwarzen Bohnen sowie die Sojabohnen. Einige Sorten bezeichnet man auch als Bohnenpaste. Die süße Paste aus roter Bohnen wird hauptsächlich für Gebäck und Süßspeisen verwendet.

Bohnensprossen: Die vitaminreichen Keimlinge der Mungabohne und die größeren der Sojabohne. Sie sind neuerdings frisch erhältlich. Die Dosenware ist gegenüber den frischen Sprossen geschmacklich nicht befriedigend. Auf einer feuchtgehaltenen, schwammigen Unterlage kann man aus den hier erhältlichen Bohnen die Sprossen selbst ziehen. Sie halten einige Tage im Kühlschrank.

Cellophannudeln: Neben den Nudelsorten aus Weizenmehl, ähnlich den hier gebräuchlichen, gibt es in China noch Nudeln aus Reismehl, die Vermicelli und die Cellophan- oder Glasnudeln, chinesisch Fen Tze. Die schneeweißen, sehr hart getrockneten Nudeln werden

1 Hoi Sin Soße
2 gesalzene schwarze Bohnen
3 helle Sojasoße
4 dunkle Sojasoße
5 rote Bohnenpaste
6 gelbe Bohnensoße
7 gelbe Bohnenpaste

aus Mungabohnen hergestellt und kommen gebündelt auf den Markt. Die Glasnudeln braucht man nicht vorkochen, sondern nur einweichen. Fast alle hauptsächlichen chinesischen Nudelsorten sind hier erhältlich.

VERZEICHNIS DER ZUTATEN

Chilipaste: Eine aus Chili, Knoblauch, Salz und Bindemitteln hergestellte sehr scharfe Würze.

Chilisoße: Es gibt sie in verschiedenen Arten, süß, sauer und feurig scharf. Vor Gebrauch sollte man probieren, wie scharf sie ist.

Chinakohl: In China gibt es zahlreiche Kohlarten, die teilweise in ähnlichen Arten auch hier angepflanzt werden. Am bekanntesten, und vielseitig verwendbar, ist der weiße Chinakohl. Man kann grundsätzlich alle einheimischen Kohl- und Gemüsesorten auf chinesische Art zubereiten, wichtig ist weniger die Geschmacksidentität, sondern die vitaminerhaltende Garmethode.

Chinesischer Essig: Er wird aus Reiswein hergestellt und ist milder als Weinessig.

Chinesische Petersilie: Identisch mit dem hier bekannten Koriander oder dem italienischen Cilantro. Geschmacklich verschieden von der hiesigen Petersilie, daher sollte man sie nicht als Ersatz für Koriander nehmen. Problemlos im Blumenkasten oder Garten aus dem als Gewürz dienenden Koriander zu ziehen.

Chinesische Pilze: Von den zahlreichen genießbaren Pilzarten sollen nur die wichtigsten, hier erhältlichen genannt werden:
Schwarze Pilze, dazu gehören die Winter- und Blumenpilze, ein Hutpilz mit starkem Aroma. Hier fast nur getrocknet erhältlich.
Strohpilze, ein hellfarbener Hutpilz mit kräftigem Aroma, getrocknet und in Dosen erhältlich.
Baumohren, Wolkenohren, Steinohren und

1 Schaosching Wein
2 Erdnußöl
3 Chinesischer Essig
4 Monosodium Glutamat
5 Sesamöle
6 Austernsoße

Silberohren sind gekräuselte Baumpilze mit schwachem Aroma, sie nehmen jedoch den Geschmack der mitgekochten Zutaten an (getrocknet erhältlich).
Morcheln, sie haben ebenfalls ein schwaches Aroma (getrocknet und in Dosen erhältlich).

Chinesischer Zimt: Er ist im Aroma etwas schärfer als der Ceylonzimt.

Fünfgewürzpulver: Eine Gewürzkomposition aus schwarzem Pfeffer, Sternanis, Fenchelsamen, Nelken und chinesischem Zimt. Das Mischungsverhältnis gibt es in zahlreichen Varianten.

Haifischflossen: Die Flossen sind hier getrocknet und in Dosen erhältlich.

Hoi Sin Soße: Eine süßliche Bohnensoße mit Knoblauch und Gewürzen, die als Marinade und Dipsoße verwendet wird (Peking Ente). Sie ist hier in Dosen erhältlich; auch geöffnet hält sie mehrere Monate im Kühlschrank.

Ingwer: Die Knollen dieser Tropenpflanze gibt es frisch, kandiert und in Sirup. Ingwerpulver ist im Aroma verschieden und kein Ersatz für frischen.

Paprika: In China kennt man ebenso die Schoten und scharfen Pepperoni. Außerdem gibt es im Süden noch schärfere Pfefferschoten und die kleinen Chilischoten, die für scharfe Soßen und Pasten und zum Kochen vielseitige Verwendung finden.

VERZEICHNIS DER ZUTATEN

Pflaumensoße: Man nennt sie auch Entensoße, eine süß-scharfe Würze aus Aprikosen oder Pflaumen, Chili und Essig.

Pilzsoße: Eine würzige Soße mit typischem Pilzaroma. Hauptbestandteile sind gelbe Bohnen, schwarze Pilze, getrocknete Shrimps, Gewürze, und bei der scharfen Art noch Chili. Die bekanntesten sind die Mo Gu- und die Hsiang Gu-Soße. Im Kühlschrank lange haltbar.

Pickles: Wie hier, gibt es auch in China zahlreiche Sorten, angefangen bei den süß-sauren bis zu den scharfen Szetschuan-Pickles. Sie werden als eine Art Würzbeilage zum Essen serviert.

Rotweinpaste: Grundlage ist ein Nebenprodukt bei der Herstellung von dunklem Reiswein. Sie wird zur Konservierung und zum Würzen von Fisch und Gemüse verwendet. Hier ist sie noch selten zu haben; sie wird auch nicht häufig gebraucht.

Sambal: Eine aus Indonesien stammende sehr scharfe Chilipaste mit Erdnußöl, die man nur tropfenweise verwendet.

Schwalbennester: Die aus einer Seegrassorte gebauten Nestchen einer Seeschwalbenart im südchinesischen Meer. Sie sind getrocknet und in Dosen erhältlich.

Schwarze Bohnen: Die kleinen, gesalzenen Bohnen gibt es hier in Dosen. Sie werden als Würze verwendet.

Senfgemüse: Ein Blattgemüse, das es hier nur eingelegt als Konserve gibt. Es wird als Würzzutat verwendet.

Sesam: Es gibt weißliche und schwarze Samen. Man verwendet sie hauptsächlich bei der Herstellung von Gebäck.

Sesamöl: Es wird aus geröstetem Sesamsamen hergestellt. Beim Braten oder Kochen verliert es an Aroma, daher sollte es als Würze erst am Schluß beigegeben werden. Es muß kühl aufbewahrt werden, da es sonst ranzig wird.

Sesampaste: Sie wird aus dem Samen des Sesam hergestellt. Im Kühlschrank lange haltbar.

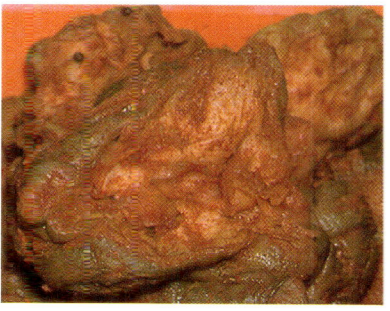

Sojabohnen: Eines der wichtigsten Grundnahrungsmittel Ostasiens. Die frisch sehr gut schmeckenden Bohnen sind die Basis für eine Menge von Zutaten, Soßen, Pasten, Bindemittel, Bohnenmilch und -quark. Sie sind hier getrocknet erhältlich.

Sojabohnenmilch: Ein Extrakt der mit Wasser angesetzten Sojabohnen. Grundlage zur Herstellung von Bohnenquark.

Sojasoße: Es gibt helle und dunkle, gesalzene und süße Arten dieser Universalsoße, die aus Sojabohnen hergestellt wird. Lange haltbar.

Szetschuan Gemüse (Foto oben): Eine Spezialität aus Szetschuan. Es ist eine Senfgrün-Art, eingelegt in Salz und Chili (in Dosen erhältlich).

Szetschuan Pfeffer: Pfefferkorngroße Kapseln mit Wacholder ähnelndem Geschmack und verzögert wirkender Schärfe. Angeröstet, gemahlen und mit Salz vermischt gibt es das Szetschuan Pfeffersalz, eine beliebte Würze zu kalten und warmen Fleischspeisen.

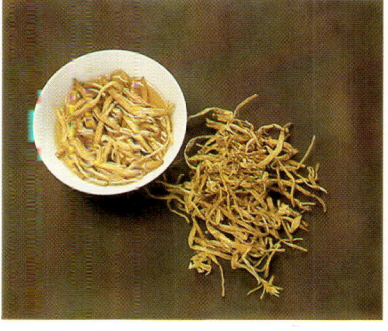

Tiger-Lilien: Man nennt sie auch Goldnadeln. Es sind die getrockneten Blütenknospen einer Lilienart. Sie werden meist als Ergänzung zu Gemüse- oder Pilzgerichten verwendet und vor dem Gebrauch wie Trockengemüse aufgeweicht. Sie sind hier bislang nur in Spezialgeschäften erhältlich.

Wintermelone: Eine bis zu 50 cm lange, dicke Melone mit hellgrüner Schale und weißem Fleisch. Sie wird vorwiegend als Suppeneinlage verwendet. In den ausgehöhlten Hälften dämpft man auch die Melonensuppe. Hier nur gestückelt in Dosen erhältlich.

Wasserkastanien: Man nennt sie in China auch »Pferdehufe«. Sie gehören nicht zur Familie der Kastanie, sondern sind die Knollen einer Wasserpflanze. Hier gibt es sie nur in Dosen, gelegentlich auch getrocknet. Die frischen schmecken erheblich besser als die Konserven, deshalb sollte man sie hier auch nur als Ergänzung zu anderem Gemüse verwenden. Sie sind, bei immer wieder erneuertem frischem Wasser, verschlossen bis zu 4 Wochen im Kühlschrank haltbar. Aus Wasserkastanien wird auch Stärkemehl hergestellt, das hauptsächlich zum Binden von Soßen und Füllungen, zu Marinaden und Teigumhüllungen und für Gebäck verwendet wird. Kastanienmehl kann durch Maisstärke ersetzt werden.

Beachten Sie bei chinesischen Zutaten immer den Packungsaufdruck.

Getrocknete und aufgeweichte Baumohren.

Rezeptregister

Kleine Gerichte und Dim Sum
Dim Sum 190
Frühlings- und Eierrollen 50
Gedämpfte Brötchen 62
Gedämpfte Brötchen mit Füllung 62
Gefüllte Paprika 211
Nierensalat 61
Reiskuchen 207
Peking-Pickles 45
Shao Mai 191
Shao Tze 190
Won Tan 190

Suppen und Feuertöpfe
Brühen und Suppen 78
Chrysanthemen-Feuertopf 161
Eierblumensuppe 72
Entensuppe 43
Fischklößchen-Suppe 60
Haifischflossen-Suppe 54
Hakka Fischsuppe 203
Leberpaste-Suppe 168
Mongolischer Feuertopf 69, 70
Ochsenschwanz-Suppe 176
Sauer-scharfe Suppe 174
Tomatensuppe mit Hühnerfüßen 210
Tomatensuppe mit Muscheln 79
Vogelnester-Suppe 56
Zuckermaissuppe 79

Gemüse
Auberginen mit scharfer Soße 167
Bambussprossen mit Fischrogen 133
Bohnenquark Ma Po 173
Bohnenquark mit Schweinefleisch 53
Bohnenquark Ningpo 144
Bohnenquarkschnitten 198
Brokkoli mit Pilzen 134
Gemüseplatte Buddha 120
Grüne Bohnen mit Bohnenkuchen 174
Kohl mit Yünnan-Schinken 194
Pilze in den Wolken 200
Pilze mit Bambussprossen 119
Spargel mit Truthahn 72

Eier
Eier mit Krabben 138
Gold- und Silber-Eier 90
Imperialeier im grünen Paradies 62
Rührei mit Lammfleisch 75, 77
Rührei mit Pilzen 215
Tausend-Jahr-Eier mit süß-saurer Soße 102
Tee-Eier 141

Nudeln und Reis
Gebratener Reis 195
Nudeln mit brauner Soße 143
Nudeln mit Eiern 144
Nudelnester 214
Zehn-Juwelen Reis 142

Fisch und Meeresfrüchte
Abalone mit Pilzen und Bambussprossen 117
Calamare im Goldmantel 113
Chili Meeresfrüchte 74
Eichhörnchen Fisch 110, 111
Fisch in Kräutersoße 208
Fisch in süß-saurer Soße 83
Fisch in Wein gedämpft 79
Fisch mit Bohnenquark 164
Fisch mit Bohnenquark Hunan 164
Fisch mit Bohnenquarksoße 57
Fisch mit Paprika 209
Fisch mit scharfer Tomatensoße 164
Fisch mit Selleriekohl 200
Fisch mit würziger Gemüsesoße 84
Fisch mit Zitronensoße 209
Fischbällchen fritiert 52
Fischbällchen gedämpft 52
Garnelen mit Zuckermais 215
Garnelen süß-sauer 86
Gebratener Hummer Kanton 198
Gebratener Tintenfisch 202
Gedämpfter Fisch 92
Gedämpfter Fisch Szetschuan 172
Geräucherter Fisch 77
Goldshrimps 133
Imperialfisch 82
Krabben in der Wolken 114
Krabben mit Ingwer-Tomaten-Soße 200
Rotgekochter Mandarinfisch 82
Seegras mit Shrimps 65
Sellerie-Shrimps 160
Shrimps in der Schale 132
Shrimps mit Erbsen 113
Shrimps mit Hummersoße 64
Shrimps mit scharfer Tomatensoße 176
Szetschuan Krabben 156
Taihu-Fisch süß-sauer 130
Thingai Muschelplatte 103
Wutschang-Fisch 116

Fleisch
Ameisen auf dem Baum 177
Brustrippchen mit schwarzer Bohnensoße 193
Brustrippchen mit süß-saurer Soße 106
Fleischbällchen Hakka 203
Fünf-Blumen-Fleisch 90
Fünf-Juwelen-Platte 109
Gebratene Nieren 80
Gedämpftes Salzfleisch 106
Gegrillte Brustrippchen 136
Geschnitzeltes Rindfleisch mit Lauch 64
Hunan-Lamm mit Lauch 178
Lammfleisch mongolisch 75
Leber Kanton 211
Leber mit schwarzen Bohnen 156
Löwenköpfe 145
Nieren mit grünen Bohnen 85
Nieren Szetschuan 157
Ningshia Hammelfleisch 67
Rindfleisch Hakka-Art 207
Rindfleisch mit Austernsoße 50
Rindfleisch mit Fruchtsoße 77
Rindfleisch mit Paprika und Bohnen 107
Rindfleisch Tschungking 163
Rindfleisch vom Rost 73
Rotgekochte Schweinezunge 138
Schinken mit Reisbrei 145
Schinken und Bohnen 131
Schweinefleisch mit Bohnenquark 132
Schweinefleisch mit Chinakohl 146
Schweinefleisch mit Litschi 218
Schweinefleisch mit Nudeln und Gemüse 138
Schweinefleisch mit Pflaumensoße 93
Schweinefleisch mit Pilzen 171
Schweinefleisch mit Senfkohl 48
Schweinefleisch mit Spargel und Bambusspitzen 134
Schweinefleisch mit Zwiebeln 178
Schweinefleisch süß-sauer 197
Schweinefleisch Suhng 214
Schweinefleisch vom Rost 217
Schweinshaxe Schanghai 112
Soja Rindfleisch 135

Geflügel
Backhuhn-Topf 49
Betrunkenes Huhn 183
Ente fritiert und gedämpft 216
Futschou-Ente 137
Gänse Kanton Art 205
Gänsebrust in roter Weinpaste 140
Gebratenes Huhn 170
Gedämpftes Huhn 80
Geflügelleber Dschin 45
Gepreßte Ente 166
Honig-Hähnchen Mei 93
Huhn auf Zucker geräuchert 137
Huhn mit Pilzen 196
Huhn mit Pilzen und Wasserkastanien 177
Huhn in Papier 88
Hühnerbrust in der Brühe 59
Hühnerbrust mit Erbsen 48
Hühnerbrust mit Paprika 140
Hühnerfleisch mit Bambussprossen 179
Hühnerflügel mit scharfer Austernsoße 181
Hühnersülze 118
Ingwerente 182
Junges Huhn im Yünnantopf 181
Junghuhn mit Schinken 215
Kanton-Ente 197
Knuspriges Hähnchen Kanton 207
Nangking-Ente 103
Peking-Ente 40
Pikantes Hähnchen 166
Pochiertes Huhn 193
Rotgekochtes Huhn 58
Schwarze Diamanten-Ente 63
Szetschuan-Ente 159
Tauben im Grünen 206
Tschekiang-Ente 113

Desserts
Gefüllte Goldbällchen 57
Mandarinen-Tee 79
Mango-Tapioca-Pudding 192
Süße Won Tan 103
Sa Dschi Ma-Kuchen 192
Silberrohren mit Mandarinen 161
Tausendschichtkuchen 47

Bildnachweis:

Alle Bilder, außer den unten angeführten, wurden von Michael Freeman, Jan Howes und Jon Wyand in London und Hongkong fotografiert.

2/3 Tim Megarry; 6/7 Tim Megarry; oben rechts: Anglo-Chinese Educational Institute; 8/9 Anglo-Chinese Educational Institute; 0/11 links: Nigel Cameron, Robert Harding Associates; rechts: Richard und Sally Greenhill; 12/13 Xinhua News Agency; 16 links: British Museum; 15 Richard und Sally Greenhill; 31 Deh-Ta Hsiung; 32 Anglo-Chinese Educational Institute; 33 Xinhua News Agency; 34/35 Xinhua News Agency; 36/37 Mitte und oben rechts: Jane Taylor, Sonia Halliday Agency; unten rechts: Anglo-Chinese Educational Institute; 38 Anglo-Chinese Educational Institute; 39 Francis Wood; oben rechts: Gina Corrigan; 46 Richard und Sally Greenhill; 53 Richard und Sally Greenhill; 66 Anglo-Chinese Educational Institute; 68 Gina Corrigan; 90 Jane Taylor, Sonia Halliday Agency; 94/95 Mitte: Richard und Sally Greenhill; unter links: Francis Wood; unten rechts: Anglo-Chinese Educational Institute; 96 unten rechts: Xinhua News Agency; 97 oben und unten: Anglo-Chinese Educational Institute; 98 oben: Richard und Sally Greenhill; unten links: Francis Wood; unten rechts: Xinhua News Agency; 99 Robert Harding Associates; 100/101 Gina Corrigan; 110 Gina Corrigan; 112 Francis Wood; 123 oben: Francis Wood; unten: Deh-Ta Hsiung; 124/125 Mitte und oben links: Deh-Ta Hsiung; links und oben rechts: Xinhua News Agency; 126/127 Anglo-Chinese Educational Institute; 139 Sonia Hallicay Agency; 141 Mitte rechts: Sonia Halliday Agency; 148/149 Francis Wood; 150 oben: Deh-Ta Hsiung; darunter links und rechts: Francis Wood; 151 British Museum; 152 Douglas Dickens; 153 Anglo-Chinese Educational Institute; 154 oben und Mitte: Xinhua News Agency; unten rechts: Douglas Dickens; 181 Anglo-Chinese Educational Institute; 182/183 Mitte: Anglo-Chinese Educational Institute; oben rechts: Xinhua News Agency; 184 oben rechts: Xinhua News Agency; 185 unten links: Anglo-Chinese Educational Institute; unten rechts: Gina Corrigan; 186/187 Jane Taylor; Sonja Halliday Agency; 189 Richard und Sally Greenhill; 205 Xinhua News Agency; 218 Richard und Sally Greenhill. Vor und Hintersatz: Deh-Ta Hsiung.

AMOY
bietet alles für Ihr chinesisches Menü

Für das Gelingen Ihrer Menüs ist die Qualität der Produkte von besonderer Bedeutung. AMOY liefert hervorragende Qualität. Achten Sie also auf die Marke AMOY!
THE AMOY CANNING CORP. (HONG KONG) LTD. ist der Welt führendster Hersteller von original chinesischen Feinkostartikeln und Zutaten für die chinesische Küche.
AMOY-Produkte erhalten Sie in allen Kaufhäusern, führenden Feinkostgeschäften und auch in Verbrauchermärkten.
Wir geben Ihnen gerne Bezugsquellen in Ihrer Umgebung bekannt.

Importeur:
Franz Hönekopp KG
Schellbergstr. 24
4040 Neuss 1

Tel. 02101 / 17011
Telex 08 517 744

Alles über fremde Früchte und Gemüse

Die Exoten sind da: Avocado, Broccoli, Cherimoya, Kaki, Litschi, Mango, Papaya, oder wie sonst immer exotische Früchte und Gemüse noch heißen, gibt es längst nicht nur in den exklusiven Schlemmergeschäften, sondern auch im Laden um die Ecke. Wer diese fremden Gaumenfreuden aus China, Südafrika, Peru oder anderen fernen Ländern für sich entdecken will, muß mehr über sie wissen. Hier sind ihre »Steckbriefe«. Hier ist ein Buch, das mehr Mut macht, zu fremden Früchten zu greifen: Alles über die exotischen Früchte und Gemüse, die es jetzt bei uns zu kaufen gibt – alles über Herkunft, Form, Farbe, Reife, Nährwert, Kalorien/Joule, Gewicht, Geschmack und Preis dieser Exoten offeriert dieser Ratgeber allen Hausfrauen, Hausmännern und Hobbyköchen, die mal etwas Neues kennenlernen und richtig zubereiten wollen. Und Rezepte über Rezepte. Ein besonderer Augenschmaus: die appetitmachende farbige Ausstattung.

ESSEN + TRINKEN   Exotische Früchte und Gemüse in unserer Küche
144 Seiten mit 82 farbigen Abbildungen

Mosaik Verlag